我国农业上市公司治理有效性研究

——基于公司治理评价的视角

于 林◎著

中国海洋大学出版社

·青岛·

图书在版编目(CIP)数据

我国农业上市公司治理有效性研究:基于公司治理评价的视角/干林著.—青岛:中国海洋大学出版社,2020.9

ISBN 978-7-5670-2228-7

Ⅰ.①我… Ⅱ.①干… Ⅲ.①农业企业—上市公司—企业管理—研究—中国 Ⅳ.① F324

中国版本图书馆 CIP 数据核字(2019)第 096318 号

我国农业上市公司治理有效性研究——基于公司治理评价的视角

Research on Governance Effectiveness of Listed Agricultural Companies in China: Based on the Perspective of Corporate Governance Evaluation

出版发行	中国海洋大学出版社		
社　　址	青岛市香港东路 23 号	**邮政编码**	266071
出 版 人	杨立敏		
网　　址	http://pub.ouc.edu.cn		
电子信箱	appletjp@163.com		
订购电话	0532-82032573(传真)		
责任编辑	滕俊平	**电　　话**	0532-85902342
印　　制	日照报业印刷有限公司		
版　　次	2020 年 11 月第 1 版		
印　　次	2020 年 11 月第 1 次印刷		
成品尺寸	170 mm×230 mm		
印　　张	15.5		
字　　数	257 千		
定　　价	49.00 元		

发现印装质量问题,请致电 0633-8221365,由印刷厂负责调换。

近年来,无论是在国外还是在国内,公司治理都已成为经济学、管理学、法学等诸多学科中一个广受关注的热点前沿领域。学术界、产业界普遍认为良好的公司治理制度及运行将从根本上促进公司甚至社会经济的进步和发展。农业是第一产业,是国民经济的基础,农业上市公司作为农业企业的典型代表,直接体现了我国农业的发展状况。尽管近些年来我国的学术界已经开始注意农业上市公司的治理及评价,但关于农业上市公司治理的理论研究尚处于初始阶段,还未完全起步。农业上市公司治理及有效性研究,无疑是当下一个富有挑战性且具有重要研究价值的领域。着眼于农业上市公司治理的研究对我国农业上市公司乃至我国农业的发展具有现实的促进作用。

本书通过设计农业上市公司治理评价指标体系、采用多种方法生成农业上市公司治理评价指数等一系列公司治理评价研究工作,丰富了已有的公司治理评价理论;对农业上市公司治理有效性的实证检验进一步深化了公司治理有效性理论。具体来看,本书在梳理国内外已有的公司治理评价体系的基础上,遵循客观性、系统性、科学性和可行性原则,构建了一套包括九大治理维度、50个具体治理指标的中国农业上市公司治理评价指标体系;利用构建的农业上市公司治理评价指标体系,对我国农业上市公司治理的状况进行了总体、分维度和分指标的统计分析与评价;基于公司治理评价生成的公司治理指数,对我国农业上市公司治理与绩效关系进行了实证研究,检验了公司治理的有效性;基于我国农业上市公司在治理结构和治理机制等方面存在的问题,有针对性地开展了对我国农业上市公司治理及监管政策的研究并提出了相关建议。

针对上述内容,本书主要采用了规范研究方法和实证研究方法。规范研究方法主要体现为对公司治理理论、治理评价理论以及农业上市公司治理研究领域的文献综述,对农业上市公司治理评价指标体系的设计,对公司治理评价指标量化方法的建立,对我国农业上市公司治理结构、治理机制和治理监管等方面的研究分析。实证研究方法主要体现为对我国农业上市公司治理状况的描述统计分析和比较分析、对农业上市公司绩效指标的描述统计分析以及基于治理指数对我国农业上市公司治理有效性的实证检验等。

当前,在国际社会,越来越多的国际资本已经将公司治理水平作为公司经营业绩、投资回报、国际化等方面的重要前提和考量指标。我国农业企业要参与国际农业竞争,必须建立健全现代企业制度,加大公司治理改革力度,全面提升公司治理水平。本书以此为目的,在对我国农业上市公司治理评价基础上,对公司治理的现实水平、主要问题和改进方向进行了系统研究,对于提高我国农业上市公司治理实践水平、促进公司治理评价体系的应用和优化、推动监管部门的制度创新等具有重要的意义。

目录
CONTENTS

第一章
引 言

第一节 研究背景与意义

一、研究背景

(一)宏观背景:农业政策与农业企业发展

1. 农业在国民经济中的基础地位不可替代

我国是农业大国,农业在我国经济发展中占有举足轻重的地位。从表1-1可以看出,我国农、林、牧、渔业总产值从1989年的6534.7亿元发展到1993年便突破万亿元,2015年突破10万亿元,2017年为109331.7亿元。同时,本书也计算了农、林、牧、渔业总产值占同期GDP的比例,可以发现该比例呈现出显著的下降趋势。但农业作为解决人们基本生活需求的基础产业,在国民经济发展中具有不可替代的基础地位。农业在国民经济中的基础地位是与生俱来的,这是由农业的产业功能决定的。农业的最大功能是解决人们的吃饭等基本生活问题,这是其他任何产业都无法替代的。因此,占同期GDP比例的下降并不能说明农业在国民经济中的基础地位在下降。相反,现代化水平的提高必然导致人们生活质量的不断提高,进而导致对农业的多种需求越来越高,从而要求农业的基础地位不断得到巩固和加强。而农业上市公司是整个农业产业或者行业中非常重要的微观组织,其发展状况受到各方的关注。

表 1-1　我国农业产值状况（1989—2017 年）

年份	农业总产值/亿元	林业总产值/亿元	牧业总产值/亿元	渔业总产值/亿元	农林牧渔业总产值/亿元	GDP/亿元	占 GDP 比例/%
1989	4100.6	284.9	1800.4	348.8	6534.7	17179.7	38.04
1990	4954.3	330.3	1967.0	410.6	7662.1	18872.9	40.60
1991	5146.4	367.9	2159.2	483.5	8157.0	22005.6	37.07
1992	5588.0	422.6	2460.5	613.5	9084.7	27194.5	33.41
1993	6605.1	494.0	3014.4	882.0	10995.5	35673.2	30.82
1994	9169.2	611.1	4672.0	1298.2	15750.5	48637.5	32.38
1995	11884.6	709.9	6045.0	1701.3	20340.9	61339.9	33.16
1996	13539.8	778.0	6015.5	2020.4	22353.7	71813.6	31.13
1997	13852.5	817.8	6835.4	2282.7	23788.4	79715.0	29.84
1998	14241.9	851.3	7025.8	2422.9	24541.9	85195.5	28.81
1999	14106.2	886.3	6997.6	2529.0	24519.1	90564.4	27.07
2000	13873.6	936.5	7393.1	2712.6	24915.8	100280.1	24.85
2001	14462.8	938.8	7963.1	2815.0	26179.6	110863.1	23.61
2002	14931.5	1033.5	8454.6	2971.1	27390.8	121717.4	22.50
2003	14870.1	1239.9	9538.8	3137.6	29691.8	137422.0	21.61
2004	18138.4	1327.1	12173.8	3605.6	36239.0	161840.2	22.39
2005	19613.4	1425.5	13310.8	4016.1	39450.9	187318.9	21.06
2006	21522.3	1610.8	12083.9	3970.5	40810.8	219438.5	18.60
2007	24444.7	1889.9	16068.6	4427.9	48651.8	270092.3	18.01
2008	27679.9	2180.3	20354.2	5137.5	57420.8	319244.6	17.99
2009	29983.8	2324.4	19184.6	5514.7	59311.3	348517.7	17.02
2010	35909.1	2575.0	20461.1	6263.4	67763.1	412119.3	16.44
2011	40339.6	3092.4	25194.2	7337.4	78837.0	487940.2	16.16
2012	44845.7	3407.0	26491.2	8403.9	86342.2	538580.0	16.03
2013	48943.9	3847.4	27572.4	9254.5	93173.7	592963.2	15.71
2014	51851.1	4190.0	27963.4	9877.5	97822.5	641280.6	15.25
2015	54205.3	4358.5	28649.3	10339.1	101893.5	685992.9	14.85
2016	55659.9	4635.9	30461.2	10892.9	106478.7	740060.8	14.39
2017	58059.8	4980.6	29361.2	11577.1	109331.7	820754.3	13.32

2. 我国农业宏观政策基本情况

从中华人民共和国成立初期的"土地改革",到实行人民公社体制,再到改革开放以后建立家庭联产承包责任制,中国的农业、农村发展历经几次体制改革,过程曲折艰辛,但成就举世瞩目。党的十一届三中全会以来,我国农业政策的演变与成就大致可分四个阶段。

第一阶段:1978—1991年。中国农村改革发端于1978年末安徽凤阳小岗村的"大包干",随后,农村家庭联产承包制犹如星星之火,短短几年时间就扩展至全国。1982—1986年,国家连续发布了五个中央一号文件,肯定了农村创造的经验,排除了阻碍生产力发展的思想和体制障碍,为农村改革顺利发展奠定了政策基础。其中,1982年1月1日,中国共产党历史上第一个关于农村工作的一号文件正式出台,明确指出包产到户、包干到户都是社会主义集体经济的生产责任制,建立了以家庭联产承包责任制为主要形式的农业生产方式,开启了以公有制为主体的多种经济成分并存的发展格局。家庭联产承包责任制的普遍推行,宣告了人民公社体制的解体,农户成为从事商品生产经营活动的主体。1985年,国家将粮、棉、油、蔬菜等主要农副产品的统购统派制度逐步改革为以计划为主、市场调节为辅的制度。政府对农产品大幅度提价,调动了广大农户的积极性,粮食产量由1978年的30476万吨增长到1991年的43529万吨,农民人均纯收入由1978年的133.6元增长到1991年的708.6元。同时,开始将市场机制引入农业和农村经济发展中,鼓励农民从事工商业等非农产业活动和发展乡镇企业,农业生产结构、农村经济结构趋于多元化,乡镇企业也得到蓬勃发展。1988年乡镇企业总数已发展到1888.2万个,总产值达到4764.3亿元,职工总数达到9545.5万人。

第二阶段:1992—1998年。1992年邓小平同志发表南方谈话,农村改革开始向社会主义市场经济转变。通过立法稳定了农村基本经营制度,将土地承包期继续延长至30年,保持农村土地制度的稳定。逐步取消农产品统派购制度,相继建立了农产品收购保护价政策,扩大了农产品市场调节范围,初步建立了农产品市场体系。外向型农业得到发展,贸工农、产加销农业产业化经营形成共识。自1992年开始,乡镇企业加快了产权制度改革,迎来了第二个高速增长时期,出现了农村劳动力大规模流动的"民工潮",乡镇企业就业人数由1992年的1.06亿增加到1996年的1.35亿。尽管1997—1998年受东南亚金融危机影响乡镇企业增长速度一度出现回落,但总体来说,这一阶段,我国农业综合生产能力仍然全面提高,农产品供给实现了由短缺向供求基本平衡、丰年有余的历史性转变,为我国农业和农村经济发展步入新阶段奠定了坚实的基础。

第三个阶段:1999—2012年。这一时期是农村改革的深化期,农村改革面临着农业和农村发展的深层次矛盾,农业政策以保护农业生产、支持农民增收、减轻农民负担和促进农业发展为主要特征。2000年开始实行农村税费改革。2002年颁布《农村土地承包法》,用法律形式"赋予农民长期而有保障的土地使用权"。同年,党的十六大指出,中国已经进入"工业反哺农业,城市支持农村"的新阶段,实行"多予少取放活"的方针。2004年中央发布"三农"的一号文件,实行以"取消农业税、工业反哺农业"为主要内容的农业新政,将"三农"工作作为全党工作的重中之重。2005年提出建设社会主义新农村,农业政策侧重促进农村全面发展。2006年在全国范围内全面取消农业税。自2000—2006年,通过减免农业税,农民人均减负1250元。同时,农村合作医疗制度从2003年起先在全国部分县(市)试点,然后逐步推行,到2010年基本覆盖全国农村居民。新型农村社会养老保险自2009年建立,并逐步覆盖全国农村。党的十七大提出"统筹城乡发展,推进社会主义新农村建设"的总体思路,十七届三中全会出台了《中共中央关于推进农村改革发展的若干重大问题的决定》,提出稳定土地承包关系,鼓励土地合法流转。通过上述改革,农业产业结构得到进一步优化,农村社会保持稳定,农民收入比第一阶段翻了两番,农产品供给充足,为全面建成小康社会奠定了基础。

第四个阶段:党的十八大召开至今。党的十八大以来,面对错综复杂的国内外发展环境,党中央、国务院始终把解决好"三农"问题作为全党工作的重中之重,出台了包括促进农村经济、文化、治理、民生、生态等发展的系列政策措施。先后调整了农业补贴政策,转变了农业投入机制与方式,构建了新形势下的国家粮食安全战略,建立了以市场为导向的农产品价格形成机制,探索了农村产权制度改革,实行农村承包地"三权分置",提高了扶贫的精准性、有效性、持续性。在这一系列改革的推动下,诸多"三农"问题得到有效破解,开创了农业生产连年丰收、农民生活显著改善、农村社会和谐稳定的新局面,为全面推进农业农村现代化和新农村建设奠定了基础。党的十九大提出实施乡村振兴战略。乡村振兴的总要求包括20个字五个方面,对统筹推进农村经济建设、政治建设、文化建设、社会建设、生态文明建设和党的建设都做出了全面部署。2019年中央一号文件按照党的十九大提出的战略部署,围绕全面建成小康社会总目标,提出了一系列到2020年必须完成的农村改革发展目标,比如,打赢脱贫攻坚战,完成农村人居环境整治三年行动任务,实现农民人均可支配收入比 2010 年翻一番,确保农民生活达到小康水平。

3. 我国农业企业发展基本情况

据农业农村部统计,截至 2017 年底,经县级以上农业产业化主管部门认定的龙头企业数量达到 8.7 万家。其中国家级重点龙头企业 1242 家,年销售收入超过 1 亿元和 100 亿元的省级以上龙头企业分别达到 8000 家和 70 家,全年农产品加工业主营业务收入超过 22 万亿元,增长 7%。农产品加工业固定资产投资累计达到 39129 亿元,增长 3.9%。

据农业农村部第八次监测合格农业产业化国家重点龙头企业统计(数据截止到 2018 年底),我国合格农业产业化国家重点龙头企业总共为 1095 个。数量最多的五个省份分别为山东、河南、四川、江苏、广东,企业数量分别为 83、52、51、51、50 家。从区域分布来看,东部、中部、西部的农业产业化龙头企业数量分别为 449、378、268 家。与之前的统计结果相比,区域差异逐步减小,东部沿海地区和传统农业大省集中分布了 76% 的国家级重点农业产业化龙头企业,西部地区也通过发挥自身优势推动农业产业化龙头企业数量和质量"双提高"。龙头企业多数与所处的区域位置、资源禀赋等密切相关,由此出现了同地区产业集聚和区域产业差异性分布的特点。各省(自治区、直辖市)的龙头企业充分发挥比较优势,通过成熟的现代管理制度和完整的产业链条,对接小农户生产与消费市场,对本地区农业生产和农村经济发展起到较强的辐射带动作用。

(1)企业营业收入和利润。

农民日报社"新型农业经营主体发展绩效评价研究"课题组调研统计,全国 31 个省(自治区、直辖市)819 家国家级及省级农业产业化龙头企业 2017 年总营业收入为 28209.93 亿元,同比增长 14.5%;税后总利润为 1246.7 亿元,同比增长 4.77%。经对比,税后利润增长远少于总营业收入增长,其中企业成本和税负增长是主要原因。全国农业产业化龙头企业营业收入平均值为 34.65 亿元,平均值以上龙头企业有 146 家,占企业总数的 17.8%。企业税后利润平均值为 4.97 亿元,同比增长 33.84%。虽然从全国来看企业税后利润增长较大,但是各省(自治区、直辖市)发展并不均衡。

从营业收入占比和企业数量占比来看,山东、江苏、浙江、四川、湖北、云南等的两条曲线基本重合,部分省差异较大,如福建、广东、河南出现营收占比高于企业数量占比,说明这些省份单个农业产业化龙头企业营业收入较高。而安徽、贵州、陕西则出现反向趋势。

从利润率上来看,黑龙江、新疆、吉林、内蒙古、四川、广东等省(自治区、直辖市)的企业利润率较高,广西、海南、江苏、天津、江西、山东等省(自治区、直辖市)的企业利润率较低。影响企业利润率的因素错综复杂,但主要影响因素是企业自身管理水平以及各类农业企业获得政策扶持的差异。据农业农村部相关数据显示,农产品加工业各子行业营业收入呈现不同增速,行业之间差异显著,蛋类加工、中药类和茶类加工企业保持较快增长,烟草等行业增长速度则出现放慢的趋势。

(2)企业营业的资产负债。

经调查统计的819家农业产业化龙头企业,2017年资产总额为17719.7亿元,资产平均值为21.64亿元。其中排名前十的企业资产总额为3082.38亿元,占全部资产总额的17.4%,资产平均值为全部龙头企业的资产平均值的142.44倍。调查企业中有169家企业高于平均值,其资产平均值为82.49亿元,剩余650家企业资产平均值为6.25亿元。从分布上来看,企业资产分布不对称,呈现头重脚轻的分布形态,排名靠前的资产规模较大的企业拉高了整体的平均资产规模,其资产平均值是多数资产规模较小的企业的资产平均值的12倍。

从各省(自治区、直辖市)企业分布情况来看,平均值以上的企业主要分布在山东、江苏、河南、福建、浙江等省份。从区域分布来看,东部地区的企业数量占据较大优势,企业资产总值也高于中西部地区。其中,山东平均规模以上的企业最多,达到40家。湖北、陕西、广西、宁夏等中西部地区分布较少。

通过统计发现,江苏的农业产业化龙头企业数量最多,但平均规模以上企业所占比例较低,仅为12.4%。与之相比,山东的龙头企业总体数量虽然不及江苏,但平均规模以上企业数量为全国最多,在本省龙头企业数量中占比达到33.3%。广东的平均规模以上企业在本省龙头企业中所占比例高达60%。此外,占比较高的还有北京、河南、黑龙江,而青海、陕西、重庆等地的大型农业产业化龙头企业较少。

据调查,有736家龙头企业反馈有效资产负债情况数据,其2017年资产负债率平均值为40.99%,高于平均值的企业有362家。从分布来看,龙头企业间资产负债率相差不大。企业数量在各资产负债率区间内基本围绕平均值呈纺锤形分布,资产负债率在30%～60%的企业占全部企业数量的62.1%。

从资产规模角度来看,资产规模在平均值以上的龙头企业平均资产负债率为47.01%,资产规模不足平均值的企业平均资产负债率为38.2%。总体上表明大型龙头企业比小型龙头企业更愿意利用资金杠杆,可以接受比小型龙头企业更高的资产负债率。

4. 我国农业上市公司概况

(1)我国农业上市公司基本情况。

截至 2018 年,沪、深两市 A 股农业类上市公司有 41 家,营业总收入为 1014.97 亿元,净利润总额为 76.3 亿元。2018 年,农业行业净利润排名前十名的企业依次为温氏股份、圣农发展、立华股份、北大荒、隆平高科、牧原股份、仙坛股份、罗牛山、民和股份、益生股份。其中,温氏股份利润最高,以 39.57 亿元净利润位列榜首;圣农发展以 15.05 亿元净利润排名第二;立华股份以 12.99 亿元净利润排名第三。

(2)我国农业上市公司治理情况。

41 家农业类上市公司中有 17 家最终控制人是国资委或国有法人,占 41.46%;有 24 家最终控制人是自然人,占 58.54%。在所研究的 41 家农业类上市公司中,第一大股东平均持股比例在 33.22%。第一大股东股权比例超过 30% 的有 22 家,其中福建金森高达 70.32%。

股权集中度过高对于农业上市公司治理会产生不利影响,主要表现为控股股东可能通过关联交易、提供担保等手段侵害中小股东的利益。同时,为了遮掩其不当行为,控股股东更倾向于歪曲信息披露甚至提供虚假信息。另外,控股股东还可能为侵害中小股东的利益或避免外部股东进一步的监督而操纵会计盈余,对公司造成更加严重的损失。

农业类上市公司董事会规模平均为 8.34 人,最多为 16 人,最少为 5 人,有 37 家公司董事会规模小于或等于 9 人,占 90.24%。有关研究表明,董事会合理规模为 9 ~ 15 人,而农业上市公司董事会规模明显偏小。董事会中独立董事平均为 3.07 人,董事会的独立性较弱。尽管证券监管部门要求董事长与总经理分离,但仍有 8 家企业的董事长兼任总经理,占全部农业类上市公司的比例为 19.51%。

监事会规模平均为 3.54 人,最多为 5 人,最少为 3 人,有 29 家公司监事会人数为 3 人,占 70.73%。监事会规模总体偏小,监事会难以对董事长及高管层进行实质有效的监督。

在 41 家农业上市公司中,有 8 家企业的董事长兼任总经理。由于总经理与董事长存在交叉,使得公司管理层独立性差,导致公司治理存在一定程度上的低效率。上市公司经理层治理实质上要解决两方面的问题:一是通过良好的激励和约束机制保护相关者的利益,从而解决管理无力和管理腐败的问题;二是通过恰当的任免机制和执行保障机制,使有能力的经理层做出有利于公司长远发展的科学决策。

5. 我国农业上市公司治理风险事件频发

农业上市公司作为农业企业的典型代表,是现代社会中一个国家先进农业生产力发展的重要代表。另一方面,农业作为第一产业,具有周期性长、波动性强等特点,高度依赖外部自然生态等环境,同时容易受到政策、市场、技术、自然灾害等不确定风险的重大影响。我国农业上市公司风险事件的不断发生与增多,日益受到资本市场及社会的广泛关注。2001 年"银广夏"、2002 年"蓝田股份"、2012 年"新大地"、2013 年"万福生科"、2014 年"獐子岛"等一系列"黑天鹅"事件,不断引发市场及社会公众对农业上市公司风险事件的关注和担忧。这些农业上市公司的风险事件,反映了我国农业上市公司存在诸多不足和问题,如股权结构不合理、董事会和监事会职能弱化、风险管控不到位、内部人控制以及缺乏有效的管理层激励机制,最终造成风险事件,影响上市公司发展。因此,确实有必要对我国农业上市公司治理进行系统深入的研究,以不断完善和优化农业上市公司治理。

(二)微观背景:公司治理质量受到各方关注

1. 公司治理成为监管部门监管的重要内容

随着我国上市公司数量稳步增长、公司类型日趋丰富以及投资者结构的多元化,上市公司存在的一些公司治理问题逐渐显露,成为上市公司、投资者和监管部门关注的重点。

为了引导上市公司高质量发展,监管部门多方面同时发力,强化对上市公司治理的监管。在发挥"两会一层"作用方面,开展专项检查和不定期抽查,建立履职评价制度;在规范股权管理方面,对股东股权质押等行为进行审慎监管;在严打违规利益输送方面,开展关联交易抽查,对发现的违规问题强化整改、问责和处罚等。公司治理是保障机构平稳高效运营和市场良性发展的重要制度,监管部门对上市公司的治理问题保持高度的关注。2011 年 12 月 19 日,中国证券监督管理委员会(简称"中国证监会")主席在第十届中国公司治理论坛上表示,"从监管的角度来看,证监会将从加强对控股股东、董事、监事、高管的监管和问责,加大对不当行为的惩处力度,促进上市公司形成规范运作的内在机制,提高上市公司的透明度,加强对投资者合法权益的保护等方面促进完善我国上市公司治理"。2019年5月11日,中国证监会主席在中国上市公司协会2019年年会上表示,"对上市公司的监管力度必须加大,监管的重点在于公司治理,包含信息披露和内部控制等。通过公司治理的强化,促进经营管理水平的提升。要通过持续监管、精准监管,提高上市公司信披质量"。

2. 投资者愿意为治理良好的公司支付溢价

麦肯锡(2001)对200位共管理着3.25万亿美元资产的国际投资人进行的调查结果表明:80%的被调查者认为,在其他因素相同的情况下,他们愿意为治理良好的公司支付溢价;75%的被调查者认为公司治理质量与公司财务指数同等重要,在财务状况类似的情况下,投资人愿意为治理良好的亚洲公司多付20%～27%的溢价。2007年由澳洲会计师公会香港地区分会及香港浸会大学公司治理与金融政策研究中心联合进行的调查研究同样发现,境外机构投资者在投资我国境内公司的时候,愿意为那些治理良好的公司支付高达28.5%的溢价。进入21世纪,人们对公司治理问题比以前更加关注。无论是发达国家还是发展中国家都非常重视公司治理,公司治理也成为资本市场关注的焦点。在我国资本市场,随着上市公司治理信息披露的日趋完善,投资者通过公司治理等信息对公司的基本面进行判断,从而进行投资决策的水平也越来越高。

3. 公司完善自身治理结构与机制的内在动力

公司治理是现代企业制度的核心内容,也是解决公司存在的委托代理问题、提高企业经营效率的重要手段。对于投资者而言,有效的公司治理可以保护投资者合法利益;对于监管部门而言,有效的公司治理有助于提高上市公司质量、促进市场的良性发展;对于上市公司而言,完善自身治理结构与机制是决定企业运作和发展质量的重要条件。

从上市公司完善自身治理结构与机制的内在动力角度考虑:首先,完善的公司治理结构可以促进企业的股权结构合理化,影响企业的控制和运作方式,形成有效的制衡机制。其次,公司治理有助于降低企业的代理成本,通过完善公司治理,可以进一步规范企业的委托代理制度,有效的激励约束机制和外部董事等监督机制能够约束代理人的行为。再次,良好的公司治理结构有利于企业财务目标的实现,通过协调各利益相关者的利益,强调利益相关者共同参与治理,能够增强企业的核心竞争力,实现企业的可持续发展。

二、研究意义

(一)理论意义

亚洲金融危机,美国安然、世界通信等公司财务造假丑闻,2008 年美国次贷危机,给社会经济带来了负面影响甚至危害。导致这些危机产生的原因中,公司治理方面存在的问题是重要的影响因素。解决上述问题、改善公司经营促使公司治理成为世界性的研究课题。按照新制度经济学的观点,制度是第一生产力,良好的公司治理制度及运行将从根本上促进公司甚至社会经济的进步和发展。无论是在国外还是在国内,公司治理都是当今经济学、管理学、法学等学科中广受关注的热点前沿领域。近些年来,尽管我国的学术界已经开始注意到农业上市公司治理及评价,但我国关于农业上市公司治理的理论研究尚处于初始阶段,研究主要集中在农业上市公司治理存在的问题及产生原因、国外农业上市公司治理等方面,缺乏专门系统的研究,尤其是结合我国这样一个新兴市场及我国特殊的经济制度等特点,针对农业上市公司的、专门系统的治理有效性研究还没有开展,更没有形成成熟的理论体系和经典命题,这和我国作为一个农业大国的地位以及我国实现农业强国的战略目标相比明显滞后。农业上市公司治理及有效性研究,无疑是一个富有挑战性且具有重要研究价值的领域。

农业上市公司治理研究绝不是公司治理理论的简单应用,农业的自然性、复杂性等因素导致农业上市公司具有显著且不可忽视的行业特殊性,并且这种特殊性目前在我国经济社会发展改革、经济转型、从传统农业向现代农业转型的过程中将呈现出更加鲜明的特点和独特的价值。研究农业上市公司治理,有助于我国上市公司治理、农业经济发展、社会转型等理论的拓展和深化。

具体来看,本书研究的理论意义包括两个方面:第一,通过设计农业上市公司治理评价指标体系、采用多种方法生成农业上市公司治理评价指数等一系列公司治理评价研究工作,丰富了已有公司治理评价理论;第二,对于特定行业农业上市公司治理有效性的实证检验也进一步深化了公司治理有效性理论。

(二)现实意义

着眼于农业上市公司治理的研究对我国农业发展、农业上市公司发展具有现实的促进作用。农业是第一产业,是国民经济的基础。农业上市公司作为农业企业的典型代表,是一个国家先进农业生产力发展的重要代表。我国农业上市公司的发展,直接体现了我国农业的发展状况,决定了未来我国农业产业化的发展道路。农业上市公司是我国农业发展的重要途径,也是我国农业参与国际农业竞争的主力军,对转变我国农业经济发展方式、加快发展现代农业,甚至推动整个国家的现代化发展都具有非常重要的意义。另外一方面,良好的公司治理对我国农业上市公司吸引国际资本具有重要意义。在国际社会,越来越多的国际资本已经将公司治理水平作为公司经营业绩、投资回报、国际化等方面的重要前提和考量指标。特别是在 2001 年,美国标准普尔的一项调查显示,亚洲国家的企业,在公司法人治理结构上如果不做根本性的改革,任何管理技能的提升与科技实力的发展都不足以让亚洲企业在国际舞台上立足。

具体来看,本书研究的现实意义包括三个方面:第一,基于农业上市公司治理评价指标体系生成的农业上市公司治理评价指数而进行的对农业上市公司治理总体和各类指标的具体分析,有利于农业上市公司为其自身治理的优化和改进提供方向和指引;第二,农业上市公司治理有效性检验为全面提高农业上市公司治理能力提供决策支撑;第三,对各类治理指数以及治理有效性检验的分析,有利于监管部门把握农业上市公司的治理状况、各治理要素存在的短板,进而实现有效监管。

第二节　研究内容

一、构建我国农业上市公司的治理评价指标体系

本书在梳理国内外已有公司治理评价体系的基础上,遵循客观性、系统性、科学性和可行性原则,依托我国资本市场的现实背景,构建了一套包括九大治理维度、50 个具体治理指标的中国农业上市公司治理评价指标体系,并根据各指标的属性特点给出了两种量化方法,同时基于是否考虑指标权重,设计了四个生成农业上市公司治理指数的公司治理模型。

二、对我国农业上市公司治理状况进行系统评价

本书利用上述农业上市公司治理评价指标体系,对我国农业上市公司治理的状况进行了总体描述,进行控股股东性质、地区和市场板块的比较分析,九大治理维度的详细分析以及九大维度基层指标的统计分析。

三、基于治理评价结果实证检验我国农业上市公司治理的有效性

本书基于公司治理评价生成的公司治理指数,构建以盈利能力、代理成本、成长性、破产风险等为被解释变量的非平衡面板数据模型,以公司治理指数作为解释变量,在控制控股股东性质、公司规模和公司成立时间等变量的同时,实证检验我国农业上市公司治理的有效性。

基于公司治理及有效性评价结果开展对农业上市公司治理及监管政策的研究。

本书基于公司治理以及有效性评价结果,从公司治理理念、股东治理、董事会治理、经理层治理、利益相关方治理以及信息披露与透明度治理等主要方面,对完善农业上市公司治理进行研究,并基于农业公司治理状况,从公司治理结构和机制监管等方面对加强农业上市公司治理监管进行研究。

第三节　研究方法与技术路线

一、研究方法

(一)规范研究

规范研究方法主要体现为对公司治理评价、公司治理有效性、农业上市公司治理研究领域的文献综述及对农业上市公司治理评价指标体系的设计、对公司治理评价指标的量化、对农业上市公司治理评价样本选择与构成的说明、对评价的数据来源与处理的说明、结论与建议。

(二)实证研究

实证研究主要体现为对农业上市公司治理状况的描述统计分析和比较分析、对农业上市公司绩效指标的描述统计分析以及基于治理指数的我国农业上市公司治理有效性的实证检验等。

二、技术路线

(一)总体研究思路

本书遵循提出问题(我国农业上市公司治理状况如何)——分析问题(设计

农业上市公司治理评价指标体系并基于该体系对农业上市公司治理状况进行评价研究)——解决问题(基于评价结果开展多层次的对农业上市公司治理有效性的实证检验并进行相关政策研究)的研究思路。

(二)具体技术路线

本书在提出科学问题的基础上,首先梳理了有关公司治理评价、公司治理有效性研究和农业上市公司治理研究等方面的文献,基于已有的公司治理领域经典理论和我国现实背景,构建了我国农业上市公司治理评价指标体系,并基于该指标体系对我国农业上市公司的治理状况进行了评价,利用非平衡面板数据模型,对我国农业上市公司治理的有效性进行了实证检验,最后对相应的政策措施进行了研究并提出建议。

第四节　研究创新

一、研究内容创新

(一)创新构建我国农业上市公司的治理评价指标体系

本书在参考国内外已有公司治理评价体系的基础上,遵循科学性、客观性、系统性和可行性原则,设计了针对我国农业上市公司的治理评价指标体系,并给出了评价指标量化、权重赋予和标准化处理的方法,生成了能够反映我国农业上市公司治理状况的农业上市公司治理指数以及九个分指数,重点研究了农业上市公司治理现状与问题。该体系的构建丰富了一般公司治理评价理论与方法。

(二)从整体视角深入研究了我国农业上市公司治理的有效性

在上述生成的我国农业上市公司各类治理指数基础上,将各类治理指数作为解释变量,能够从更加全面的视角来检验公司治理的有效性,弥补了国内农业上市公司治理研究以规范研究和零散关注具体治理要素进行研究为主的不足,研究结论为评价农业上市公司治理整体状况提供了重要参考和指导作用。

针对农业上市公司治理特点进行公司治理建设及监管政策研究。

在对农业上市公司治理各类指数开展研究的基础上,结合研究结果,提出完善农业上市公司治理相关政策措施和加强农业上市公司监管政策措施,对完善我国农业上市公司治理体系、提高我国农业上市公司治理能力和加强农业上市公司治理监管等具有重要的指导作用。

二、研究方法创新

(一)公司治理评价方面

在一般公司治理评价领域,评价方法主要包括哑变量求和法和专家评分法两种常用方法,其中哑变量求和法是国际期刊文献中较多采用的方法,其特点是客观性较强、容易操作。本书在评价我国农业上市公司治理状况过程中,也导入了哑变量求和法。在权重设计上,指标层所有指标均采用等权重;而在准则层,一方面采用等权重的方法,另一方面根据专家评分和层次分析法(AHP)来确定分指数的权重。此外,本书在使用哑变量求和法的基础上,又衍生出介于哑变量求和法和专家评分法之间的第三种方法,即定距变量求和法,通过使用多种方法来对我国农业上市公司治理状况进行详细评价,在评价方法上具有一定的创新性。

(二)治理有效性检验方面

本书对公司治理有效性的研究主要采用大样本实证研究方法,检验了农业上市公司治理状况对于反映农业上市公司盈利能力的净资产收益率、总资产收益率、销售利润率、投入资本回报率等指标的影响,反映农业上市公司代理成本状况的管理费用率、财务费用率、应收账款周转率、存货周转率等的影响,反映农业上市公司成长性的营业收入增长率、利润增长率、资产增长率、托宾 Q 值的影响以及反映农业上市公司财务困境风险的 Z 值的影响;实证研究过程中还进行了滞后一期的稳健性检验,使研究结论更加可靠。

第二章
研究文献综述

第一节　公司治理与评价研究文献综述

一、公司治理理论研究

自 Berle 和 Meanns 于 1932 年提出著名的现代公司所有权与控制权"两权分离"命题以来,公司治理理论成为研究的重要话题,在全球范围内受到了理论界和实务界前所未有的关注。以联合国为首的各种全球性、地区性国际组织(包括世界银行、经济合作与发展组织、证券交易所等),美、英、德、法、日等发达国家以及新兴市场国家,都越来越重视公司治理问题,而以公司治理为主题的学术论文日益成为经济学、管理学、法学等学科的重要研究内容。公司治理是公司的根本性制度安排,对公司发展战略、人财物安排等起着基础性、决定性的作用,也从根本上影响制约着公司的创新和发展,从而最终决定公司的经营绩效。Ticher 认为,公司治理主要是为了监督管理者受托责任的完成情况即企业的绩效水平,确保管理者对于股东和其他利益相关者的责任。

La Porta(2002)认为,公司治理兴起并形成全球浪潮的根源,不仅在于它是现代公司运行、管理和可持续发展的必要条件,在很大程度上决定着公司的效率,而且也是现代市场经济的微观基础,对一国资本市场乃至整个国家经济的发展具有重要影响。

罗斯(1973)认为,如果当事人双方的代理人一方代表委托人一方的利益行使某些决策权,则代理关系就随之产生。公司股份由众多分散的投资者所持有,这些投资者在主客观上是没有动力、能力对公司的实际经营者即经理人进行监督的。由此自然而然就会产生经理人虽然不拥有或拥有很少的公司所有权,但是在公司的日常运营管理中对公司资源拥有实际而足够的控制权,从而导致了所有权与经营权的分离。这种分离,是现代经济社会发展的一种客观必然结果,不以人的意志为转移。

Shleifer 和 Vishn(1997)认为,在股权集中到大股东手中且大股东的所有权可以控制公司时,大股东将有强烈的动机和足够的能力对经理进行监督,经理和股东之间的代理问题就不再重要,控股股东对其他股东利益的侵占问题则成为公司主要的代理问题。当大股东直接参与公司治理时,经理与股东之间的利益冲突不再是公司主要的代理问题,公司治理应重点关注的是,如何保护外部投资者的权益不受控股股东的剥削。

La Porta 等(1999)认为,世界上绝大多数国家上市公司的股权结构表现出相对分散的所有权和比较集中的控制权特征,完全分散和完全集中的股权结构仅存在于少数几个国家。前者主要是资本市场相对发达以及法律体系相对完善的美国、英国等,后者主要是德国、法国等少数几个欧洲国家。

按照 Denis 和 McConnell 的分类,公司治理系统一般可以从内部治理和外部治理两方面分析。内部治理主要体现为公司治理特征,如董事会规模、股权结构、经理层激励,外部治理涉及政府监管、法律体系等。其中,内部治理是前期研究的重点方面,主要集中在公司治理要素层面,包括股东的核心代理,经营者的股权代理成本,董事会在公司治理中的作用和影响,影响公司治理的内在因素及对公司经营、价值的影响等。

传统的公司治理是依照委任理论来处理治理主体之间的关系,股东(大)会与董事会是建立在一种信任关系上的委任,股东(大)会享受最终决策权,董事会享有管理公司事务的权力,董事会受股东(大)会支配并对股东(大)会负责。但是 20 世纪后特别是近几十年来,一些国家的理论认为公司治理机构的权力由国家法律赋予而并非完全来自股东(大)会的委托,于是,以立法等不同方式进一步强化董事会的权力而弱化股东(大)会的权力,把一些以前由股东(大)会行使的权力划由董事会行使。如 1937 年《德国股份公司法》曾规定公司业务的专属领导权由董事会享有,公司章程和股东(大)会决议不能做出限制性规定。

除上述几种公司治理理论之外,我国的公司治理具有鲜明的特色,且研究成果日益完善丰富,发展形成了独特的理论。在国际经济框架中,国有企业(SOEs)本身也是一个非常重要的内容和元素,在经合组织区域、发展中国家,国有企业仍在一些特定行业如公用事业和基础设施产业,能源、交通运输和电讯等领域占据优势地位。2005 年,经合组织正式实施《经合组织国有企业公司治理指引》。因此,国有企业的治理对于全面提升一个国家的经济效率和竞争力十分关键。在我国,国有企业改革不仅是我国整个经济体制改革中一个操作上的难点和争论的热点,更关乎整个经济社会的稳定发展。这源于我国独特的社会主义经济制度,同时也深刻影响我国资本市场的发展方向及战略。裴平(2000)认为,我国证券市场是在计划经济向市场经济转变过程中,适应国有企业改革需求的制度创新举措,这从根本上决定了我国上市公司的治理结构与西方私有企业控股的上市公司有着根本的差异。亚洲公司治理协会在《治理在觉醒:中国公司治理进化史》中分章节探讨了党组织、董事会、监事会、独立董事和审计委员会在公司治理中发挥的作用,解释中国独特的公司治理体系。李维安(2019)认为,相比国外公司治理文件的框架,监事与监事会是我国公司治理实践的一个特色;而我国公司治理文件中的利益相关者和信息披露两个部分内容相对较少,只有《上市公司治理准则》中有专门的利益相关者部分,《上市公司治理准则》《商业银行公司治理指引》《关于规范保险公司治理结构的指导意见(试行)》等文件涉及信息披露。

与西方国家不同的是,我国现代企业制度可以说是传统计划经济体制下国有企业改革的产物,它属于政府推动的产物,而非市场经济孕育的结果。因此,我国企业完善公司治理问题的过程要比西方企业艰难和复杂很多。

随着科技发展,互联网经济、共享经济快速兴起,公司治理也有了新的时代面孔和内容。目前,网络组织及其治理被作为公司治理的延伸,也日益受到关注和重视。哈佛商学院的波特教授认为,网络组织是在某一特定领域内互相联系、具有稳定交易关系、在地理位置上相对集中的公司和机构的集合。蔡锐(2018)认为,网络治理作为公司治理的延伸,是一种介于企业和市场之间的第三种资源配置方式和新型的组织形态,它可以克服市场的交易费用和企业的组织成本带来的不足,实现资源配置最优,其中一个典型案例就是美国苹果公司与富士康科技集团,二者的交易不是一锤子买卖的市场关系,也不是以股权为纽带的母子公司关系,而是一种网络关系,构成了一种网络组织。其治理均是公司治理延伸发展的新内容。[①]

二、公司治理评价研究

随着公司治理的实践、理论不断深入发展,目前,公司治理研究已经从过去单纯的公司治理要素、结构、规范层面的研究发展深化到公司治理量化研究阶

---

① 蔡锐,孟越. 公司治理学 [M]. 北京:北京大学出版社,2018:235,239.

段,形成了发展评价指标,构建了科学、有效的公司治理评级评价体系。这种指标量化评价理论,在前期制度性研究的基础上,对于促进公司治理深入发展、提高公司监管的有效性、保护各方主体合法的权利利益、促进上市公司及社会经济发展具有重要的作用。

一般认为,公司治理评价最早萌芽于1950年Jackson Martindell提出的董事会业绩分析。Jackson Martindell在《对管理的科学评价》中提出建立包括公司对社会的贡献、对股东的服务、董事会业绩分析、公司财务政策等内容的公司管理能力评价体系。随后一些商业性组织也推出了针对公司治理状况的评价系统。1952年,美国机构投资者协会(Institutional Shareholder Services)最早对董事会治理评价进行规范研究,设计了第一个正式的评价董事会的程序,并且成为世界上第一家正式评价执行董事的机构。该协会在《优秀经理人员手册》中详细规定了对执行董事进行评价的方法、程序,聘请管理专家组成咨询小组,采用德尔菲法设计出涵盖301个具体问题的调查问卷,根据各大公司执行董事对该问卷的回答结果,概括出执行董事评价标准的十大因素,最后给每个因素赋予不同的权重,以加权平均总得分排出评价结果。之后,美国《商业周刊》、Walter J Salmon、Mueller都较早对公司治理评价进行了研究。Keasey等(1997)认为,公司治理主要有四种模型,分别是所有者—代理人模型、短视市场模型、高管权利滥用模型以及利益相关者模型,公司治理的核心仍然是股东权益保护。Cesare Fracassi和Eoffrey Tate(2012)以数据研究证明总经理与外部董事的外部网络关系(如曾在同一公司为同事,有相同的教育背景)会削弱董事会对总经理的监管。Iassunta等(2014)以中国上市公司董事为样本,研究发现新兴国家上市公司董事在公司治理质量较好的国家受教育的背景对公司价值具有正向作用。

随着公司治理评价实践及理论的发展,公司治理评价的系统化趋势明显增强。最早比较完善的公司治理评价系统是1998年标准普尔的公司治理服务系统(该评价系统于2004年进行了修订)。2001年美国机构投资者服务公司还建立了全球性的公司治理状况数据库,为其会员提供公司治理服务。在欧洲,戴米诺于1999年推出公司治理评级系统。在亚洲,里昂证券于2000年推出针对新兴市场的公司治理评价系统。我国香港城市大学、台湾辅仁大学等也对公司治理评价系统开展了研究。另外还有世界银行公司评价系统(2000)、泰国公司治理评价系统(2001)、韩国公司治理评价系统(2001)、日本公司治理评价系统(JCG Index,2001)等。此外,德意志银行下属的DWS基金管理部于2001年推出了欧洲公司治理排序报告;普华永道会计公司(2001)设计了信息披露透明度评价系统;

David Coy、Keith Dixon（2004）利用公开年报研究了公共责任指数；Vivien Beattie（2004）对年度报告质量评价进行了研究。

我国的公司治理评价研究起步相对较晚，但是发展迅速，并且成果较丰富。随着中国经济快速发展，公司在中国经济社会中的作用日益凸显。研究人员根据中国公司治理的特点、阶段及发展需要，开展了大量卓有成效的公司治理及评价研究，并发展形成了公司治理的评级系统。

李维安（2011）认为，公司治理评价研究，对于公司、投资者、监管部门具有重要的理论意义和现实价值。公司治理评价的关键，不在于是否对公司治理进行评价，而在于如何科学、合理、客观地进行评价，并得出对学术界、实务界有用的结果。同样地，公司治理评价研究应成为公司治理研究的前沿课题。

郝臣（2018）认为，公司治理评价就是对公司治理状况的科学衡量，其意义在于通过治理评价发现和解决治理中的重要问题，尤其是瓶颈问题，以提高公司治理水平。公司治理评价是一个系统工程，涉及治理评价主体（谁来评）、治理评价指标体系（用什么评）、评价对象（评价谁）、评价结果使用（评价作用发挥）等内容，评价指标体系是评价的核心。

在公司治理评价指标体系方面。2001年，大鹏证券研究所裴武威提出公司治理评价主要包括四大部分——所有权结构及影响、股东权利、财务透明性和信息披露、董事会的结构和运作，简要集中地反映了公司治理的四个重要因素，但是缺乏对外部机制和环境对公司治理的影响的研究。2002年，北京连城国际理财顾问从董事会治理效果的角度，提出了我国上市公司董事会治理评价指标体系，将董事会治理分为经营效果、独立董事制度、信息披露、诚信与过失、决策效果五个指标、19个次级项目，并以深、沪两市1135家A股上市公司2001年披露的年报为样本，对董事会治理的优劣进行排名。2002年，海通证券研究所吴淑坤提出的公司治理评价，主要分为环境评价、个性化评价、公司治理与公司管理的匹配性评价三个指标体系，并从股权结构（18％）、股东权利（17％）、财务及治理信息披露（25％）、治理结构（25％）、治理与管理的匹配性（15％）等角度进一步完善量化。2003年，南开大学公司治理研究中心推出的中国上市公司治理评价指标体系——南开治理指数（CCGINK），主要分为股东权益、董事会、监事会、经理层、信息披露、利益相关者六个纬度，率先系统构建了中国特色的公司治理评价系统，而且此后每年使用该系统对上市公司治理进行评价并向社会公开发布。南开评价指标体系是全面的、连续的、动态的评价指标体系，该指数成为反映中国上市公司治理状况的"晴雨表"。2005年，国内专业媒体《董事会》杂志也构建了董事会治理 BGR 评价体系,并联合有关机构评选中国上市公司董事会"金圆桌"奖。上海证券交易所也建立了专门的公司治理评价系统。鲁桐(2007)在研究中小板和创业板上市时间一年以上的 1056 家样本公司时发现,由于中小上市公司规模小、公司处于初期发展阶段等原因,其实际控制人有较强的控制力更有利于公司发展;同时,股权集中度高和低对于不同发展阶段的企业的利弊是不同的——企业在发展成熟阶段,一定程度的股权分散是必要且有益的,能保证企业经营的稳健性和持续性;而对于尚处于初始发展阶段或者高速发展阶段的企业,一定程度的股权集中则是必要的,可以保证企业创始人的发展战略能够在企业中得到贯彻,保证企业决策迅速。郝臣(2018)认为,评价指标体系是评价系统的核心,而评价指标体系设计的思路则是核心中的核心。为科学、全面、准确地评价公司治理的质量,治理评价不应仅局限于按照经典公司治理评价理论的维度进行,还要考虑合规性的层次、法人机构的类型等,即从治理层次、治理对象等维度系统评价,构建法人机构治理评价的三维立体模型:从治理内容维度,包括内部治理和外部治理;从治理层次维度,分为强制性合规(也称一般合规)和自主性合规(也称高级合规);从治理对象维度,不同法人机构应该采用不同的治理评价指标体系。

第二节　上市公司治理相关研究文献综述

一、上市公司治理评价研究

(一)相关研究综述

上市公司治理评价是改进公司治理效率的前提和机制保障。完善的上市公司治理评价,能从上市公司治理的内在特征、本质要求、长远发展等出发,系统提出科学可行的标准、方法等,对上市公司特有的治理状况进行评价与诊断,及时发现其中存在的问题,为上市公司、政府监管部门、广大投资者以及社会提供有效信息,促使公司正常运行和取得良好业绩。同时,对上市公司治理进行评价,也符合国际上对"公众公司"的通行做法,有利于吸引国际资本投资,繁荣国家的资本市场。中国上市公司在中国改革开放及经济快速发展中产生并经历了几十年的发展,迫切需要建立、健全上市公司治理评价制度。

我国的香港大学中国金融研究中心,结合中国上市公司治理内部机制(控制模式）、外部机制（市场机制）以及中国特色的国有股三方面，以《OECD公司治理准则》和公司治理理论为基础，通过实证分析，提出了一个衡量中国上市公司治理水平的指标——G指标，包括董事会、股权结构、高管薪酬、外部机制通过企业控制权的竞争市场（第二大股东到第十大股东的股权集中程度），以及对中小股东的保护、产品市场竞争度等多个因素综合分析与公司市场价值的关系等方面。

中国社会科学院世界经济与政治研究所公司治理研究中心开展的中国上市公司100强公司治理评价是国内较早开展的持续的评价系统工作，评价对象为市值前100名的上市公司。自2004年以来，其每年发布《中国上市公司治理评价报告》，对我国上市公司治理进行专题系统研究。

施东晖、孙培源（2003）指出，中国现行的上市公司治理结构主要是"关键人控制模式"，其主要问题是控股股东行为和内部人控制问题，其评价指标为控制股东行为（35％），关键人的聘选、激励与约束（25％），董事会的结构与运作（25％），信息披露的透明度（15％）。武立东（2007）认为，我国民营上市公司治理存在的核心问题，源于实际控制人集所有权、控制权、执行权于一身，且对其缺乏有效的内外部制衡，导致公司治理天平向实际控制人倾斜并最终失衡。香港大学张俊喜结合中国上市公司治理三大方面的机制——内部机制（控制模式）、外部机制（市场机制）以及中国特色的国有股"一股独大"，确定中国上市公司治理指数包括八个组成部分，如CEO是否兼任董事会主席或者副主席、独立董事在董事会中所占的比例。

鲁桐（2015）从1056家深交所中小板和创业板公司中采样进行治理评估，针对中小板、创业板上市公司规模小、高成长性、高科技、高风险等特点，总结出其股权高度集中，所有权、经营权分离程度小，公司实际控制人在公司治理中发挥着关键作用等规律，评估结果进一步表明该群体的公司治理水平普遍较低，两极分化现象明显；信息披露与合规方面表现最好；创业板公司的治理水平高于中小板公司；公司治理与绩效的正向影响关系在中小上市公司中同样存在。在公司绩效提升方面，激励机制作用最明显，高管与核心技术人员的股权激励是影响公司绩效的关键因素，其次为股权结构、股东权利，再次为董事会和监事会运作。

蔡宁（2018）认为，1997年亚洲金融危机后，东亚国家和地区的投资者保护和公司治理问题成为学术界关注的焦点。虽然东亚国家和地区关于投资者保护的法律规定较为完善，但是东亚经济独特的制度性背景影响甚至制约了有关法律的实施，由此导致东亚国家和地区相对集中的股权结构。在东亚经济的国际比较研究中，中国上市公司的股权结构特征未被列入研究范围，国内的相关研究也很少涉及上市公司最终控制人问题。

李维安(2019)在借鉴现有公司治理相关的规则、准则、法律法规等标准的基础上，从绿色发展的角度，率先构建我国上市公司绿色治理评价指标、绿色治理指数，其评价结果显示我国上市公司绿色治理水平整体偏低，各维度、各要素发展明显不均衡。其中，国有控股上市公司表现优于民营控股公司，上市金融机构具有明显优势。绿色治理与公司绩效的实证回归结果表明，绿色治理不能带来短期利润，但有助于企业长期的价值提升，绿色治理水平高的公司获得了更强的成长能力、更低的风险承担水平、更为宽松的融资约束以及更高的长期价值。

(二)上市公司治理评价的意义

1. 上市公司治理评价有利于促进上市公司提高治理水平、筹资能力、公司价值

上市公司治理评价，涉及上市公司股东及股东(大)会、董事会、管理层、信息披露等公司正常运行的各个方面，是上市公司提高、完善自身治理水平，降低治理风险的重要工具。通过上市公司治理评价，上市公司高管人员可以及时掌握公司治理的总体运行状况，发现企业自身存在的漏洞和缺陷，及时对有可能出现的治理问题进行诊断、采取措施等，不断完善公司治理，最终确保公司内部各个主体、环节正常运转，降低治理风险及其他风险;同时，公司治理评价日益公开透明，监管机构、社会媒体等对上市公司的治理状况进行全面、系统、及时的跟踪并定期将评价的结果公布，这种监督对公司能产生良好的约束效果，促使上市公司不断改善公司治理状况，最大限度地降低公司治理风险，提高治理能力和水平。

公司治理评价可以让投资者、债权人等利益相关者掌握公司股权分布、高管层结构是否合理等信息，知悉公司财务信息、风险水平等，对投资者的投资决策会产生重要影响。虽然公司治理和绩效之间更为确切的关系需要进一步研究，但是，对公司来说，有一个无法回避的事实是投资者和市场对完善公司治理的压力。Shleifer和Vishny(1988)指出，公司治理要处理的问题就是确保资本供给者可以得到应有的投资回报。白重恩(2005)认为，上市公司的市场价值与公司治理结构紧密相关，改善治理结构是上市企业提升其股票市场价值的根本途径。良好的上市公司治理及评价可以确保上市公司在资本市场获得比较优势，促进投资者投资，降低融资成本。鲁桐(2016)认为，国际资本流动使公司能够以更低成本和在更大规模上获得融资，公司遵守良好公司治理原则的程度，逐渐成为影响投资者决策的考量因素。从国际上看，如果一个国家要从全球资本市场吸引投资、获取利益,甚至是获得长期大量的资本投资,公司治理的制度安排应当至少符合国际公认标准并为国际投资者所认可。这一点对包括中国在内的广大发展中国家甚为重要。

随着投资环境、投资技术及要求的不断发展,机构投资者在资本市场中越来越重要,而公司治理评价则是专业机构投资者决策分析必不可少的战略工具。证券投资对上市公司的研究经历了股评阶段、技术阶段到现在的价值投资阶段。价值投资必然要对公司的内在价值进行分析。公司治理本身就是公司内在价值的一个重要衡量指标,其对证券投资组合的财务风险有客观、必然的影响,自然成为证券投资决策不可缺少的一个组成部分。因此,当投资者评估公司整体状况时,除考虑财务指标之外,治理指标也被采纳。实践中,机构投资者通过分析上市公司的治理评级指数指标、结构及结果等,通过横向、纵向及全方位比较,深入了解公司的基本运作、财务信息、重大决策披露情况,估计公司可能存在的管理和经营风险,为最终挖掘企业内在价值、合理搭配风险和收益、建立投资组合提供重要参考。其内在逻辑就是公司治理结构是一个复杂的系统,机构投资者迫切需要对上市公司治理进行评价,从而对不同投资组合的风险 / 收益进行比较。这种需求客观上促使了大量公司治理评价系统的产生和发展,公司治理评价也成为机构投资者进行投资决策时分析和测量相关风险的重要标准。

2. 上市公司治理评价有助于上市公司监管

公司治理评价体系是分析和评价公司治理的方法、指标及标准,评价体系分析和设计的基础是公司治理原则、准则和制度。这些方法、指标、准则及制度等是对上市公司治理进行监管的重要内容和组成部分。2001 年,中国证监会要求上市公司提交强制性季度报告,同年,制定实施《关于在上市公司建立独立董事制度的指导意见》。2002 年,中国证监会、国家经济贸易委员会制定实施《上市公司治理准则》,专门对上市公司进行评价。2004 年,国务院国资委开始在中央企业进行董事会试点。2005 年,中国银监会首次发布商业银行公司治理指引。2006 年,深圳证券交易所发布《上市公司社会责任报告指引》。2008 年,上海证券交易所发布《上市公司社会责任报告指引》。2011 年,中国证监会公布《信息披露违法行为行政责任认定规则》,加强了对违规信息披露的处罚力度。2015 年,中国保监会制定实施《保险法人机构公司治理评价办法(试行)》,专门规范有关公司的治理评价。随着我国资本市场的进一步发展以及国内外社会经济形势的变化,为适应上市公司面临的新变化、新挑战,2018 年,中国证监会发布修订后的

《上市公司治理准则》。此外,法律法规及规范性制度层面的《公司法》《证券法》,部门规章层面的《上市公司章程指引》《商业银行公司治理指引》《保险公司章程指引》《保险法人机构公司治理评价办法》等有关上市公司治理的一系列法律法规和监管规定构成了我国公司治理评价体系的主要监管制度。

公司治理评价体系提供了可供比较的量化数据,为监管部门开展治理评价、分类管理提供了充分的理论支持和技术保障。目前国内的公司治理评价大致分为三类:商业性质、学术性质和官方监管性质。随着公司治理理论和实践的发展以及公司治理评价日益增大的市场需求,商业评级机构快速发展,学术研究领域不断深入,我国公司治理评价的市场化、学术化在数量、规模上明显增大,公司治理评价成果日益丰富。这给监管评价创造了良好的基础和条件。借助公司治理评价,监管部门能够更加全面、客观地掌握被监管公司的所有权结构、利益相关者的权利和相互关系、财务透明度和信息披露以及董事会的结构与运作等重要信息,提高监管水平和效率。另一方面,由社会中介机构进行公司治理评价,评价的结果具有较强的客观性。

在实践中,不同的监管主体对上市公司进行监管,都是依据上述法律法规所确立的标准、方法等。在资本市场监管中,证券监督机构和证券交易机构要了解上市公司的治理状况,获取有关上市公司治理的基本情况,根据有关公司治理评价结果对不同治理状况的公司采取不同的监管措施。对治理表现优异、水平高的公司,在业务方面会依法依规进行奖励表彰;对存在混乱、授权不明确等严重问题,经常侵犯中小股东利益,控股股东和高级经理人员滥用权力等造成严重后果的公司,严格按照法律法规予以惩罚,督促迅速整改,降低公司治理风险及其引发的其他风险。

3. 国际规则角度

从时间和历史角度看,上市公司治理评价起源于经济发达的国家和地区,国际组织在促进上市公司治理发展、完善及国际化方面,具有独特的地位和作用,为研究公司治理评价提供了独特的实践、理论视角。

随着世界经济贸易一体化进程加快,特别是跨国公司、国际投资及贸易的不断发展,公司治理日益受到国际组织的重视,如世界经济合作组织、世界银行等根据不同国家、地区、行业公司治理发展的需要和要求,综合不同的理念、制度,制定了可供各国参照的公司治理国际准则,并使其成为世界各国进行公司治理评价的重要指标和参考。前文所述的评价系统,绝大多数是根据经济合作与发展组织(简称"经合组织", OECD)、世界银行等提出的治理准则制定的。

世界银行金融稳定理事会制定了《健全金融体系关键标准》,为世界银行提供公司治理标准。世界银行资深研究员 Kaufmann(2009 和 2010)从六个维度——话语权和问责制、政治稳定和不存在暴力/恐怖主义、政府效能、规制质量、法治以及反腐败构建了全球治理指标,开展针对全球 200 多个国家和地区的公司治理环境评价研究。实践当中,这种全球治理指标已发展成评价国家层面宏观治理环境较为成熟的标准。

不同于美、英、德成熟经济体,OECD 成员结合各国发展实际,于 1999 年首次发布《OECD 公司治理原则》(简称《原则》)。该《原则》作为一种指导实践的工具,提供了适用于不同成员的公司治理非约束性标准及指南,已成为全球范围内政策制定者、投资者、公司以及其他利益相关者改善公司治理的国际基准,在推动 OECD 和非 OECD 成员建立公司治理规范、促进资本市场监管等方面产生了积极的影响。2008 年爆发的国际金融危机暴露出公司治理存在重大缺陷,如董事会不健全以及股东权利不落实等重大问题。为此,经合组织着手重新修订《OECD 公司治理原则》,经合组织理事会于 2013 年底授权公司治理委员会主持原则修订工作,并邀请二十国集团成员代表和 OECD 成员一道参与对原则的修订。相关国际组织,尤其是巴塞尔委员会、金融稳定委员会和世界银行的专家积极参与了此次修订工作。

2008 年爆发的国际金融危机是《OECD 公司治理原则》进行修订的重要诱因。OECD(2009)认为,公司治理缺陷是诱发金融危机的重要原因之一,面临金融危机时,部分公司治理机制未能发挥防范较高金融风险的作用,治理缺陷凸显,同时,公司董事会监督制度与风险管理制度非常重要,建议重新审视公司治理原则是否充分。

在理念方面,经合组织一再强调并在《OECD 公司治理原则》中贯穿始终的,即理想的公司治理框架应该根据一国和一地区特殊的环境、历史,在以传统习惯为基础的法律、法规等基础上形成。因此,不同的国家和地区应该有不同的公司治理法律、法规和标准,当社会商业环境发生变化时,公司治理框架的内容和形式都应进行相应调整。

在主要内容方面,《OECD 公司治理原则》(2016)保留了前两版中一贯倡导的建立有效公司治理框架,包含如下共识:高度透明、问责明确、董事会监督、尊重股东权利、关键股东角色是公司治理体系运营良好的基础。更新版的公司治理原则建立在大量涉及公司和金融领域改革的实证和理论研究基础之上,内容包括全球金融危机中公司治理方面的主要经验教训、跨境所有权的增加和证券市场运作方式的变革以及从居民储蓄到公司投资的更复杂的投资链而带来的后果等,力求贴近实际。公司治理框架应根据不断变化的环境与时俱进,以促进经济增长和资源的有效配置为目标,既有利于公司在不断变化的世界中保持竞争力,又有利于维护股东和利益相关者的利益,保证市场有效运行。

在公司治理监管方面,强调透明性和可执行性,强调各国政府应具有足够的执行能力与惩罚权力,对不诚实行为构成威慑,杜绝监管真空,避免监管过度。其中,公司治理监管过度问题受到国际社会的广泛关注,对发展中国家抓住机会发展经济、进行有效公司治理具有很好的警示意义。发展中国家要发展经济,支持创业实践,政策制定者就需要确保治理框架的灵活性,满足处在不同环境中的公司的需要,推动公司进行业务创新、创造新价值、提高资源配置效率。治理框架应该在一定情况下允许公司按一定的比例、原则进行调整,如上市公司的规模、业务领域、业务地理分布及发展阶段等方面都要求公司治理具有一定的灵活性。

在公司治理的意义方面,《OECD公司治理原则》的实践经验表明,公司遵守治理原则的程度已成为投资决策的重要因素。良好的公司治理没有单一模式,但良好的公司治理有一些共同的要素。符合这些共同要素的公司治理实践会对投资者更有吸引力,最终会创造更稳定的融资渠道。同时,形成有效的公司治理是目前中国企业最需要的,也是中国企业进一步提高国际竞争力的重要条件。我国企业的公司治理水平与发达的市场经济国家相比,的确有自身特殊的因素和问题,但我国处于经济转型和调整结构的关键时期,改善公司治理刻不容缓,影响深远。我国企业的公司治理还存在中小股东利益保护机制不完善、董事会的专业性、独立性不强,内部控制和风险管理薄弱,信息披露的可信度亟待改善等问题,需要在监管和企业运作层面不断完善。因此,积极学习和借鉴公司治理的国际经验,系统地了解公司治理的基本要素,掌握公司治理的基本规律,对中国企业具有重要的现实意义。

二、农业上市公司治理评价研究

农业是国民经济的基础。农业上市公司,作为促进农业产业化经营的纽带和关键,是资本市场中的一个重要板块,关系到农业及整个国民经济的发展。但是,近年来,我国农业上市公司却面临一些难题和瓶颈,表现为整体经营绩效下滑、经营风险加大、"非农现象"严重。这些问题严重影响到农业上市公司的市场竞争力和可持续发展能力,究其原因,在很大程度上归结为农业上市公司治理的失效。在大的时代背景和社会发展需要下,在农业上市公司治理实践发展的基础上,农业上市公司治理研究也日益受到重视,理论界逐步深入研究上市公司治理问题的症结所在,逐步探索建立农业上市公司治理评价体系,建立健全包括评价主体、评价方法和评价具体程序等在内完善的农业上市公司治理理论,促进农业上市公司健康持续发展。

许彪(2003)认为,股权结构是公司所有权的安排,决定着公司治理的有效性,进而影响经营业绩。相对于其他行业的上市公司而言,我国绝大多数农业上市公司是由国家控股,股权结构过度集中。

孟令杰(2005)认为,我国农业上市公司的绩效低于我国 A 股市场上市公司的平均水平,但年均绩效呈递增趋势。

卞琳琳(2008)对 2002—2006 年我国农业上市公司的治理结构与竞争力关系进行了实证分析,结果显示:在股权结构方面,第一大股东持股比例与农业上市公司竞争力呈非线性倒 U 形关系;提高第二至第十大股东持股比例、加强制衡第一大股东,有助于提升农业上市公司的市场竞争力;国有控股对农业上市公司竞争力有着显著的负面影响。因此,应当将农业上市公司第一大股东持股比例控制在一个最合适的区间,提高其他股东的持股比例,逐步减少农业上市公司中国有股份的比例。

刘良灿(2010)认为,我国农业上市公司具有自身显著的特征。在资产方面,与第二产业、第三产业相比,农业上市公司的总资产规模、平均资产规模比较小;在股本结构方面,一般低于 40000 万股以下,小盘股居多;在股权结构方面,流通股的占比稍高于国有股和发起法人股;在经营绩效方面,近年来农业上市公司竞争优势减弱,发展滞后,两极分化现象明显;在经营范围方面,“背农”现象严重,实力较弱的公司退出农业领域的情况增多。农业上市公司在资金、股本结构、股权结构及经营绩效等方面存在的特殊性,决定了农业上市公司运营机制、治理模式等方面也存在一定的客观特殊性。

李斌宁(2009)认为,农业上市公司治理评价体系的设计不仅要借鉴国内外现有公司治理评价研究成果,也要密切结合我国农业上市公司的特征,因此将我国农业上市公司治理评价体系分为控股股东行为、董事会、监事会、经理层、信息披露及利益相关者等六个指标,并选取 2008 年在沪、深两市交易的以农、林、牧、渔业为主要经营活动以及从事农副产品加工的 43 家公司作为样本,以中国证监会 2001 年颁布的《上市公司行业分类指引》为依据进行研究。研究结果表明,我国农业上市公司治理中董事会、经理层、信息披露及利益相关者等因素都具有积极作用,提高了我国农业上市公司的治理水平,同时,控股股东行为、监事会等要素尚未发挥实质性的促进作用,需要进一步改进和提高。

上市公司治理是一个系统工程,而农业上市公司又存在一些独有的特征,并且,我国证券市场中一些非理性的现象也不可能在短时间内消失,从而决定了农业上市公司治理的高度复杂性。然而,相关理论和实践表明,我国农业上市公司如果在治理过程中进一步发挥积极因素的作用,改善消极因素的不利影响,就完全可以将我国农业上市公司的治理质量提高到一个新的水平。

许忠(2011)认为,与其他行业上市公司相比,近年来我国农业上市公司发展呈现出滞后性,财务业绩差,市场竞争力不足,产品性能低,运营绩效落后于其他行业的上市公司。治理滞后是导致农业上市公司发展滞后的一个突出因素,制约农业上市公司龙头企业功能的发挥。要切实改变我国农业上市公司“一股独大”与内部人控制、董事长与总经理职责界限模糊、股权激励缺乏必要的灵活性、损害农户利益等问题,维护农业上市公司的社会形象并提升社会影响,使公司治理进入一个新的境界。

廖晓莉(2012)认为,核心能力的培育是我国农业上市公司发展的永恒主题,公司治理是提高我国农业类上市公司核心能力的基本方式。农业上市公司治理是一个复杂的体系,包含控股股东行为、董事会、经理层、监事会、信息披露与利益相关者诸多治理要素,在不同的方向上对核心能力水平的提高存在作用,这也构成改进农业上市公司核心能力培育策略的有效途径,有利于企业核心能力的成长。在我国农业类上市公司中,“一股独大”、内部人控制现象、中小股东权益保障不足等不利因素阻碍了我国农业上市公司核心能力的增长,应予以高度关注。

张淑慧(2013 年)认为,我国农业上市公司财务治理评价依据标准偏低,不能反映中国与中小投资者权益保护最佳实践之间的差距,评价指标不完整,不能完整反映中小投资者的权利以及保障中小投资者行权的制度环境,指标权重过于主观,评价结果的可靠性受到影响。

本书整理了关于农业上市公司治理的相关文献三十余篇。研究内容方面,熊风华和彭珏(2011),黄晓波和王慧(2017),赵玉珍、张心灵和郭巧莉(2011),朱彩婕和韩小伟(2013)等学者均关注股权结构,李继志和梁梓淇(2018),廖晓莉和张同健(2012),刘文虎(2010)等学者重点关注了董事会治理,可见目前相关文献针对农业上市公司治理重点研究了股权结构与董事会治理,也有从公司治理生态(杨军芳和郑少锋,2009)与公司治理效率(王怀明和史晓明,2010)角度进行的研究。研究方法多采用实证研究,如廖晓莉和张同健(2012)采用了问卷研究,赵玉珍、张心灵和郭巧莉(2011)采用了规范研究方法。整理上述有关农业上市公司治理的文献后发现,关于农业上市公司治理已有相关文献开始探究。在构建公司治理评价的指标体系方面,现有文献大多关注股权结构、董事会治理、监事会治理、高管激励、信息披露以及利益相关者治理等方面。通过对已有文献进行研究发现,农业上市公司治理对公司竞争力、公司绩效、公司价值、风险水平等都有一定的影响。目前农业上市公司治理结构依旧存在许多问题,比如外部监管力度不够、内部激励不足。整体上看,农业上市公司内外部治理效应弱,各细分指标对整体治理的作用没有明确结论,治理效率有待进一步优化。

现有文献存在一定的局限性。首先,这些文献多集中于公司治理内容的某些方面,缺乏全局性与系统性,且几大主要维度下的细化指标也是研究者根据个人偏好进行选取,没有进行系统整合;其次,在数据选取方面有局限性,数据较为陈旧,时间跨度较短。本书采用全样本 10 年的数据,建立了一个系统的农业上市公司治理评价指标体系,研究农业上市公司与全行业上市公司治理整体及各维度的效应,在弥补了已有研究的不足的同时,可以作为监管部门提高监管水平以及各农业公司提升治理水平的参考,有重要的理论与实际意义。

第三节 小 结

近年来,随着公司治理评价理论的深入发展以及我国农业上市公司实践发展的需要,农业上市公司治理也逐渐发展,有关农业上市公司治理的理论研究也开始形成并发展,但总体上看,农业上市公司治理评价还处于初期发展阶段,研究的数量、规模、深度、体系等需要进一步加强。

本书在重点分析上述主要文献的基础上,也系统梳理了相关的论文研究情况。在中国知网,以上市公司治理为主题检索 2003 年以来的文章,检索到期刊文章 14419 篇,硕博士论文 26394 篇,其中硕士论文 23418 篇,博士论文 2976 篇;以上市公司治理评价为主题,检索到期刊文章 321 篇,硕博士论文 2230 篇,其中硕士论文 1646 篇,博士论文 584 篇。从数量上看,我国公司治理及其评价研究已经具有一定的规模,且成果比较丰富多样。但是,农业上市公司方面的研究就显得非常薄弱。同样在中国知网以农业公司治理为主题进行检索,结果检索到期刊文章 128 篇,硕博士论文 370 篇,其中硕士论文 290 篇,博士论文 80 篇;以农业公司治理评价为主题进行检验,检索到期刊文章 14 篇,硕博士论文 95 篇,其中硕士论文 65 篇,博士论文 30 篇(以上数据截止到 2019 年 6 月 30 日)。

国内外已经开展了大量而富有成效的公司治理评价研究,从 G 指数、E 指数的创立发展,到公司治理评价逐步转向股权结构、董事会特征、信息披露、治理机制运作等方面,公司治理评价研究从单一国家研究向跨国研究发展,公司治理评价形成的公司治理指数不断推动检验公司治理质量、治理风险以及公司治理有效性的实证研究发展。但是,公司治理评价在细分领域、行业或产业方面的专业化程度不够,研究理论、成果单薄,在农业上市公司治理评价方面表现得尤为明显。

在我国,自 2004 年至今,每年的中央"一号文件"均以农业、农村和农民发展方面的问题为主题,越来越多的研究者开始关注农业企业,特别是农业上市公司的治理问题。2004 年以后,核心期刊上每年有关农业企业治理问题的研究逐年增长,研究水平也不断提高。但是,研究者们关心的话题主要是农业上市公司治理结构的现状(沈渊,2010)、治理结构与绩效的影响关系(王怀明,2010)、股权结构与公司绩效等,研究的范围、深度与其他上市公司治理评价相比,存在较大的差距。同时,农业上市公司和工商业、制造业、金融业等上市公司相比,公司治理结构、机制建立年限短,而且农业上市公司数量、规模都比较小,这也制约了农业上市公司完善公司治理制度的能力。实际上,国内有关农业上市公司治理评价的信息非常有限,农业上市公司样本数量偏少,导致农业上市公司治理评价的指标设置难以全面详尽,存在诸多困难和瓶颈。因此,农业上市公司治理评价可获取的数据有限,理论研究比较缺乏。

农业上市公司治理评价研究的深度不够。在一般公司治理评价方面,代表未来上市公司治理评价发展趋势和方向的社会责任评价研究已经日益形成并发展。传统意义上的公司治理,仅仅守法、仅仅为股东创造价值已明显不能适应不断增加的来自市场和社会责任等非市场方面的压力和要求。生态环境是人类生存发展的基础,不考虑公司的社会责任、不平衡利益相关者的利益,这样的公司是脆弱的。在国外,社会责任监测已逐渐成为公司治理评价的内容并受到重视。Sakuma(2001)发现对社会负责的公司与被认为治理较好的公司之间存在简单的相关关系,现有的治理评价机构不适当地强调了股东权力和利益,公司只强调对其股东负责和满足其利益即可,这导致拥有较高公司治理评价得分的公司并不一定是具有社会责任感的公司。在国内,绿色公司治理评价研究也开始受到关注。但是,我国农业上市公司治理评价研究囿于初始阶段,也仅限于传统的评价范畴,理论缺乏前瞻性、开创性及广泛性。

　　在现代工业社会及信息技术时代,农业具有不同于其他产业的特点,农业上市公司治理评价既有一般上市公司治理评价的共性内容,又有本身特有的内容及客观规律。客观上,需要根据一般上市公司的特点以及公司治理评价研究成果,针对我国农业上市公司治理评价的特殊性,考虑我国从传统农业转型为现代农业、国家农业政策、市场竞争等要素,拓展一般公司治理评价的对象、内容,建立系统专业的农业上市公司治理评价体系,以进一步完善、发展公司治理评价的领域和专业,丰富公司治理评价内容。虽然农业上市公司治理评价可以借鉴其他上市公司的治理评价指标,但是因为农业是第一产业,具有自身显著的特点,而一般公司治理评价指标、内容等不具有农业的特征。因此,考虑农业上市公司的特殊性,专门设计、开发农业上市公司治理评价指标体系具有重要的研究意义。

第三章
农业上市公司治理评价指标体系设计

第一节　农业上市公司治理评价指标体系设计原则

农业上市公司治理评价系统是由评价主体、评价客体、评价指标体系、评价方法、评价模型和评价报告等元素组成的有机整体。评价系统的设计是一个复杂的系统工程，为保证其可以真实有效地反映我国农业上市公司治理水平，应遵循科学性、客观性、系统性和可行性四个基本原则。

一、科学性原则

评价指标体系的设计以及评价方法的选择应符合我国农业上市公司的特点，做到科学、合理。评价过程必须在科学理论的指导下进行，遵循科学评价的程序，并运用科学的思维方法和语言撰写评价报告。

二、客观性原则

评价系统必须能真实反映评价对象的治理水平以及存在的问题。因此，农业上市公司治理评价主体应以评价客体真实可得的数据为计算依据，在计算评分和撰写报告的过程中要客观、公正，避免评价结果出现偏离和误差。

三、系统性原则

现代管理学理论认为企业是由多个子系统组成的动态系统，单个子系统的变化将会影响到其他子系统，进而改变整体状态。设计评价指标体系应综合考虑公司各个方面的状况，以避免单一因素导致的片面性，使评价结果能够全面系统地反映公司的治理水平。

四、可行性原则

评价工作实施前,需要从评价主体、评价客体和评价指标体系三个角度分析评价系统是否合理、是否切合实际、是否具有可操作性和是否能够满足实际评价工作需要。

第二节　农业上市公司治理评价指标体系的总体说明

一、农业上市公司评价指标体系总体框架

本书借鉴了中国上市公司治理指数(CCGINK),在其基础上对六个维度评价指标进行适度调整优化;参考了穆迪公司治理评价体系设计思想,强调上市公司治理的透明性,进一步细化信息披露评价指标,创新性地引入违法违规情况和外部审计情况,将指标体系扩充至九个维度。此评价指标体系基于农业上市公司面临的治理环境特点,侧重于公司内部治理机制,强调公司治理的信息披露、中小股东的利益保护、管理决策的有效性、董事会的独立性以及监事会参与治理等,包括股东治理、董事会治理、监事会治理、经理层治理、信息披露、利益相关者治理、内部控制、违法违规和外部审计九个维度。通过搜集 Wind 数据库、CSMAR数据库、CCER 数据库及 RESSET 数据库中相关的公司治理数据,共设置 50 个评价指标,以期对我国农业上市公司治理的状况做出全面、系统的评价,如表 3-1所示。

表 3-1　我国农业上市公司治理评价指标体系总表

指数 (目标层)	维度 (准则层)	公司治理评价各指标 (要素层)	指标 编号	指标符号
公司治理 指数	股东治理 (CGISHARE)	年度股东大会出席率	1	smrt
		第一大股东持股比例	2	top1
		第一大股东与第二大股东持股比例比值	3	top1/top2
		前十大股东是否存在关联交易	4	ifassod
		募集资金投向是否发生变更	5	chg-invest
		股权质押比例情况	6	pled-ratio

续表

指数 （目标层）	维度 （准则层）	公司治理评价各指标 （要素层）	指标 编号	指标符号
公司治理 指数	股东治理 （CGISHARE）	是否给控股股东担保	7	guarantee
		是否分红	8	div
		关联交易占比情况	9	isam
		投资者关系活动开展：调研	10	research
		机构投资者持股比例	11	fund-hold
		是否导入网络投票	12	net-vote
	董事会治理 （CGIBOD）	独立董事占比	13	ind-board
		董事会持股比例	14	board-hold
		四委员会是否设立	15	Fcmnum
		其他专业委员会是否设立	16	Ocmnum
		董事会会议次数	17	bmtms
		董事薪酬前三名总额	18	top3-Bsalary
		董事长当年是否变更	19	chg-bchair
		董事会人数是否合规	20	board
		独立董事薪酬状况	21	ind-salary
		独立董事未亲自出席会议情况	22	Attennum
	监事会治理 （CGIDIERCT）	监事会持股比例	23	direct-hold
		监事、董事和高管薪酬总额	24	tm-tsalary
		监事会会议次数	25	Mmtms
		监事会主席当年是否变更	26	chg-dchair
		监事会人数是否合规	27	direct
	经理层治理 （CGITOP）	高管持股比例	28	manager-hold
		两职合一	29	dual
		总经理当年是否变更	30	chg-ceo
		高管薪酬前三名总额	31	top3-Msalary
	信息披露 （CGIIDQ）	是否及时披露	32	Company Opacity
		年报、半年报、季报等是否发生财务重述	33	financial-restate
		虚假记载（误导性陈述）	34	false-state
		披露不实	35	disclose-fake

指数 （目标层）	维度 （准则层）	公司治理评价各指标 （要素层）	指标 编号	指标符号
公司治理 指数	利益相关者治理 （CGISTAKE）	员工工资状况	36	emp-rs
		是否出具社会责任报告	37	soc-rs
		债权人利益保障程度	38	cred-rs
	内部控制 （CGIIC）	迪博内控指数	39	Dibbo
		是否披露内控审计报告	40	Audit
		内控审计报告意见类型	41	icAudit-typ
		是否披露内控评价报告	42	Disclose-Rep
		是否出具内控评价报告结论	43	Issue-Conclusion
		内控是否存在缺陷	44	Deficiency
	违法违规 （CGIvLAR）	公司高管是否违规	45	ceo-vlar
		大股东是否违规	46	tophold-vlar
		公司是否违规	47	vlar
		当年是否受到 ST 处理	48	ST
	外部审计 （CGIEXAUD）	是否为国际四大或国内八大会计师事务所	49	Big4/8
		审计意见是否标准无保留	50	Audittyp

二、农业上市公司股东治理评价指标体系构成

基于对股东大会特征和股东具体行为的分析,本书构建了农业上市公司股东治理评价指标体系,主要包括以下三个方面。

（一）股权结构

股权结构对企业治理方案的选择至关重要,Berle 和 Means（1932)认为分散的股权结构更易导致管理者攫取私有收益,从而增加代理成本、损害股东利益。而 Shleifer 和 Vishny（1997)发现股权集中度过高的企业易出现大股东利用控制权侵占中小股东利益的问题,即第二类代理问题。基于此,本书通过设置第一大股东持股比例、第一大股东与第二大股东持股比例比值、机构投资者持股比例三个指标衡量企业股权结构是否健康及公司控制权的稳定性和股权制衡程度。

（二）中小股东权益保护

本书设计了用来衡量农业上市公司对中小股东利益的保护情况、是否根据法律法规建立了相应的权益保护实施细则、是否进一步通过实际行动有效维护中小股东权益的指标。通过股东出席股东（大）会的比例来衡量股东参与公司治理的积极性；大股东股权质押会造成现金流权和控制权的分离，增加上市公司控制权变更和被"掏空"的概率，放大上市公司的违规风险，通过股权质押比例情况来衡量上市公司潜在的风险；通过是否分红来度量上市公司是否为股东提供了长期稳定的回报；通过募集资金投向是否变更来度量上市公司使用募集资金的规范性；一般情况下，机构投资者会根据持股前上市公司的实际调研结果给出持股意见，通过投资者调研活动开展情况来衡量上市公司对中小股东信息披露的透明度；通过股东大会是否提供了网络投票渠道来衡量中小股东能否以较低的成本参与公司重大决策。

（三）关联交易情况

本书通过构建前十大股东是否存在关联交易、上市公司是否为控股股东提供贷款担保、控股股东与上市公司间关联交易占比情况三个指标反映控股股东滥用权力进行关联交易的情况。

三、农业上市公司董事会治理评价指标体系构成

董事会身为股东的代理人和管理层的委托人，紧密联系着股东和管理层，为公司制定战略发展方向和重大决策，是完善治理结构、优化治理机制的关键环节。国内外学者通过大量实证研究发现，董事会治理水平对企业绩效（Brown 和 Caylor，2006）、风险识别和评估情况（李维安和周婷婷，2009）、战略决策稳定性（李维安和徐建，2014）和成长性（高明华和谭玥宁，2014）均产生重大影响。对农业上市公司董事会治理状况进行评价，无疑会促使农业上市公司董事会提高治理水平，从而促进企业更加健康良性地发展。

结合我国农业上市公司董事会治理现状，本书从董事会运作效率、董事会组织结构、董事激励、独立董事制度四个维度构筑了董事会治理评价指标体系，并以此为标准对农业上市公司董事会治理状况进行评价分析。

（一）董事会运作效率

董事会作为公司的核心决策机构，承担着制定公司战略、决定重大事项并对

管理层实施有效监督的责任。董事会的运行效率直接决定着董事会职责的履行状况以及公司目标的实现程度。高效运作的董事会有助于董事会成员更好地履行职责、制定更科学的公司发展规划、更有效率地监督管理人员，从而提升公司的持续价值创造能力。

本书通过董事会人数是否合规、董事会会议次数、董事长当年是否变更三项指标考察董事会运作状况和董事会控制权的稳定性，以反映董事会是否充分发挥了功能、是否有效实现了作用。

（二）董事会组织结构

董事会组织结构界定了董事会内部分工协作的方式和工作运转的效率，进而影响企业内部治理体系的有效性。只有董事会内部权责分明、组织健全，才能保证董事会高质量、高效率地履行公司章程赋予其的职责。

本书利用董事会四大专业委员会（战略委员会、审计委员会、薪酬与考核委员会、提名委员会）和其他专业委员会是否设置两项指标来衡量农业上市公司董事会组织结构的完备情况。

（三）董事激励

董事承担着制定公司战略决策和监督管理人员的责任，并且要履行勤勉义务和诚信义务。在赋予董事责任和义务的同时，给予董事适当的激励从而降低代理成本至关重要。具有激励效果的薪酬和股权组合能够促进董事提高自身的努力程度，提高董事履职的积极性，促使董事与股东利益趋同，并最终提升公司的核心竞争力。本书通过董事会持股比例和董事薪酬前三名总额两个指标衡量农业上市公司对董事会的货币性激励。

（四）独立董事制度

独立董事制度为董事会引入了具有客观立场，与企业内部没有利益关联，在一定程度上能够客观地发表见解，从而保护投资者的利益的独立董事。在中国集中式股权结构下，需要建立健全独立董事制度来保证董事会的独立性，促使其科学公正决策。但国内学术界对中国独立董事履职的有效性提出了质疑，本书通过独立董事占比、独立董事薪酬状况和独立董事未亲自出席会议情况考察农业上市公司独立董事制度是否有效实施、独立董事是否有效履行职责。

四、农业上市公司监事会治理评价指标体系构成

监事会的监督作用在公司治理中是举足轻重的。1993 年,我国出台的《公司法》赋予监事会监督职能,要求监事会中必须有代表股东和员工利益的成员。但监事会制度自 1993 年以来无法在公司治理层面有效发挥监管职能,不能达到投资者和中小股东对其的预期。为此,中国证监会于 2005 年 10 月对《公司法》进行了修订,新《公司法》不仅规定了公司监事会至少 1/3 以上的成员由公司员工组成,还赋予其罢免高管并对高管不端行为提起诉讼的权力。

本书从监事会激励有效性、监事会运行有效性和监事会规模结构三个方面设置五个评价指标衡量农业上市公司监事会治理状况。其中,设置监事会持股比例以及监事、董事和高管薪酬总额两个指标衡量农业上市公司监事是否获得有效激励;设置监事会会议次数指标衡量监事会运行的有效性;设置监事会主席当年是否变更指标衡量监事会是否稳定;设置监事会人数反映监事会结构与规模是否合规。

五、农业上市公司经理层治理评价指标体系构成

国内外不同的公司治理评价系统对经理层治理评价选取的具体指标和划分的治理维度不尽相同。戴米诺公司推出的公司治理评价系统更关注代理问题,注重对经理层股权期权激励计划和董事长与 CEO 两职关系情况的测评。标准普尔治理服务系统则将经理层成员任命情况、薪酬结构及经理层流转率纳入董事会治理维度进行考察评估。里昂证券治理评估系统将管理者高份额的股份激励计划及股东现金流分配等列入重要的评价范畴。

本书借鉴南开大学公司治理研究中心的中国上市公司治理评价指标体系,主要从经理层激励、高管稳定性和经理层执行保障三个维度设置四个指标评价我国农业上市公司经理层治理状况。Gompers、Ishii 和 Metrick（2003）认为高薪可以引发在任高管与来自内部和外部的潜在高管之间的竞争进而驱使业绩提升。Morck、Shleifer 和 Vishny（1988）首先对高管股权激励与企业绩效之间的关系展开了实证研究,发现当高管股权激励低于 5% 或高于 25% 时,赋予管理者更多股权能够提升企业价值。基于此,本书通过设置高管持股比例和高管薪酬前三名总额两项指标来衡量我国农业上市公司经理层是否受到有效激励进而是否减少自利行为。企业高管流转率较低时,有利于企业制定更稳定的长期战略并保持内部政策的连贯性,从而有利于企业更好地生存和发展。为此,本书通过设置

总经理当年是否变更指标来衡量高管是否具有稳定性。吴淑琨和席酉民（1998）认为,总经理与董事长两职合一将削弱董事会监督的独立性和有效性,不利于企业建立高水平的治理结构。基于此,本书通过设置两职合一指标来衡量经理层是否具有过大的执行权力。

六、农业上市公司信息披露评价指标体系构成

公司治理研究表明,信息不对称将严重阻碍企业健康良性地发展,而企业主动进行高质量的信息披露将降低这种信息不对称的劣势。Drobetz、Schillhofer 和 Zimmermann（2004）研究发现,较高的信息披露质量可降低投资者事前的信息劣势,增强投资者对企业的信心,并进一步改善企业外部融资环境、缓解融资约束问题。Bruno 和 Claessens（2010）从代理理论的角度也证实了信息披露质量的重要性,认为较高的信息披露质量可提高投资者事后获取的信息质量,降低投资者权益被侵害的风险,从而减少代理问题。

本书中的信息披露评价体系综合参考我国的《公司法》《证券法》《上市公司治理指引》,从真实性和及时性两个角度共设计四项具体指标考察我国农业上市公司信息披露情况。真实性是信息的生命,要求公司所公开的信息能够准确反映客观事实或经济活动的发展趋势,且能够按照一定标准予以检验。一般情况下,外部人仅通过公开信息是无法完全判断上市公司资料的可靠性的,但是可以借助上市公司及其相关人员违规历史记录等评价信息的披露来进行判断。基于此,本书设置年报、半年报、季报等是否发生财务重述、是否发生虚假记载（误导性陈述）、是否披露不实三项指标衡量农业上市公司信息披露的真实性。信息除了要真实、完整之外,还要有时效性。由于投资者、监管机构与公司内部人员在掌握信息的时间上存在不对称性,为解决信息获取时间差异导致的弊端,信息披露制度要求公司管理层在规定的时期内依法披露信息,增强透明度,降低监管难度。基于此,本书设置了是否及时披露指标衡量上市公司信息披露的及时性。

七、农业上市公司利益相关者治理评价指标体系构成

利益相关者理论认为,企业经营活动不应仅仅围绕股东利益最大化这一目标,更应该与顾客、员工、上下游企业、社会公众等利益团体紧密相连,这样才有助于企业更长远的发展。Freeman（1984）认为,利益相关者不仅可以和企业共担风险,还可以起到外部监督作用,企业的生存和发展依赖于企业对各利益相

关者利益要求的回应的质量。随后,中外学者在 Freeman(1984)对利益相关者划分的基础上,不断从各个利益相关者的角度深入开展公司治理层面的研究。Hansmann(1988)认为,员工是公司极其重要的利益相关者,为员工提供有效途径参与公司的重大决策和日常经营管理,有利于增强员工的归属感、提高员工的忠诚度并激励员工不断实现更高的个人目标和企业目标。Ichniowski、Shaw 和Prennushi(1995)进一步指出企业利用知识管理、薪酬激励等策略能显著提高员工忠诚度。李维安和唐跃军(2005)从政府、债权人、供应商、员工、客户五个角度来分析企业社会责任对财务绩效的影响,发现企业承担不同维度的社会责任会对企业财务绩效有不同程度的积极影响。

基于此,本书从员工、债权人、社会公众三个角度考察我国农业上市公司利益相关者治理状况。其中,通过设置员工工资状况指标衡量上市公司是否有效保护员工利益;设置是否出具社会责任报告指标衡量上市公司是否主动承担社会责任;设置上市公司资产负债率指标衡量上市公司陷入财务困境的可能性,进一步考察其是否采取有效措施保护已有债权人的利益。

八、农业上市公司内部控制评价指标体系构成

21 世纪初安然事件等一系列财务丑闻的爆发,引发了美国有关监管部门对上市公司内部控制的重视,并于 2002 年 7 月颁布了《萨班斯 – 奥克斯利法案》。这一举动引发了全球对企业内部控制的关注,我国资本市场监管机构也不断出台各种政策规范,以期完善我国企业的内部控制制度,促进企业在内部建立一套有效的制衡机制。证监会与财政部于 2014 年发布规定,明确要求披露内部控制评价报告的上市公司在公布年度报告时,要详细披露内部控制缺陷认定标准、内部控制缺陷及整改情况,以规范上市公司的内部控制信息披露行为。如今我国企业内部控制规范体系逐步完善,内部控制缺陷信息披露也逐渐规范化,上市公司披露的内部控制缺陷具有一定的信息含量(林斌等,2016)。

基于此,本书从外部机构内控评分、内控信息披露质量和内部控制缺陷三个方面具体设置六个指标来衡量我国农业上市公司内部控制治理状况。其中,采用迪博内控指数考察外部机构对上市公司内控质量的评价情况;设置是否披露内控审计报告、内控审计报告意见类型、是否披露内控评价报告、是否出具内控评价报告结论四个指标综合评定我国农业上市公司是否真实完备地披露了内控信息;设置内控是否存在缺陷指标考察我国农业上市公司内部控制机制是否出现问题。

九、农业上市公司违法违规评价指标体系构成

企业腐败是企业内部发生的违法违规行为,主要分为企业为了获得超额收益而拉拢官员等违规操作和企业高管为了攫取私利损害股东利益等违法行为。Scott(2000)根据理性选择理论提出,当股东认为企业通过违法违规行为获取的额外收益大于所需要的支出时,企业很有可能会选择通过非常规行为换取额外收益。Jensen 和 Meckling(1976)提出的代理理论表明,两权分离促使代理人在经营时利用信息的不对称性做出有利于自己而损害委托人的行为,企业中的高管腐败多数通过奢靡在职消费和违法违规等寻租行为实现。无论企业违法违规行为源于何种目的、通过何种途径,都是公司治理存在问题的体现。Gompers、Ishii 和 Metrick(2003)研究发现,公司的成长会受到严重违法违规行为的负面影响,尤其是中小型企业;Smith(2016)认为,在非法和腐败环境中运营的公司对其声誉和公司治理都会有严重损害。

基于此,本书从企业高管、企业大股东和企业整体三个方面具体设置四个指标来衡量我国农业上市公司违法违规治理状况。其中,设置公司高管是否违规指标考察我国农业上市公司高管的显性腐败情况;设置公司大股东是否违规指标评定我国农业上市公司控股股东的寻租行为对企业发展的危害;设置公司违规指标考察我国农业上市公司是否发生了企业腐败;设置当年是否受到 ST 处理指标考察我国农业上市公司是否存在财务或其他方面的重大异常、是否存在退市风险。

十、农业上市公司外部审计评价指标体系构成

Jensen 和 Meckling(1976)认为,外部审计制度是公司外部治理体系中重要的监督和保证机制,能够降低公司治理中的道德风险和代理成本,进一步约束管理层的自利行为。这说明,当上市公司由专业的会计师事务所审计时,有效的外部监督能够减少信息不对称,一定程度上增加内部控制出现缺陷的成本,从而促进企业优化公司治理水平。Willenborg(1999)研究发现,拥有较多客户、收入排名靠前的大型会计师事务所专业性较强、独立性较高,同时注重自身声誉的积累和维护,能有效抵御来自企业内部利益集团的压力,审计质量相对较高,更能够有效地发挥外部监督的作用。国际四大会计师事务所的审计治理效应已得到了国内外众多学者的支持,随着中国审计事业的不断发展,国内会计师事务所的审计质量也得到一定的提升。于李胜、王艳艳和陈泽云(2008)以收入名列前八位的国内会计师事务所作为研究样本,证实我国的外部审计质量具有信息价值,可以

提高公司成长性和绩效。

　　基于此,本书从审计机构和审计结果两个方面分别设置是否为国际四大或国内八大会计师事务所以及审计意见是否标准无保留两个具体指标来衡量我国农业上市公司外部审计治理状况。

第三节　农业上市公司治理评价指标量化方法

　　本书借鉴南开大学公司治理研究中心的中国上市公司治理评价指标体系,学习了穆迪公司治理评价体系的设计思想,构建了包括股东治理、董事会治理、经理层治理、监事会治理、信息披露、利益相关者治理、内部控制、违法违规、外部审计九大公司治理维度的农业上市公司治理评价指标体系,通过搜集 Wind 数据库、CSMAR 数据库、CCER 数据库及 RESSET 数据库中相关的公司治理数据,总共收集到 50 个评价指标原始数据。本书创新性地对每种指标采取两种评价方法:第一种方法,利用各指标哑变量取值等权重和赋权重求和的方式,生成分数为 [0,50] 的公司治理总指数(简称"公司治理指数");第二种方法,通过划分指标性质,对于非区间指标仍采用哑变量取值,区间指标进一步细分采用定距变量取值,最终用等权重和赋权重求和,生成分数为 [0,50] 的公司治理总指数。

一、农业上市公司股东治理评价指标量化方法

(一)哑变量评价方法

　　本书用哑变量取值的方法对我国农业上市公司股东治理指标体系进行量化,具体评价方法如表 3-2 所示。若年度股东大会出席率(参与股东大会股东持股量／所有股本总额)大于全样本中位数则记为 1,否则记为 0;若第一大股东持股比例处于全样本三分位数中间区间内则记为 1,否则记为 0[①];若第一大股东与第二大股东持股比例比值(第一大股东持股比例／第二大股东持股比例)小于全样本中位数则记为 1,否则记为 0;若前十大股东间不存在关联交易则记为 1,否

---

① 基于已有研究文献(Berle 和 Means,1932;Shleifei 和 Vishny,1997;马静和古志辉,2009)可知,第一大股东持股比例对公司绩效和成长性等指标的影响并非线性关系,而是存在倒 U 形关系,因此本书将该指标采用三分位数划分,位于全样本三分位数中间区间的样本赋值为 1,其余两端样本赋值为 0。

则记为 0;若股东大会募集资金投向不发生变更则记为 1,否则记为 0;若股权质押比例(每年最后一次发生股权质押的剩余质押数量 / 公司总股本)小于全样本中位数则记为 1,否则记为 0;若上市公司未给控股股东提供担保则记为 1,否则记为 0;若上市公司进行分红(每股股利)则记为 1,否则记为 0;若与控股股东相关的关联交易占比(关联交易涉及的金额 / 当年营业收入)小于全样本中位数则记为 1,否则记为 0;若当年机构投资者调研活动次数大于全样本中位数则记为 1,否则记为 0;若机构投资者持股比例(基金持股比例 + 合格境外投资者持股比例 + 券商持股比例 + 保险持股比例 + 社保基金持股比例 + 信托持股比例 + 财务公司持股比例 + 银行持股比例 + 非金融类上市公司持股比例)大于全样本中位数则记为 1,否则记为 0;若上市公司股东大会导入网络投票则记为 1,否则记为 0。

(二)定距变量评价方法

本书采用非区间指标哑变量取值和区间指标定距变量取值相结合的方法,即哑变量与定距变量综合评价方法,对我国农业上市公司股东治理指标体系进行量化,具体评价方法如表 3-2 所示。为了与哑变量评价方法相对比,将哑变量与定距变量综合评价方法简称为"定距变量评价方法"。年度股东大会出席率为区间指标,将全样本 2008—2017 年数据降序排列并分为样本数量相等的 6 个区间,从大到小每等份样本的分数分别为 1、0.8、0.6、0.4、0.2 和 0(如:[75, 100] = 1、[65, 75) = 0.8、[55, 65) = 0.6、[45, 55) = 0.4、[30, 45) = 0.2、[0, 30) = 0);第一大股东持股比例为区间指标,若第一大股东持股比例处于(36.39%, 64.20%)区间内则记为 1,否则记为 0;第一大股东与第二大股东持股比例比值为区间指标,将全样本 2008—2017 年数据降序排列并分为样本数量相等的 6 个区间,从大到小每等份样本的分数分别为 0、0.2、0.4、0.6、0.8 和 1;前十大股东是否存在关联交易为非区间指标,若前十大股东间不存在关联交易则记为 1,否则记为 0;股东大会募集资金投向是否发生变更为非区间指标,若股东大会募集资金投向不发生变更则记为 1,否则记为 0;控股股东股权质押比例情况为区间指标,将全样本 2008—2017 年数据降序排列并分为样本数量相等的 6 个区间,从大到小每等份样本的分数分别为 0、0.2、0.4、0.6、0.8 和 1;公司是否给控股股东担保为非区间指标,若公司未给控股股东提供担保则记为 1,否则记为 0;公司分红情况(每股支付率)为区间指标,将全样本 2008—2017 年数据降序排列并分为样本数量相等的 6 个区间,从大到小每等份样本的分数分别为 1、0.8、0.6、0.4、0.2 和 0;关联交易占比为区间指标,将全样本 2008—2017 年数据中关联交易占比为 0 的样本分数记为 1,将不为零的样本关联交易占比降序排列并分为样本数量相等的 5 个区间,从大到小每等份样本的分数分别为 0、0.2、0.4、0.6 和 0.8;机构投资者调研次数为区间指标,被调研 9 次(含)以上打分为 1 分,7 次或 8 次为 0.8 分,5 次或 6 次为 0.6 分,3 次或 4 次为 0.4 分,2 次为 0.2 分,1 次为 0 分;机构投资者持股比例为区间指标,将全样本 2008—2017 年数据降序排列并分为样本数量相等的 6 个区间,从大到小每等份样本的分数分别为 1、0.8、0.6、0.4、0.2 和 0;是否导入网络投票为非区间指标,若上市公司股东大会导入网络投票则记为 1,否则记为 0。

表 3-2　农业上市公司股东治理评价指标

指标编号	指标名称	指标计算公式	指标评价标准(哑变量评价方法)	指标性质(正向、负向和非线性)	指标量化方法	区间指标量化方法(定距变量评价方法)
1	股东大会出席率	参与股东大会股东持股量 / 所有股本总额(%)	是否大于全样本中位数(是—1,否—0)	正向	区间	[75, 100] = 1 [65, 75) = 0.8 [55, 65) = 0.6 [45, 55) = 0.4 [30, 45) = 0.2 [0, 30) = 0
2	第一大股东持股比例	原始数据(%)	是否处于全样本三分位数中间区间(是—1,否—0)	非线性	区间	(0, 36.39] = 0 (36.39, 64.20] = 1 (64.20, 100.00] = 0
3	第一大股东与第二大股东持股比例比值	第一大股东持股比例 / 第二大股东持股比例(%)	是否大于全样本中位数(是—0,否—1)	负向	区间	[1, 1.4490) = 1 [1.4490, 2.3122) = 0.8 [2.3122, 3.9240) = 0.6 [3.9240, 7.3072) = 0.4 [7.3072, 17.0613) = 0.2 [17.0613, +∞) = 0
4	前十大股东是否存在关联交易	直接判断	是—0,否—1	负向	非区间	—
5	募集资金投向是否发生变更	直接判断	是—0,否—1	负向	非区间	—
6	股权质押比例情况	每年最后一次发生股权质押的剩余质押数量 / 公司总股本(%)	是否大于全样本中位数(是—0,否—1)	负向	区间	[0, 0.0459) = 1 [0.0459, 0.0804) = 0.8 [0.0804, 0.1267) = 0.6 [0.1267, 0.1888) = 0.4 [0.1888, 0.2833) = 0.2 [0.2833, 1.6480) = 0

指标编号	指标名称	指标计算公式	指标评价标准（哑变量评价方法）	指标性质（正向、负向和非线性）	指标量化法	区间指标量化方法（定距变量评价方法）
7	是否给控股股东担保	直接判断	是—0,否—1	负向	非区间	—
8	是否分红	每股股利(元),直接判断区间打分为股利支付率(%)	是—1,否—0	正向	区间	$[51.10, 100.00] = 1$ $[34.23, 51.10) = 0.8$ $[27.40, 34.23) = 0.6$ $[17.20, 27.40) = 0.4$ $(0, 17.20) = 0.2$ 分配比例为 0 = 0
9	关联交易占比情况	关联交易涉及的金额 / 当年营业收入(%)	是否大于全样本中位数(是—0,否—1)	负向	区间	关联交易占比为 0 = 1 $(0, 0.068544) = 0.8$ $[0.068544, 0.230562) = 0.6$ $[0.230562, 0.512459) = 0.4$ $[0.512459, 1.112488) = 0.2$ $[1.112488, +\infty) = 0$
10	投资者关系活动开展:调研	年内机构投资者参与上市公司调研次数	是否有调研(是—1,否—0)	正向	区间	9 次及以上 = 1 7 ~ 8 次 = 0.8 5 ~ 6 次 = 0.6 3 ~ 4 次 = 0.4 2 次 = 0.2 1 次及以下 = 0
11	机构投资者持股比例	基金持股比例 + 合格境外投资者持股比例 + 券商持股比例 + 保险持股比例 + 社保基金持股比例 + 信托持股比例 + 财务公司持股比例 + 银行持股比例 + 非金融类上市公司持股比例（%）	是否大于全样本中位数(是—1,否—0)	正向	区间	$[9.423, 100.000] = 1$ $[5.852, 9.423) = 0.8$ $[4.079, 5.852) = 0.6$ $[3.665, 4.079) = 0.4$ $[0.870, 3.665) = 0.2$ $[0, 0.870) = 0$
12	是否导入网络投票	直接判断	是—1,否—0	正向	非区间	—

二、农业上市公司董事会治理评价指标量化方法

（一）哑变量评价方法

本书采用哑变量取值的方法对我国农业上市公司董事会治理指标体系进行量化，具体评价方法如表 3-3 所示。若董事会中独立董事占比（独立董事人数/所有董事人数）大于全样本中位数则记为 1，否则记为 0；若董事会持股比例〔（董事长持股＋非董事长持股）/总股本〕大于全样本中位数则记为 1，否则记为 0；若上市公司设立审计委员会、薪酬与考核委员会、战略委员会和提名委员会则记为 1，否则记为 0；若上市公司设立其他专业委员会则记为 1，否则记为 0；若董事会会议次数大于全样本中位数 3 次则记为 1，否则记为 0；若董事薪酬前三名总额（薪酬最高的前三名董事薪酬之和）大于全样本中位数则记为 1，否则记为 0；若董事长当年未发生变更则记为 1，否则记为 0；若董事会人数符合相关法律规定则记为 1，否则记为 0；若独立董事薪酬（每年该公司所有独立董事平均薪酬）大于全样本中位数则记为 1，否则记为 0；若独立董事未亲自出席会议次数（独立董事委托参与或未出席董事会次数）小于全样本中位数则记为 1，否则记为 0。

（二）定距变量评价方法

本书采用非区间指标哑变量取值和区间指标定距变量取值相结合的方法对中国上市公司董事会治理指标体系进行量化，具体评价方法如表 3-3 所示。独立董事占比为区间指标，将全样本 2008—2017 年数据降序排列并分为样本数量相等的 6 个区间，从大到小每等份样本的分数分别为 1、0.8、0.6、0.4、0.2 和 0；董事会持股比例为区间指标，将全样本 2008—2017 年数据中董事会持股比例为 0 的样本分数设为 0，将不为 0 的样本董事会持股比例降序排列并分为样本数量相等的 5 个区间，从大到小每等份样本的分数分别为 1、0.8、0.6、0.4 和 0.2；董事会四大专业委员会是否设置为区间指标，四委会设立数量是 0 个为 0 分，1 个为 0.3 分，2 个为 0.6 分，3 个为 0.8 分，4 个为 1 分；董事会其他专业委员会是否设立为区间指标，设立其他专业委员会数量 5 个及以上为 1 分，4 个为 0.8 分，3 个为 0.6 分，2 个为 0.4 分，1 个为 0.2 分，0 个为 0 分；董事会会议次数为区间指标，将样本量按会议次数划分，9 次及以上为 1 分，5～8 次为 0.8 分，4 次为 0.6 分，3 次为 0.4 分，2 次为 0.2 分，0 次或 1 次为 0 分；董事薪酬前三名总额为区间指标，将全样本 2008—2017 年数据降序排列并分为样本数量相等的 6 个区间，从大到小每等份样本的分数分别为 1、0.8、0.6、0.4、0.2 和 0；董事长当年是否变更为非区间指标，

若董事长当年未发生变更则记为 1,否则记为 0;董事会人数是否合规为非区间指标,若董事会人数符合相关法律规定则记为 1,否则记为 0;独立董事薪酬情况为区间指标,将全样本 2008—2017 年数据降序排列并分为样本数量相等的 6 个区间,从大到小每等份样本的分数分别为 1、0.8、0.6、0.4、0.2 和 0;独立董事未亲自出席会议情况为区间指标,记独立董事未亲自出席会议 0 次为 1 分,1 次为 0.8 分,2 次为 0.6 分,3 次为 0.4 分,4 次为 0.2 分,5 次及以上为 0 分。

表 3-3　农业上市公司董事会治理评价指标

指标编号	指标名称	指标计算公式	指标评价标准（哑变量评价方法）	指标性质（正向、负向和非线性）	指标量化方法	区间指标量化方法（定距变量评价方法）
13	独立董事占比	独立董事人数/所有董事人数（%）	是否大于全样本中位数(是—1,否—0)	正向	区间	[44.44, 100.00) = 1 [42.85, 44.44) = 0.8 [37.50, 42.85) = 0.6 [36.36, 37.50) = 0.4 [33.33, 36.36) = 0.2 [0, 33.33) = 0
14	董事会持股比例	（董事长持股＋非董事长持股）/总股本（小数表示）	是否大于全样本中位数(是—1,否—0)	正向	区间	[0.3667, 100.0000] = 1 [0.1317, 0.3667) = 0.8 [0.0051, 0.1317) = 0.6 [0.0001, 0.0051) = 0.4 (0, 0.0001) = 0.2 持股比例为 0 = 0
15	四个委员会是否均设立	直接判断（审计委员会、薪酬与考核委员会、战略委员会和提名委员会）	是—1,否—0	正向	区间	0 个 = 0 1 个 = 0.3 2 个 = 0.6 3 个 = 0.8 4 个 = 1
16	其他专业委员会是否设立	直接判断	是—1,否—0	正向	区间	5 个及以上 = 1 4 个 = 0.8 3 个 = 0.6 2 个 = 0.4 1 个 = 0.2 0 个 = 0
17	董事会会议次数	原始数据,直接判断	是否大于 3 次(是—1,否—0)	正向	区间	9 次及以上 = 1 5~8 次 = 0.8 4 次 = 0.6 3 次 = 0.4 2 次 = 0.2 0~1 次 = 0

续表

指标编号	指标名称	指标计算公式	指标评价标准（哑变量评价方法）	指标性质（正向、负向和非线性）	指标量化方法	区间指标量化方法（定距变量评价方法）
18	董事薪酬前三名总额	薪酬最高的前三名董事薪酬之和（万元）	是否大于样本中位数（是—1，否—0）	正向	区间	[233.0，+∞)＝1 [164.3，233.0)＝0.8 [119.0，164.3)＝0.6 [85.6，119.0)＝0.4 [55.0，85.6)＝0.2 [0，55.0)＝0
19	董事长当年是否变更	直接判断	是—0，否—1	负向	非区间	—
20	董事会人数是否合规	直接判断	是—1，否—0	正向	非区间	—
21	独立董事薪酬状况	每年该公司所有独立董事平均薪酬（元）	是否大于全样本中位数（是—1，否—0）	正向	区间	[84050，+∞)＝1 [63225，84050)＝0.8 [55002，63225)＝0.6 [48335，55002)＝0.4 [34100，48335)＝0.2 [0，34100)＝0
22	独立董事未亲自出席会议情况	独立董事委托参与或未出席董事会次数	是否有独立董事委托参与或未出席董事会（是—0，否—1）	负向	区间	0次＝1 1次＝0.8 2次＝0.6 3次＝0.4 4次＝0.2 5次及以上＝0

三、农业上市公司监事会治理评价指标量化方法

（一）哑变量评价方法

本书采用哑变量取值的方法对我国农业上市公司监事会治理指标体系进行量化，具体评价方法如表3-4所示。若监事会持股比例（监事会持股数量/总股本）大于全样本中位数则记为1，否则记为0；若监事、董事和高管薪酬总额大于全样本中位数则记为1，否则记为0；若监事会会议次数大于等于《公司法》要求的最低限额2次则记为1，否则记为0；若监事会主席当年未发生变更则记为1，否则记为0；若监事会人数符合相关法律规定则记为1，否则记为0。

（二）定距变量评价方法

本书采用非区间指标哑变量取值和区间指标定距变量取值相结合的方法对我国农业上市公司监事会治理指标体系进行量化,具体评价方法如表 3-4 所示。监事会持股比例为区间指标,将全样本 2008—2017 年数据中监事会持股比例为 0 的样本分数设为 0,将不为 0 的样本监事会持股比例降序排列并分为样本数量相等的 5 个区间,从大到小每等份样本的分数分别为 1、0.8、0.6、0.4 和 0.2;监事、董事和高管薪酬总额为区间指标,将全样本 2008—2017 年数据降序排列并分为样本数量相等的 6 个区间,从大到小每等份样本的分数分别为 1、0.8、0.6、0.4、0.2 和 0;监事会会议次数为区间指标,将全样本 2008—2017 年数据降序排列并分为样本数量相等的 6 个区间,从大到小每等份样本的分数分别为 1、0.8、0.6、0.4、0.2 和 0;监事会主席当年是否变更为非区间指标,若监事会主席当年未发生变更则记为 1,否则记为 0;监事会人数是否合规为非区间指标,若董事会人数符合相关法律规定则记为 1,否则记为 0。

表 3-4　农业上市公司监事会治理评价指标

指标编号	指标名称	指标计算公式	指标评价标准（哑变量评价方法）	指标性质（正向、负向和非线性）	指标量化方法	区间指标量化方法（定距变量评价方法）
23	监事会持股比例	监事会持股数量／总股本（小数表示）	是—1,否—0	正向	区间	$[0.00937400, 100.00000000] = 1$ $[0.00145500, 0.00937400) = 0.8$ $[0.00101000, 0.00145500) = 0.6$ $[0.00001442, 0.00101000) = 0.4$ $(0, 0.00001442) = 0.2$ 持股比例为 0 = 0
24	监事、董事和高管薪酬总额	直接判断	是否大于全样本中位数（是—1,否—0）	正向	区间	$[7249100, +\infty) = 1$ $[4666600, 7249100) = 0.8$ $[3391100, 4666600) = 0.6$ $[2494800, 3391100) = 0.4$ $[1632000, 2494800) = 0.2$ $[0, 1632000) = 0$
25	监事会会议次数	直接判断	是否大于等于 2 次(是—1,否—0)	正向	区间	7 次及以上 = 1 4～6 次 = 0.8 3 次 = 0.6 2 次 = 0.4 1 次 = 0.2 0 次 = 0

续表

指标编号	指标名称	指标计算公式	指标评价标准（哑变量评价方法）	指标性质（正向、负向和非线性）	指标量化方法	区间指标量化方法（定距变量评价方法）
26	监事会主席当年是否变更	直接判断	是—0，否—1	负向	非区间	—
27	监事会人数是否合规	监事会人数与《公司法》等法律文件对比	是—1，否—0	正向	非区间	—

四、农业上市公司经理层治理评价指标量化

（一）哑变量评价方法

本书采用哑变量取值的方法对我国农业上市公司经理层治理指标体系进行量化，具体评价方法如表3-5所示。若高管持股比例大于全样本中位数则记为1，否则记为0；若公司不存在一人同时任董事长和总经理的情况则记为1，否则记为0；若总经理当年未发生变更则记为1，否则记为0；若高管薪酬前三名总额（薪酬最高的前三名高管薪酬之和）大于全样本中位数则记为1，否则记为0。

（二）定距变量评价方法

本书采用非区间指标哑变量取值和区间指标定距变量取值相结合的方法对我国农业上市公司管理层治理指标体系进行量化，具体评价方法如表3-5所示。高管持股比例为区间指标，将全样本2008—2017年数据中高管持股比例为0的样本分数设为0，将不为0的样本高管持股比例降序排列并分为样本数量相等的5个区间，从大到小每等份样本的分数分别为1、0.8、0.6、0.4和0.2；两职合一为非区间指标，若公司不存在一人同时任董事长和总经理的情况则记为1，否则记为0；总经理当年是否变更为非区间指标，若总经理当年未发生变更则记为1，否则记为0；高管薪酬前三名总额为区间指标，将全样本2008—2017年数据降序排列并分为样本数量相等的6个区间，从大到小每等份样本的分数分别为1、0.8、0.6、0.4、0.2和0。

表3-5　农业上市公司经理层治理评价指标

指标编号	指标名称	指标计算公式	指标评价标准（哑变量评价方法）	指标性质（正向、负向和非线性）	指标量化方法	区间指标量化方法（定距变量评价方法）
28	高管持股比例	原始数据（%）	是否大于全样本中位数（是—1，否—0）	正向	区间	$[27.0289, 100.0000]=1$ $[11.2475, 27.0289)=0.8$ $[2.6709, 11.2475)=0.6$ $[0.2091, 2.6709)=0.4$ $(0, 0.2091)=0.2$ 持股比例为 $0=0$
29	两职合一	直接判断	是—0，否—1	负向	非区间	—
30	总经理当年是否变更	直接判断	是—0，否—1	负向	非区间	—
31	高管薪酬前三名总额	薪酬最高的前三名高管薪酬之和（万元）	是否大于全样本中位数（是—1，否—0）	正向	区间	$[265.69, +\infty]=1$ $[180.99, 265.69)=0.8$ $[134.07, 180.99)=0.6$ $[98.69, 134.07)=0.4$ $[63.30, 98.69)=0.2$ $[0, 63.30)=0$

五、农业上市公司信息披露评价指标量化方法

（一）哑变量评价方法

本书采用哑变量取值的方法对我国农业上市公司信息披露指标体系进行量化，具体评价方法如表3-6所示。若公司年报信息披露时间是在4月30日之前则记为1，否则记为0；若公司年报、半年报、季报等未发生财务重述则记为1，否则记为0；若公司财报等披露材料不存在虚假记载情况则记为1，否则记为0；若公司财报等披露材料不存在披露不实情况则记为1，否则记为0。

（二）定距变量评价方法

本书采用非区间指标哑变量取值和区间指标定距变量取值相结合的方法对我国农业上市公司信息披露指标体系进行量化，具体评价方法如表3-6所示。是否及时披露为非区间指标，若公司年报信息披露时间是在4月30日之前则记为1，否则记为0；年报、半年报、季报等是否发生财务重述为非区间指标，若公司年报、半年报、季报等未发生财务重述则记为1，否则记为0；年报、半年报、季报等是否存在虚假（误导性）陈述为非区间指标，若公司财报等披露材料不存在虚假

记载情况则记为1,否则记为0;年报、半年报、季报等是否披露不实为非区间指标,若公司财报等披露材料不存在披露不实情况则记为1,否则记为0。

表3-6 农业上市公司信息披露评价指标

指标编号	指标名称	指标计算公式	指标评价标准(哑变量评价方法)	指标性质(正向、负向和非线性)	指标量化方法	区间指标量化方法(定距变量评价方法)
32	是否及时披露	披露时间是否在4月30日之前	是—1,否—0	正向	非区间	—
33	年报、半年报、季报等是否发生财务重述	直接判断	是—0,否—1	负向	非区间	—
34	虚假记载(误导性陈述)	上市公司财报等披露材料是否存在虚假记载情况	是—0,否—1	负向	非区间	—
35	披露不实	上市公司财报等披露材料是否存在披露不实情况	是—0,否—1	负向	非区间	—

六、农业上市公司利益相关者治理评价指标量化方法

(一)哑变量评价方法

本书采用哑变量取值的方法对我国农业上市公司利益相关者治理指标体系进行量化,具体评价方法如表3-7所示。若员工工资状况(支付给职工以及为职工支付的现金/员工总数)大于全样本中位数则记为1,否则记为0;若公司出具社会责任报告则记为1,否则记为0;若公司资产负债率小于全样本中位数则记为1,否则记为0。

(二)定距变量评价方法

本书采用非区间指标哑变量取值和区间指标定距变量取值相结合的方法对我国农业上市公司利益相关者治理指标体系进行量化,具体评价方法如表3-7所示。员工工资状况为区间指标,将全样本2008—2017年数据降序排列并分为样本数量相等的6个区间,从大到小每等份样本的分数分别为1、0.8、0.6、0.4、0.2和0;是否出具社会责任报告为非区间指标,若公司出具社会责任报告则记为1,否则记为0;债权人利益保障程度为区间指标,将全样本2008—2017年数据降序

排列并分为样本数量相等的 6 个区间,从大到小每等份样本的分数分别为 0、0.2、0.4、0.6、0.8 和 1。

表 3-7　农业上市公司利益相关者治理评价指标

指标编号	指标名称	指标计算公式	指标评价标准(哑变量评价方法)	指标性质(正向、负向和非线性)	指标量化方法	区间指标量化方法(定距变量评价方法)
36	员工工资状况	支付给职工以及为职工支付的现金 / 员工总数	是否大于全样本中位数(是—1,否—0)	正向	区间	$[139440, +\infty) = 1$ $[99780, 139440) = 0.8$ $[79180, 99780) = 0.6$ $[63460, 79180) = 0.4$ $[47260, 63460) = 0.2$ $[0, 47260) = 0$
37	是否出具社会责任报告	直接判断	是—1,否—0	正向	非区间	—
38	债权人利益保障程度	直接判断资产负债率(%)	是否大于全样本中位数(是—0,否—1)	负向	区间	$(0, 0.200914] = 1$ $(0.200914, 0.322559] = 0.8$ $(0.322559, 0.436626] = 0.6$ $(0.436626, 0.551685] = 0.4$ $(0.551685, 0.681575] = 0.2$ $(0.681575, +\infty) = 0$

七、农业上市公司内部控制评价指标量化方法

(一)哑变量评价方法

本书采用哑变量取值的方法对我国农业上市公司内部控制指标体系进行量化,具体评价方法如表 3-8 所示。若迪博内控指数大于全样本中位数则记为 1,否则记为 0;若披露内控审计报告则记为 1,否则记为 0;若内控审计报告意见类型为标准无保留则记为 1,否则记为 0;若披露内控评价报告则记为 1,否则记为 0;若披露内控评价报告结论则记为 1,否则记为 0;若内控不存在缺陷则记为 1,否则记为 0。

(二)定距变量评价方法

本书采用非区间指标哑变量取值和区间指标定距变量取值相结合的方法对我国农业上市公司内部控制指标体系进行量化,具体评价方法如表 3-8 所示。迪

博内控指数为区间指标,将全样本 2008—2017 年数据降序排列并分为样本数量相等的 6 个区间,从大到小每等份样本的分数分别为 1、0.8、0.6、0.4、0.2 和 0;是否披露内控审计报告为非区间指标,若披露内控审计报告则记为 1,否则记为 0;内控审计报告意见类型为区间指标,将标准无保留记为 1,无保留加事项段记为 0.8,保留意见记为 0.6,保留意见加事项段记为 0.4,否定意见记为 0.2,无法发表意见记为 0;是否披露内控评价报告为非区间指标,若披露内控评价报告则记为 1,否则记为 0;是否披露内控评价报告结论为非区间指标,若披露内控评价报告结论则记为 1,否则记为 0;内控是否存在缺陷为非区间指标,若内控不存在缺陷则记为 1,否则记为 0。

表 3-8　农业上市公司内部控制评价指标

指标编号	指标名称	指标计算公式	指标评价标准（哑变量评价方法）	指标性质（正向、负向和非线性）	指标量化方法	区间指标量化方法（定距变量评价方法）
39	迪博内控指数	原始数据	是否大于全样本中位数(是—1,否—0)	正向	区间	[718.35000, 1000.00000) = 1 [690.89000, 718.35000) = 0.8 [665.10000, 690.89000) = 0.6 [637.98582, 665.10000) = 0.4 [591.96000, 637.98582) = 0.2 [0, 591.96000) = 0
40	是否披露内控审计报告	直接判断	是—1,否—0	正向	非区间	—
41	内控审计报告意见类型	原始数据,直接判断	是—1,否—0	正向	区间	标准无保留 = 1 无保留加事项段 = 0.8 保留意见 = 0.6 保留意见加事项段 = 0.4 否定意见 = 0.2 无法发表意见 = 0
42	是否披露内控评价报告	直接判断	是—1,否—0	正向	非区间	—
43	是否出具内控评价报告结论	直接判断	是—1,否—0	正向	非区间	—
44	内控是否存在缺陷	原始数据,直接判断	是—0,否—1	负向	非区间	—

八、农业上市公司违法违规评价指标量化方法

(一)哑变量评价方法

本书采用哑变量取值的方法对我国农业上市公司违法违规指标体系进行量化,具体评价方法如表3-9所示。若公司高管不存在违法违规情况则记为1,否则记为0;若公司大股东不存在违法违规情况则记为1,否则记为0;若公司不存在违法违规情况则记为1,否则记为0;若公司当年未受到ST处理则记为1,否则记为0。

(二)定距变量评价方法

本书采用非区间指标哑变量取值和区间指标定距变量取值相结合的方法对我国农业上市公司违法违规指标体系进行量化,具体评价方法如表3-9所示。公司高管违法违规情况为非区间指标,若公司高管不存在违法违规情况则记为1,否则记为0;公司大股东违法违规情况为非区间指标,若公司大股东不存在违法违规情况则记为1,否则记为0;公司违法违规情况为非区间指标,若公司不存在违法违规情况则记为1,否则记为0;当年是否受到ST处理为非区间指标,若公司当年未受到ST处理则记为1,否则记为0。

表3-9　农业上市公司违法违规评价指标

指标编号	指标名称	指标计算公式	指标评价标准(哑变量评价方法)	指标性质(正向、负向和非线性)	指标量化方法	区间指标量化方法(定距变量评价方法)
45	公司高管违规	公司高管是否存在违法违规情况	是否违规(是—0,否—1)	负向	非区间	—
46	上市公司大股东违规	公司大股东是否存在违法违规情况	是否违规(是—0,否—1)	负向	非区间	—
47	上市公司违规	上市公司是否违规	是否违规(是—0,否—1)	负向	非区间	—
48	当年是否受到ST处理	原始数据,直接判断	是—0,否—1	负向	非区间	—

九、农业上市公司外部审计评价指标量化

(一)哑变量评价方法

本书采用哑变量取值的方法对我国农业上市公司外部审计指标体系进行量化,具体评价方法如表 3-10 所示。若公司由国际四大或国内八大会计师事务所进行外部审计则记为 1,否则记为 0;若会计师事务所所出具的审计意见类型为标准无保留则记为 1,否则记为 0。

(二)定距变量评价方法

本书采用非区间指标哑变量取值和区间指标定距变量取值相结合的方法对我国农业上市公司外部审计指标体系进行量化,具体评价方法如表 3-10 所示。是否为国际四大或国内八大会计师事务所审计为非区间指标,若公司由国际四大或国内八大会计师事务所进行外部审计则记为 1,否则记为 0;审计意见是否标准无保留为区间指标,将标准无保留记为 1,无保留意见加事项段记为 0.8,保留意见记为 0.6,保留意见加事项段记为 0.4,否定意见记为 0.2,无法表示意见记为 0。

表 3-10　农业上市公司外部审计评价指标

指标编号	指标名称	指标计算公式	指标评价标准(哑变量评价方法)	指标性质(正向、负向和非线性)	指标量化方法	区间指标量化方法(定距变量评价方法)
49	是否为国际四大或国内八大会计师事务所	原始数据,直接判断	是—1,否—0	正向	非区间	—
50	审计意见是否标准无保留	财务报表被会计师事务所所出具的意见类型	是否为标准无保留(是—1,否—0)	正向	区间	标准无保留 = 1 无保留意见加事项段 = 0.8 保留意见 = 0.6 保留意见加事项段 = 0.4 否定意见 = 0.2 无法表示意见 = 0

第四节　农业上市公司治理指数生成

本书构建如前所述的九大公司治理维度具体 50 个评价指标,利用哑变量评分法和哑变量与定距变量相结合的综合评分法两种评价方法,分别采用等权重

求和法和非等权重求和法两种指数生成方法,最终获得四种农业上市公司治理指数。

一、基于哑变量等权重的公司治理指数

本书对九大公司治理维度具体 50 个评价指标均采用哑变量求和法并进一步赋予等权重加和,最终生成满分为 50 的农业上市公司治理指数。指数计算公式如下:

$$CGI = CGI_{SHARE}+CGI_{BOD}+CGI_{DIRECT}+CGI_{TOP}+CGI_{IDQ}+CGI_{STAKE}+CGI_{IC}+CGI_{VLAR}+ CGI_{EXAUD}$$

$$(3-1)$$

二、基于哑变量赋权重的公司治理指数

本书对九大公司治理维度具体 50 个评价指标均采用哑变量求和法,标准化处理[1] 各维度总评分并进一步根据专家打分法和层次分析法[2] 赋予不同权重加和,其中,股东治理维度指标赋予权重 0.15,董事会治理维度指标赋予权重 0.19,监事会治理维度指标赋予权重 0.07,经理层治理维度指标赋予权重 0.11,信息披露维度指标赋予权重 0.12,利益相关者治理维度指标赋予权重 0.1,内部控制维度指标赋予权重 0.1,违法违规维度指标赋予权重 0.08,外部审计维度指标赋予权重 0.08,最终生成满分为 50 的农业上市公司治理指数。指数计算公式如公式(3-2)所示:

$$CGI = 0.15CGI_{SHARE}+0.19CGI_{BOD}+0.07CGI_{DIRECT}+0.11CGI_{TOP}+0.12CGI_{IDQ}+$$
$$0.1CGI_{STAKE}+0.1CGI_{IC}+0.08CGI_{VLAR}+0.08CGI_{EXAUD}$$

$$(3-2)$$

---

[1] 标准化处理过程为:各维度所有指标得分加总后除以各维度的最高评分然后再乘以 50。以监事会治理为例:$CGI_{DIRECT} = 50 \times ($direct$_{hold}$+tm$_{tsalary}$+Mmtms+chg$_{dchair}$+direct$)/5$。

[2] 具体权重设置和确定主要采用专家打分法,根据指标体系邀请专家打分并计算得到各维度的权重。专家打分表是由公司治理评价领域专业人士设计的。邀请公司治理领域的专家分别对各维度进行打分,参与打分的专家根据各维度及指标的相对重要程度做出判断并赋予其相应的分值。回收专家打分表后,根据层次分析法的检验标准对打分表进行有效性检验,进一步处理通过检验后的专家打分数据,根据层次分析法计算出各维度的相对权重。为了避免加权的主观影响,最终确定使用各维度权重的算数平均值作为最终的维度权重。

三、基于定距变量等权重的公司治理指数

本书对九大公司治理维度具体 50 个评价指标进行区间指标和非区间指标划分,区间指标采用哑变量求和法,非区间指标采用哑变量与定距变量相结合的综合评分法。对于已经评分的 50 个指标进一步赋予等权重加和,最终生成满分为 50 的上市公司治理指数。指数计算公式如(3-3)所示:

$$CGI = CGI_{SHARE} + CGI_{BOD} + CGI_{DIRECT} + CGI_{TOP} + CGI_{IDQ} + CGI_{STAKE} + CGI_{IC} + CGI_{VLAR} +$$
$$CGI_{EXAUD} \tag{3-3}$$

四、基于定距变量赋权重的公司治理指数

本书对九大公司治理维度具体 50 个评价指标进行区间指标和非区间指标划分。区间指标采用哑变量求和法,非区间指标采用哑变量与定距变量相结合的综合评分法。对于已经评分的 50 个具体指标,标准化处理各维度总评分并进一步采用与基于哑变量赋权重的公司治理指数相同的权重加和,其中,股东治理维度指标赋予权重 0.15,董事会治理维度指标赋予权重 0.19,监事会治理维度指标赋予权重 0.07,经理层治理维度指标赋予权重 0.11,信息披露维度指标赋予权重 0.12,利益相关者治理维度指标赋予权重 0.1,内部控制维度指标赋予权重 0.1,违法违规维度指标赋予权重 0.08,外部审计维度指标赋予权重 0.08。然后将各维度评分加总求和,最终生成满分为 50 的农业上市公司治理指数。指数计算公式如(3-4)所示:

$$CGI = 0.15CGI_{SHARE} + 0.19CGI_{BOD} + 0.07CGI_{DIRECT} + 0.11CGI_{TOP} + 0.12CGI_{IDQ} +$$
$$0.1CGI_{STAKE} + 0.1CGI_{IC} + 0.08CGI_{VLAR} + 0.08CGI_{EXAUD} \tag{3-4}$$

第四章
我国农业上市公司治理评价样本说明

第一节　样本选择构成与数据来源

一、样本选择

本书选取的样本为我国沪深交易所的全部 A 股农业上市公司,涉及主板、中小企业板和创业板,不包括 B 股和科创板农业上市公司。

二、样本构成

表 4-1 统计了我国农业上市公司样本在 2008—2017 年的分布情况,样本数量在 2011 年和 2015 年出现下降,可能是由于一些农业上市公司转换行业或退市导致的。其中,2009 年、2010 年和 2012 年的样本数量增长速度较快,2014 年样本数量最多达到 46 家,2017 年的样本数量较 2016 年没有变化。

表 4-1　我国农业上市公司样本各年分布情况(2008—2017 年)

年份	数量 / 家	增长 / %	占比 / %
2008	37	—	8.92
2009	40	8.11	9.64
2010	43	7.50	10.36
2011	41	−4.65	9.88
2012	44	7.32	10.60
2013	45	2.27	10.84
2014	46	2.22	11.08

年份	数量／家	增长／%	占比／%
2015	39	−15.22	9.40
2016	40	2.56	9.64
2017	40	0.00	9.64

表 4-2 统计了我国农业上市公司样本 2008—2017 年各控股股东性质分布情况。其中,在 2008 年、2010—2017 年,民营控股的样本数量占比最高,其次是国有控股的样本数量。2009—2017 年,不存在其他类型、社会团体控股和职工持股会控股的样本。

表 4-2　我国农业上市公司样本各控股股东性质分布情况(2008—2017 年)

控股股东性质	统计	2008	2009	2010	2011	2012	2013	2014	2015	2016	2017
国有控股	数量／家	14	22	20	19	20	19	19	16	16	17
	占比／%	37.84	55.00	46.51	46.34	45.45	42.22	41.30	41.03	40.00	42.50
民营控股	数量／家	17	17	22	21	23	25	26	22	23	23
	占比／%	45.95	42.50	51.16	51.22	52.27	55.56	56.52	56.41	57.50	57.50
外资控股	数量／家	—	—	—	—	—	—	—	—	—	—
	占比／%	—	—	—	—	—	—	—	—	—	—
集体控股	数量／家	3	1	1	1	1	1	1	1	1	—
	占比／%	8.11	2.50	2.33	2.44	2.27	2.22	2.17	2.56	2.50	—
社会团体控股	数量／家	1	—	—	—	—	—	—	—	—	—
	占比／%	2.70	—	—	—	—	—	—	—	—	—
职工持股会控股	数量／家	1	—	—	—	—	—	—	—	—	—
	占比／%	2.70	—	—	—	—	—	—	—	—	—
其他类型	数量／家	1	—	—	—	—	—	—	—	—	—
	占比／%	2.70	—	—	—	—	—	—	—	—	—

表 4-3 统计了我国农业上市公司样本在 2008—2017 年各市场板块的分布情况。其中,主板的样本数量占比最高,在 2008—2017 年均达到 50% 及以上,但占比整体上呈逐年下降趋势;其次是中小企业板的样本数量,而创业板的样本数量占比最小。

表4-3　我国农业上市公司样本各市场板块分布情况(2008—2017年)

市场板块	统计	2008	2009	2010	2011	2012	2013	2014	2015	2016	2017
主板	数量/家	32	32	27	26	26	27	27	20	20	20
	占比/%	86.49	80.00	62.79	63.41	59.09	60.00	58.70	51.28	50.00	50.00
中小企业板	数量/家	5	8	12	10	12	12	13	14	14	14
	占比/%	13.51	20.00	27.91	24.39	27.27	26.67	28.26	35.90	35.00	35.00
创业板	数量/家	—	—	4	5	6	6	6	5	6	6
	占比/%	—	—	9.30	12.20	13.64	13.33	13.04	12.82	15.00	15.00

　　表4-4统计了我国农业上市公司样本在2008—2017年的地区分布情况。其中,新疆的样本数量占比较高,山东和北京的样本数量占比也较高,内蒙古、天津、宁夏、山西、江苏、江西、贵州、西藏、青海和重庆不存在农业样本。

表4-4　我国农业上市公司样本地区分布情况(2008—2017年)

省(自治区、直辖市)	统计	2008	2009	2010	2011	2012	2013	2014	2015	2016	2017
安徽	数量/家	1	1	2	2	2	2	2	2	2	2
	占比/%	2.70	2.50	4.65	4.88	4.55	4.44	4.35	5.13	5.00	5.00
北京	数量/家	4	5	5	4	4	4	4	2	2	2
	占比/%	10.81	12.50	11.63	9.76	9.09	8.89	8.70	5.13	5.00	5.00
福建	数量/家	2	3	3	3	4	4	4	3	3	3
	占比/%	5.41	7.50	6.98	7.32	9.09	8.89	8.70	7.69	7.50	7.50
甘肃	数量/家	2	2	2	2	2	2	2	3	3	3
	占比/%	5.41	5.00	4.65	4.88	4.55	4.44	4.35	7.69	7.50	7.50
广东	数量/家	—	1	2	2	2	3	3	2	2	2
	占比/%	—	2.50	4.65	4.88	4.55	6.67	6.52	5.13	5.00	5.00
广西	数量/家	—	—	—	—	1	1	1	1	1	1
	占比/%	—	—	—	—	2.27	2.22	2.17	2.56	2.50	2.50
贵州	数量/家	—	—	—	—	—	—	—	—	—	—
	占比/%										

续表

省（自治区、直辖市）	统计	2008	2009	2010	2011	2012	2013	2014	2015	2016	2017
海南	数量/家	1	1	1	3	3	3	3	3	3	3
	占比/%	2.70	2.50	2.33	7.32	6.82	6.67	6.52	7.69	7.50	7.50
河北	数量/家	1	1	1	1	1	1	1	1	1	1
	占比/%	2.70	2.50	2.33	2.44	2.27	2.22	2.17	2.56	2.50	2.50
河南	数量/家	—	1	2	2	2	2	3	3	3	3
	占比/%	—	2.50	4.65	4.88	4.55	4.44	6.52	7.69	7.50	7.50
黑龙江	数量/家	1	1	2	2	2	2	2	2	2	2
	占比/%	2.70	2.50	4.65	4.88	4.55	4.44	4.35	5.13	5.00	5.00
湖北	数量/家	1	1	1	1	1	1	1	—	—	—
	占比/%	2.70	2.50	2.33	2.44	2.27	2.22	2.17	—	—	—
湖南	数量/家	3	3	4	4	4	4	4	3	3	3
	占比/%	8.11	7.50	9.30	9.76	9.09	8.89	8.70	7.69	7.50	7.50
吉林	数量/家	1	1	1	1	1	1	1	—	—	—
	占比/%	2.70	2.50	2.33	2.44	2.27	2.22	2.17	—	—	—
江苏	数量/家	—	—	—	—	—	—	—	—	—	—
	占比/%	—	—	—	—	—	—	—	—	—	—
江西	数量/家	—	—	—	—	—	—	—	—	—	—
	占比/%	—	—	—	—	—	—	—	—	—	—
辽宁	数量/家	1	1	2	2	2	2	2	1	1	1
	占比/%	2.70	2.50	4.65	4.88	4.55	4.44	4.35	2.56	2.50	2.50
内蒙古	数量/家	—	—	—	—	—	—	—	—	—	—
	占比/%	—	—	—	—	—	—	—	—	—	—
宁夏	数量/家	—	—	—	—	—	—	—	—	—	—
	占比/%	—	—	—	—	—	—	—	—	—	—
青海	数量/家	—	—	—	—	—	—	—	—	—	—
	占比/%	—	—	—	—	—	—	—	—	—	—
山东	数量/家	5	5	6	6	6	6	6	6	6	6
	占比/%	13.51	12.50	13.95	14.63	13.64	13.33	13.04	15.38	15.00	15.00

省(自治区、直辖市)	统计	2008	2009	2010	2011	2012	2013	2014	2015	2016	2017
山西	数量/家	—	—	—	—	—	—	—	—	—	—
	占比/%	—	—	—	—	—	—	—	—	—	—
陕西	数量/家	1	1								
	占比/%	2.70	2.50								
上海	数量/家	1	1	1	1	1	1	1	1	2	2
	占比/%	2.70	2.50	2.33	2.44	2.27	2.22	2.17	2.56	5.00	5.00
四川	数量/家	3	3	—	—	—	—	—	—	—	—
	占比/%	8.11	7.50								
天津	数量/家	—	—	—	—	—	—	—	—	—	—
	占比/%	—	—	—	—	—	—	—	—	—	—
西藏	数量(家)	—	—	—	—	—	—	—	—	—	—
	占比/%	—	—	—	—	—	—	—	—	—	—
新疆	数量/家	6	6	6	4	5	5	5	4	4	4
	占比/%	16.22	15.00	13.95	9.76	11.36	11.11	10.87	10.26	10.00	10.00
云南	数量/家	2	2	2	1	1	1	1	2	2	2
	占比/%	5.41	5.00	4.65	2.44	2.27	2.22	2.17	5.13	5.00	5.00
浙江	数量/家	1	—								
	占比/%	2.70	—								
重庆	数量/家	—	—							—	—
	占比/%	—	—								

三、数据来源

本书所用的数据均为农业上市公司公开数据。其中,所用公司治理数据主要来源于国泰安数据库、Wind 数据库、迪博数据库;所用公司财务数据主要来自Wind 数据库。

第二节　我国农业上市公司财务与市值状况分析

一、历年净利润

表4-5是我国农业上市公司净利润的描述性统计结果。2008—2017年我国农业上市公司净利润的平均值为13083万元,标准差为80300。从年份变化来看,我国农业上市公司净利润平均值在2008年为3123万元,为历史最低,2016年经历了一个较快的增长过程,达到历史最高点的48123万元,2017年又迅速下降。整体上,我国农业上市公司的净利润存在一定程度的波动性。

表4-5　我国农业上市公司净利润描述性统计(2008—2017年)

年份	平均值/万元	标准差	中位数/万元	最小值/万元	最大值/万元	总和/万元
2008	3123	14003	4478	−39168	55173	115533
2009	5268	9044	3101	−15136	32521	210705
2010	9193	11116	4995	−5357	42239	395304
2011	10436	24001	6712	−81414	76349	427867
2012	6887	14757	3605	−31838	45792	303022
2013	3815	18210	3725	−51048	56499	171670
2014	3134	26979	2372	−120000	72256	144174
2015	17804	109891	3043	−98295	663648	694366
2016	48123	195670	7478	−71664	1220000	1920000
2017	26043	118576	5908	−72577	699903	1040000
合计	13083	80300	4802	−120000	1220000	5430000

二、历年利润总额

表4-6是我国农业上市公司利润总额的描述性统计结果。2008—2017年我国农业上市公司利润总额的平均值为14084万元,标准差为81234。从年份变化来看,我国农业上市公司利润总额在2008年为3892万元,是历史最低,2016年经历了一个较快的增长,达到历史最高点的49447万元,2017年又下降为27585万元。整体上,我国农业上市公司的利润总额波动幅度较大。

表 4-6　我国农业上市公司利润总额描述性统计(2008—2017 年)

年份	平均值/万元	标准差	中位数/万元	最小值/万元	最大值/万元	总和/万元
2008	3892	14492	4650	−38420	56056	144013
2009	5909	9759	3265	−14835	33495	236367
2010	10138	12317	5460	−5064	48368	435924
2011	11071	24534	6912	−80171	76903	453927
2012	7810	15358	4484	−30553	46833	343625
2013	4880	19160	5196	−50630	57558	219578
2014	4089	29210	2978	−132000	73534	188093
2015	19023	110728	3131	−103000	668928	741878
2016	49447	197651	8550	−71482	1240000	1980000
2017	27585	119841	6187	−72251	709219	1100000
合计	14084	81234	5080	−132000	1240000	5840000

三、历年营业总收入

表 4-7 是我国农业上市公司营业总收入的描述性统计结果。2008—2017 年我国农业上市公司营业总收入的平均值为 211863 万元,标准差为 504446。从年份变化来看,农业上市公司营业总收入在 2008 年为 131179 万元,是历史最低,之后大体上呈现增长的趋势,2017 年达到最高点即 358255 万元。整体上,我国农业上市公司的营业总收入存在一个明显的上升趋势。

表 4-7　我国农业上市公司营业总收入描述性统计(2008—2017 年)

年份	平均值/万元	标准差	中位数/万元	最小值/万元	最大值/万元	总和/万元
2008	131179	196233	77314	2139	1030000	4850000
2009	150533	208777	76854	2308	1040000	6020000
2010	133045	173937	82094	6139	922769	5720000
2011	179984	271642	110410	1354	1330000	7380000
2012	188547	281797	100455	1310	1360000	8300000
2013	183488	253721	99650	1174	1170000	8260000
2014	180765	244776	94354	1191	1120000	8320000
2015	284625	765721	111266	5787	4820000	11100000

续表

年份	平均值 / 万元	标准差	中位数 / 万元	最小值 / 万元	最大值 / 万元	总和 / 万元
2016	341226	929802	129434	6803	5940000	13600000
2017	358255	885238	126900	6532	5570000	14300000
合计	211863	504446	99650	1174	5940000	87900000

四、历年总资产

表 4-8 是我国农业上市公司总资产的描述性统计结果。2008—2017 年我国农业上市公司总资产的平均值为 347919 万元,标准差为 472810。从年份变化来看,我国农业上市公司总资产平均值在 2008 年为 212067 万元,是历史最低,之后呈现一个稳定增长的趋势,2017 年达到最高点即 613368 万元。整体上,我国农业上市公司的总资产存在一个明显的上升趋势。

表 4-8　我国农业上市公司总资产描述性统计(2008—2017 年)

年份	平均值 / 万元	标准差	中位数 / 万元	最小值 / 万元	最大值 / 万元	总和 / 万元
2008	212067	204274	144132	40037	1020000	7850000
2009	225328	230266	163100	13551	1200000	9010000
2010	236894	293637	188585	17389	1790000	10200000
2011	282663	332362	206735	16917	1800000	11600000
2012	291742	319607	183443	33085	1570000	12800000
2013	320585	326389	191200	30354	1390000	14400000
2014	349813	324086	228104	28779	1550000	16100000
2015	434322	550656	274528	30013	3270000	16900000
2016	523085	698067	305988	28876	4140000	20900000
2017	613368	878634	343326	29510	4900000	24500000
合计	347919	472810	211500	13551	4900000	144000000

五、历年市盈率

表 4-9 是我国农业上市公司市盈率的描述性统计结果。计算公式为:公司市盈率 = 股票市值 / 去年年份净利润。2008—2017 年我国农业上市公司市盈率的平均值为 192.20,标准差为 687.20,中位数为 62.12,最小值为 4.09,最大值

为 7361.00。从年份变化来看,我国农业上市公司市盈率从 2008 年的 75.08 提升至 2009 年的 258.70,在 2010 年至 2012 年波动下降到 61.02,之后两年内攀升到 485.70,此后一路走低到 2017 年的 44.48。整体来看,我国农业上市公司市盈率在各年份波动较大,近年有下降趋势,有待进一步提升。

表 4-9　我国农业上市公司市盈率描述性统计(2008—2017 年)

年份	平均值	标准差	中位数	最小值	最大值
2008	75.08	103.30	38.25	4.09	370.60
2009	258.70	611.30	74.02	35.01	2360.00
2010	103.80	46.41	93.51	50.22	247.60
2011	58.70	29.73	47.68	23.12	130.20
2012	61.02	84.24	35.77	11.49	401.30
2013	313.80	753.30	56.07	22.35	3330.00
2014	485.70	1667.00	60.45	33.41	7361.00
2015	313.10	353.40	86.63	38.98	1036.00
2016	158.70	135.60	110.30	40.39	420.80
2017	44.48	24.28	42.18	16.70	75.08
合计	192.20	687.20	62.12	4.09	7361.00

六、历年市净率

表 4-10 是我国农业上市公司市净率(P/B)的描述性统计结果。计算公式为:公司市净率 = 股票市值/净资产。2008—2017 年我国农业上市公司市净率(P/B)的平均值为 4.88,标准差为 4.74。从年份变化来看,我国农业上市公司市净率(P/B)在 2012 年达到最低即 3.41,2015 年达到历史最高点即 8.85。整体上,我国农业上市公司的市净率存在一定程度的波动。

表 4-10　我国农业上市公司市净率(P/B)描述性统计(2008—2017 年)

年份	平均值	标准差	中位数	最小值	最大值
2008	6.36	12.78	2.68	1.33	50.62
2009	5.32	2.10	4.78	3.02	10.50
2010	6.61	3.57	5.06	2.95	16.03
2011	3.53	1.87	3.10	1.42	8.91

续表

年份	平均值	标准差	中位数	最小值	最大值
2012	3.41	1.57	2.87	1.27	6.97
2013	3.71	1.85	3.40	1.63	7.40
2014	4.36	2.83	3.52	1.82	12.62
2015	8.85	8.31	6.19	4.02	33.34
2016	4.61	1.71	4.19	2.38	7.80
2017	3.77	1.15	3.37	2.80	5.45
合计	4.88	4.74	3.89	1.27	50.62

第五章
我国农业上市公司治理总体分析

第一节　我国农业上市公司治理总体描述

一、我国农业上市公司哑变量等权重公司治理总指数描述

　　表 5-1 是 2008—2017 年我国农业上市公司哑变量等权重公司治理总指数的描述性统计结果。2008—2017 年,该指数平均值为 31.67,中位数为 32.00,标准差为 4.81,最大值和最小值分别为 42.00 和 17.00。2011—2012 年以及 2016—2017 年,该指数的平均值有轻微下降,其他时间该指数的平均值呈上升趋势。

表 5-1　我国农业上市公司哑变量等权重公司治理总指数描述性统计(2008—2017 年)

年份	平均值	标准差	中位数	最小值	最大值
2008	27.05	3.73	27.00	19.00	36.00
2009	28.10	3.81	28.00	21.00	36.00
2010	30.37	4.70	32.00	22.00	38.00
2011	31.37	5.50	32.00	17.00	40.00
2012	31.14	4.39	32.00	20.00	39.00
2013	32.16	4.52	33.00	22.00	39.00
2014	33.07	3.57	33.00	25.00	39.00
2015	34.00	3.66	34.00	27.00	41.00
2016	34.83	3.54	35.00	28.00	42.00
2017	34.23	4.29	34.00	26.00	41.00
合计	31.67	4.81	32.00	17.00	42.00

二、我国农业上市公司定距变量等权重公司治理总指数描述

表5-2是2008—2017年我国农业上市公司定距变量等权重公司治理总指数的描述性统计结果。2008—2017年,该指数的平均值为30.92,中位数为31.40,标准差为4.16,最大值和最小值分别为40.40和17.40。2016—2017年,该指数的平均值有轻微下降,其他时间该指数的平均值呈上升趋势。

表5-2　我国农业上市公司定距变量等权重公司治理总指数描述性统计(2008—2017年)

年份	平均值	标准差	中位数	最小值	最大值
2008	26.96	3.01	27.00	19.20	33.20
2009	27.91	3.62	27.50	21.00	34.80
2010	30.03	4.50	31.00	21.00	37.40
2011	30.44	4.81	30.20	17.40	38.20
2012	30.64	3.73	31.40	20.80	37.00
2013	31.38	3.87	32.00	22.80	38.00
2014	32.12	3.18	32.20	23.60	38.00
2015	32.93	3.14	33.20	26.00	39.40
2016	33.49	2.97	33.10	28.00	40.40
2017	32.93	3.46	32.60	24.40	39.60
合计	30.92	4.16	31.40	17.40	40.40

三、我国农业上市公司哑变量赋权重公司治理总指数描述

表5-3是2008—2017年我国农业上市公司哑变量赋权重公司治理总指数的描述性统计结果。2008—2017年,该指数的平均值为31.80,中位数为32.48,标准差为4.82,最大值和最小值分别为42.90和17.43。2016—2017年,该指数的平均值有轻微下降,其他时间该指数的平均值呈上升趋势。

表5-3　我国农业上市公司哑变量赋权重公司治理总指数描述性统计(2008—2017年)

年份	平均值	标准差	中位数	最小值	最大值
2008	27.23	3.58	27.15	19.40	33.80
2009	28.15	3.73	28.49	20.52	35.19
2010	30.20	4.68	31.79	20.48	37.24

年份	平均值	标准差	中位数	最小值	最大值
2011	31.39	5.27	31.86	17.43	39.46
2012	31.50	4.47	32.77	20.70	38.52
2013	32.49	4.57	33.88	20.90	39.75
2014	33.23	3.72	33.19	24.52	39.64
2015	34.07	3.78	34.43	26.33	41.84
2016	34.98	3.66	34.83	27.34	42.90
2017	34.36	4.24	33.85	25.33	41.73
合计	31.80	4.82	32.48	17.43	42.90

四、我国农业上市公司定距变量赋权重公司治理总指数描述

表 5-4 是 2008—2017 年我国农业上市公司定距变量赋权重公司治理总指数的描述性统计结果。2008—2017 年,该指数的平均值为 31.27,中位数为 31.89,标准差为 4.24,最大值和最小值分别为 40.90 和 17.86。2016—2017 年,该指数的平均值有轻微下降,其他时间该指数的平均值呈上升趋势。

表 5-4　我国农业上市公司定距变量赋权重公司治理总指数描述性统计(2008—2017 年)

年份	平均值	标准差	中位数	最小值	最大值
2008	27.19	2.96	27.04	19.52	32.01
2009	28.12	3.51	28.42	20.76	34.58
2010	30.09	4.45	30.96	20.42	36.89
2011	30.69	4.62	30.98	17.86	37.87
2012	31.21	3.95	32.20	21.62	37.52
2013	31.88	3.95	32.59	22.48	38.50
2014	32.56	3.36	32.89	23.73	38.36
2015	33.24	3.33	33.99	25.72	39.43
2016	33.94	3.19	33.50	27.41	40.90
2017	33.33	3.51	33.14	23.71	39.66
合计	31.27	4.24	31.89	17.86	40.90

五、我国农业上市公司治理总指数趋势分析

图 5-1 描述了 2008—2017 年我国农业上市公司治理总指数平均值的变化趋势,四个指数的平均值整体呈上升趋势,在 2016—2017 年,四个指数的平均值均有所下降。2012—2018 年,哑变量赋权重公司治理总指数的平均值最大,其次分别是哑变量等权重公司治理总指数平均值和定距变量赋权重公司治理总指数平均值,最小的是定距变量等权重公司治理总指数的平均值。

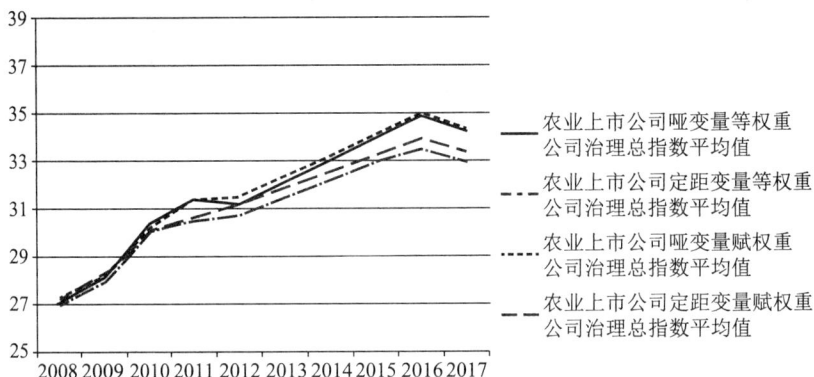

图 5-1 我国农业上市公司治理总指数平均值趋势图(2008—2017 年)

综上分析,2008—2017 年哑变量等权重公司治理总指数、定距变量等权重公司治理总指数、哑变量赋权重公司治理总指数、定距变量赋权重公司治理总指数以及我国农业上市公司治理总指数平均值均呈相同变化趋势,即 2008—2017 年农业上市公司治理总指数整体呈上升趋势,在 2016—2017 年,公司治理总指数有所下降。该结果反映出近十年来,我国农业上市公司治理水平总体呈现上升趋势,但 2017 年开始略有下降,应引起有关农业上市公司及监管部门的关注。

第二节 我国农业上市公司分控股股东性质的比较分析

一、我国农业上市公司哑变量等权重公司治理总指数分控股股东性质比较

表 5-5 是 2008—2017 年我国农业上市公司哑变量等权重公司治理总指数分控股股东性质比较的描述性统计结果。2008—2017 年,国有控股上市公司除

了在 2015 年下降外,其他年份均为上升趋势;民营控股上市公司除了 2012 年、2017 年下降外均为上升趋势。需要说明的是,民营控股上市公司上升幅度较大,逐渐拉大了和国有控股上市公司的距离。

表5-5　我国农业上市公司哑变量等权重公司治理总指数分控股股东性质比较(2008—2017 年)

控股股东性质	2008	2009	2010	2011	2012	2013	2014	2015	2016	2017
国有控股	26.29	27.36	29.30	29.42	30.00	32.16	33.00	32.44	32.63	32.76
民营控股	26.94	28.59	31.14	32.81	32.04	32.08	33.12	35.18	36.39	35.30
外资控股	—	—	—	—	—	—	—	—	—	—
集体控股	32.00	36.00	35.00	38.00	33.00	34.00	33.00	33.00	34.00	—
社会团体控股	30.00	—	—	—	—	—	—	—	—	—
职工持股会控股	27.00	—	—	—	—	—	—	—	—	—
其他类型	22.00	—	—	—	—	—	—	—	—	—

二、我国农业上市公司定距变量等权重公司治理总指数分控股股东性质比较

表 5-6 是 2008—2017 年我国农业上市公司定距变量等权重公司治理总指数分控股股东性质比较的描述性统计结果。2008—2017 年,国有控股上市公司除了 2015 年和 2017 年下降外,均为上升趋势;民营控股上市公司除了 2012 年、2017 年下降外均为上升趋势。需要说明的是,民营控股上市公司上升幅度最大,逐渐拉大了和国有控股上市公司的距离,而国有控股上市公司治理总指数大多位列三者的最低水平。

表5-6　我国农业上市公司定距变量等权重公司治理总指数分控股股东性质比较(2008—2017 年)

控股股东性质	2008	2009	2010	2011	2012	2013	2014	2015	2016	2017
国有控股	26.13	27.15	28.72	28.72	29.83	31.16	32.09	31.49	31.91	31.73
民营控股	27.06	28.49	31.04	31.73	31.23	31.43	32.10	34.02	34.68	33.82
外资控股	—	—	—	—	—	—	—	—	—	—
集体控股	30.53	34.80	34.00	36.20	33.20	34.20	33.00	32.20	31.60	—
社会团体控股	29.20	—	—	—	—	—	—	—	—	—

控股股东性质	2008	2009	2010	2011	2012	2013	2014	2015	2016	2017
职工持股会控股	28.00	—	—	—	—	—	—	—	—	—
其他类型	22.80	—	—	—	—	—	—	—	—	—

三、我国农业上市公司哑变量赋权重公司治理总指数分控股股东性质比较

表5-7是2008—2017年我国农业上市公司哑变量赋权重公司治理总指数分控股股东性质比较的描述性统计结果。2008—2017年,国有控股上市公司除了2015年下降外,均为上升趋势;民营控股上市公司除了2012年、2017年下降外均为上升趋势。需要说明的是,民营控股上市公司上升幅度最大,逐渐拉大了和国有控股上市公司的距离,而国有控股上市公司治理总指数大多位列三者的最低水平。

表5-7　我国农业上市公司哑变量赋权重公司治理总指数分控股股东性质比较(2008—2017年)

控股股东性质	2008	2009	2010	2011	2012	2013	2014	2015	2016	2017
国有控股	26.68	27.41	29.37	29.54	30.21	32.21	32.96	32.37	32.86	33.03
民营控股	26.98	28.69	30.81	32.76	32.51	32.59	33.40	35.38	36.49	35.34
外资控股	—	—	—	—	—	—	—	—	—	—
集体控股	32.17	35.19	33.75	37.61	33.83	35.20	34.03	32.53	34.28	—
社会团体控股	30.43	—	—	—	—	—	—	—	—	—
职工持股会控股	27.11	—	—	—	—	—	—	—	—	—
其他类型	21.35	—	—	—	—	—	—	—	—	—

四、我国农业上市公司定距变量赋权重公司治理总指数分控股股东性质比较

表5-8是2008—2017年我国农业上市公司定距变量赋权重公司治理总指数分控股股东性质比较的描述性统计结果。2008—2017年,国有控股上市公司除了2015年和2017年下降外,均为上升趋势;民营控股上市公司除了2017年下降

外均为上升趋势。需要说明的是,民营控股上市公司上升幅度最大,逐渐拉大了和国有控股上市公司的距离,而国有控股上市公司治理总指数大多位列三者的最低水平。

表5-8　我国农业上市公司定距变量赋权重公司治理总指数分控股股东性质比较(2008—2017年)

控股股东性质	2008	2009	2010	2011	2012	2013	2014	2015	2016	2017
国有控股	26.53	27.42	29.06	29.12	30.25	31.46	32.36	31.69	32.37	32.19
民营控股	27.13	28.69	30.86	31.85	31.89	32.08	32.67	34.45	35.11	34.16
外资控股	—	—	—	—	—	—	—	—	—	—
集体控股	30.75	33.69	33.61	36.09	34.57	35.18	33.54	31.31	32.04	—
社会团体控股	30.13	—	—	—	—	—	—	—	—	—
职工持股会控股	28.70	—	—	—	—	—	—	—	—	—
其他类型	22.19	—	—	—	—	—	—	—	—	—

综上对2008—2017年我国农业上市公司按照控股股东性质进行分类比较可知,近十年来,国有控股、民营控股以及集体控股三类农业上市公司治理总指数,除个别年份外,均呈现上升趋势,其中民营控股农业上市公司上升幅度最大,国有控股农业上市公司治理总指数平均水平最低。该结果反映出,近些年来,民营控股农业上市公司治理总体水平提升较快,平均水平高于国有控股农业上市公司,且差距还在逐渐拉大,国有控股农业上市公司应对自身公司治理能力建设予以高度重视,清楚认识自身在所处行业中的水平,查找不足,提升公司治理水平。

第三节　我国农业上市公司分地区的比较分析

一、我国农业上市公司哑变量等权重公司治理总指数分地区比较

表5-9描述了2008—2017年我国农业上市公司哑变量等权重公司治理总指数分地区比较结果。2008年农业上市公司哑变量等权重公司治理总指数最高的是辽宁,为32.00。2017年农业上市公司哑变量等权重公司治理总指数最高的是广东和广西,均为38.00。

表 5-9 我国农业上市公司哑变量等权重公司治理总指数分地区比较（2008—2017 年）

省（自治区、直辖市）	2008	2009	2010	2011	2012	2013	2014	2015	2016	2017
北京	31.75	31.00	33.00	32.50	30.75	32.50	34.00	31.00	32.50	34.50
天津	—	—	—	—	—	—	—	—	—	—
河北	26.00	26.00	22.00	24.00	25.00	26.00	31.00	36.00	34.00	36.00
山西	—	—	—	—	—	—	—	—	—	—
内蒙古	—	—	—	—	—	—	—	—	—	—
辽宁	32.00	36.00	34.50	36.50	36.00	34.50	36.00	33.00	34.00	34.00
吉林	28.00	28.00	29.00	30.00	31.00	38.00	38.00	—	—	—
黑龙江	27.00	27.00	31.00	33.00	30.50	28.50	31.50	37.50	36.50	36.50
上海	26.00	29.00	28.00	31.00	34.00	34.00	36.00	31.00	35.00	34.50
江苏	—	—	—	—	—	—	—	—	—	—
浙江	26.00									
安徽	28.00	30.00	33.50	34.00	33.00	37.50	35.50	36.00	35.00	36.50
福建	25.50	30.33	31.67	31.33	33.00	32.50	33.75	35.00	35.67	34.00
江西	—	—	—	—	—	—	—	—	—	—
山东	27.80	29.80	30.00	33.67	32.00	32.50	34.33	33.83	34.33	33.33
河南	—	29.00	32.00	34.00	32.50	35.00	34.67	36.33	37.00	36.67
湖北	19.00	21.00	22.00	17.00	20.00	23.00	25.00	—	—	—
湖南	27.33	27.67	32.75	33.75	31.25	32.75	32.50	34.67	36.33	36.33
广东	—	24.00	32.50	35.50	34.50	31.33	30.33	38.00	40.00	38.00
广西	—	—	—	—	35.00	37.00	37.00	39.00	37.00	38.00
海南	30.00	31.00	34.00	31.67	32.00	33.33	35.33	35.00	36.33	35.00
重庆	—	—	—	—	—	—	—	—	—	—
四川	26.33	26.67	—	—	—	—	—	—	—	—
贵州	—	—	—	—	—	—	—	—	—	—
云南	29.00	26.50	25.50	21.00	20.00	24.00	26.00	29.00	30.00	29.50
西藏	—	—	—	—	—	—	—	—	—	—
陕西	23.00	22.00								
甘肃	26.00	25.00	29.50	29.00	31.00	32.00	29.00	33.00	35.33	33.67
青海	—	—	—	—	—	—	—	—	—	—
宁夏	—	—	—	—	—	—	—	—	—	—
新疆	24.67	26.67	27.17	25.50	28.40	30.00	31.20	29.75	30.50	28.75

二、我国农业上市公司定距变量等权重公司治理总指数分地区比较

表 5-10 描述了 2008—2017 年我国农业上市公司定距变量等权重公司治理总指数分地区比较结果。2008 年农业上市公司定距变量等权重公司治理总指数最高的是辽宁。2017 年农业上市公司定距变量等权重公司治理总指数最高的是广西,最低的是新疆。

表 5-10 我国农业上市公司定距变量等权重公司治理总指数分地区比较(2008—2017 年)

省(自治区、直辖市)	2008	2009	2010	2011	2012	2013	2014	2015	2016	2017
北京	29.85	30.36	32.36	31.20	30.35	31.05	33.35	29.20	31.30	32.80
天津	—	—	—	—	—	—	—	—	—	—
河北	26.40	25.60	23.20	23.60	24.20	26.00	30.80	35.20	32.80	33.60
山西	—	—	—	—	—	—	—	—	—	—
内蒙古	—	—	—	—	—	—	—	—	—	—
辽宁	31.00	34.80	34.20	34.80	35.10	34.30	35.40	32.20	31.60	32.60
吉林	29.00	28.80	28.40	30.00	31.80	36.60	36.60	—		
黑龙江	28.00	26.80	31.70	32.40	30.20	28.40	31.30	37.10	35.60	35.10
上海	27.00	29.00	26.60	29.60	32.60	31.80	34.20	30.40	33.90	32.20
江苏	—	—	—	—	—	—	—	—	—	—
浙江	27.00									
安徽	28.60	31.00	33.70	34.20	32.80	34.80	33.10	34.50	33.00	35.40
福建	25.50	30.07	30.80	30.87	32.60	31.90	32.65	33.27	34.73	32.67
江西	—	—	—	—	—	—	—	—	—	—
山东	27.68	29.36	29.70	32.67	31.47	32.07	33.23	33.30	33.00	32.87
河南	—	30.00	32.30	32.40	31.60	33.90	34.67	35.93	35.13	35.60
湖北	19.20	21.40	21.00	17.40	21.40	22.80	23.60			
湖南	27.80	28.53	31.90	31.90	30.60	31.60	31.85	32.93	35.00	35.00
广东	—	24.80	32.60	34.20	32.50	30.93	29.00	34.50	36.70	35.30
广西	—	—	—	—	34.00	35.60	33.60	36.80	34.60	37.00
海南	29.20	29.60	31.20	30.33	31.33	32.47	33.80	33.13	34.40	32.47
重庆	—	—	—	—	—	—	—	—	—	—

续表

省(自治区、直辖市)	2008	2009	2010	2011	2012	2013	2014	2015	2016	2017
四川	25.33	25.27	—	—	—	—	—	—	—	—
贵州	—	—	—	—	—	—	—	—	—	—
云南	29.20	27.50	25.30	21.40	20.80	24.20	25.80	27.60	29.80	28.90
西藏	—	—	—	—	—	—	—	—	—	—
陕西	23.00	21.00	—	—	—	—	—	—	—	—
甘肃	25.30	24.80	29.20	29.00	30.10	30.80	28.30	32.47	33.53	31.80
青海	—	—	—	—	—	—	—	—	—	—
宁夏	—	—	—	—	—	—	—	—	—	—
新疆	25.30	26.47	27.13	25.05	28.32	29.96	30.68	30.25	30.95	28.70

三、我国农业上市公司哑变量赋权重公司治理总指数分地区比较

表 5-11 描述了 2008—2017 年我国农业上市公司哑变量赋权重公司治理总指数的分地区比较结果。2008 年农业上市公司哑变量赋权重公司治理总指数最高的是辽宁，为 31.67。2017 年农业上市公司哑变量赋权重公司治理总指数最高的是广西，为 38.73。

表 5-11　我国农业上市公司哑变量赋权重公司治理总指数分地区比较(2008—2017 年)

省(自治区、直辖市)	2008	2009	2010	2011	2012	2013	2014	2015	2016	2017
北京	31.00	30.83	32.75	32.08	31.00	32.26	33.67	29.46	32.14	34.66
天津	—	—	—	—	—	—	—	—	—	—
河北	27.15	26.14	22.49	24.10	25.48	26.79	30.98	35.17	33.71	34.96
山西	—	—	—	—	—	—	—	—	—	—
内蒙古	—	—	—	—	—	—	—	—	—	—
辽宁	31.67	35.19	33.82	35.90	36.18	35.35	36.83	32.53	34.28	33.69
吉林	28.48	28.59	29.46	30.28	29.91	38.23	37.78	—	—	—
黑龙江	27.11	27.68	31.10	33.04	30.14	28.35	31.49	38.14	36.54	36.60
上海	27.88	29.60	28.58	31.01	35.11	35.05	36.72	32.05	35.18	35.67

续表

省（自治区、直辖市）	2008	2009	2010	2011	2012	2013	2014	2015	2016	2017
江苏	—	—	—	—	—	—	—	—	—	—
浙江	24.15									
安徽	28.70	29.34	33.29	34.89	33.21	38.60	36.30	36.28	36.01	37.27
福建	25.70	30.62	31.18	31.55	34.50	33.19	34.34	35.29	35.94	34.71
江西	—	—	—	—	—	—	—	—	—	—
山东	28.33	29.50	29.69	33.84	32.56	33.08	34.70	33.98	33.80	33.25
河南	—	29.06	30.74	32.32	31.03	33.77	33.65	35.89	36.18	35.84
湖北	19.40	20.53	22.35	17.43	20.87	23.39	25.29	—	—	—
湖南	27.82	28.47	33.04	33.56	32.28	33.07	33.09	34.92	37.22	36.82
广东	—	25.02	32.47	36.00	34.79	32.35	30.07	38.50	40.90	38.37
广西	—	—	—	—	35.37	36.91	37.53	39.24	36.83	38.73
海南	30.43	31.38	34.02	32.13	31.74	33.07	35.86	36.12	37.46	35.11
重庆	—	—	—	—	—	—	—	—	—	—
四川	26.60	27.17								
贵州	—	—	—	—	—	—	—	—	—	—
云南	29.13	25.57	24.50	22.08	20.70	24.33	25.33	28.72	30.13	29.06
西藏	—	—	—	—	—	—	—	—	—	—
陕西	22.95	21.73								
甘肃	26.09	24.85	29.58	28.80	30.53	32.36	29.53	32.56	35.29	33.77
青海	—	—	—	—	—	—	—	—	—	—
宁夏										
新疆	24.83	26.73	27.22	25.87	28.98	30.32	31.08	29.84	30.87	28.89

四、我国农业上市公司定距变量赋权重公司治理总指数分地区比较

表 5-12 描述了 2008—2017 年我国农业上市公司定距变量赋权重公司治理总指数的分地区比较结果。2008 年农业上市公司定距变量赋权重公司治理总指数最高的是辽宁，为 30.60。2017 年农业上市公司定距变量赋权重公司治理总指数最高的是广西，为 37.60。

表5-12　我国农业上市公司定距变量赋权重公司治理总指数分地区比较（2008—2017年）

省(自治区、直辖市)	2008	2009	2010	2011	2012	2013	2014	2015	2016	2017
北京	29.40	30.21	32.37	31.24	30.92	31.04	33.48	28.26	31.25	33.28
天津	—	—	—	—	—	—	—	—	—	—
河北	27.04	25.69	23.68	23.61	24.84	26.54	30.64	34.33	32.67	33.30
山西	—	—	—	—	—	—	—	—	—	—
内蒙古	—	—	—	—	—	—	—	—	—	—
辽宁	30.60	33.69	33.94	34.59	36.05	35.32	35.95	31.31	32.04	32.47
吉林	29.10	29.01	28.95	30.30	30.98	36.83	36.74	—	—	—
黑龙江	28.70	27.79	32.34	32.47	30.00	28.60	31.44	37.41	35.56	35.18
上海	29.08	30.46	27.91	30.95	34.00	32.52	34.75	31.16	34.60	33.84
江苏	—	—	—	—	—	—	—	—	—	—
浙江	25.33	—	—	—	—	—	—	—	—	—
安徽	29.12	30.52	33.56	34.89	33.39	35.90	34.10	35.17	33.67	36.07
福建	26.18	30.44	30.43	30.89	34.14	32.88	33.89	34.10	35.65	33.92
江西	—	—	—	—	—	—	—	—	—	—
山东	28.16	29.24	29.42	32.83	31.85	32.76	33.80	33.48	32.87	32.97
河南	—	29.60	31.41	31.62	30.85	33.56	34.38	36.16	35.26	35.18
湖北	19.53	20.76	21.44	17.86	22.18	23.11	23.73	—	—	—
湖南	28.32	29.73	32.46	32.05	31.71	32.20	33.06	33.71	36.16	35.82
广东	—	25.91	32.49	34.61	32.89	31.70	29.14	35.29	37.67	36.09
广西	—	—	—	—	—	34.91	35.66	34.31	37.33	35.36	37.60
海南	30.13	30.26	31.78	31.34	31.73	32.76	34.53	34.43	35.22	32.88
重庆	—	—	—	—	—	—	—	—	—	—
四川	25.63	26.02	—	—	—	—	—	—	—	—
贵州	—	—	—	—	—	—	—	—	—	—
云南	28.87	26.84	24.76	22.44	21.62	24.94	25.52	27.80	30.12	29.14
西藏	—	—	—	—	—	—	—	—	—	—
陕西	23.07	21.37	—	—	—	—	—	—	—	—
甘肃	25.43	24.59	29.31	28.85	30.00	31.43	28.75	32.27	33.98	32.28
青海	—	—	—	—	—	—	—	—	—	—
宁夏	—	—	—	—	—	—	—	—	—	—
新疆	25.51	26.81	27.47	25.59	28.95	30.22	30.63	30.36	31.44	28.61

综上对 2008—2017 年我国农业上市公司按照所在地区进行分类比较可知，各地区农业上市公司治理指数各不相同，且存在较大差异。2008 年，农业上市公司治理总指数最高的是辽宁；但到 2017 年，公司治理总指数最高的是广西，辽宁成为公司治理总指数较低的省份之一，其他指数较低的还有新疆、云南、甘肃等。该结果反映出，近年来，虽然农业上市公司治理整体水平呈上升趋势，但各地区农业上市公司治理能力提升速度不相同，部分省如辽宁的农业上市公司治理能力改进有限，成为公司治理能力较弱的省份，该省的农业上市公司以及监管机构应对此予以关注。

第四节　我国农业上市公司分市场板块的比较分析

一、我国农业上市公司哑变量等权重公司治理总指数分市场板块比较

表 5-13 是 2008—2017 年我国农业上市公司各板块哑变量等权重公司治理总指数的描述性统计结果。2008—2017 年，各板块该指数总体上呈现上升趋势，主板上升幅度最大。2008—2015 年中除 2013 年低于创业板外，其他各年中小企业板该指数最高。2016—2017 年，创业板超过中小企业板，位于各板块最高，表明中小企业板公司治理水平总体较高，创业板公司治理水平发展迅猛。主板该指数每年在三个板块中均最低，但与中小企业板和创业板的差距在逐渐缩小。

表 5-13　我国农业上市公司哑变量等权重公司治理总指数分市场板块比较（2008—2017 年）

市场板块	2008	2009	2010	2011	2012	2013	2014	2015	2016	2017
主板	26.44	27.28	28.78	28.96	29.38	30.67	32.15	33.45	33.35	33.00
中小企业板	31.00	31.38	33.17	35.80	33.75	33.83	34.62	34.64	35.86	35.36
创业板	—	—	32.75	35.00	33.50	35.50	33.83	34.40	37.33	35.67

二、我国农业上市公司定距变量等权重公司治理总指数分市场板块比较

表 5-14 是 2008—2017 年我国农业上市公司各板块定距变量等权重公司治理总指数的描述性统计结果。2010—2017 年，主板和中小企业板该指数总体呈

现上升趋势,主板上升幅度较大,创业板处于不断的波动中,无明显变动趋势,但2017年三个板块均出现了不同幅度的下降。2008—2017年,中小企业板和创业板该指数显著高于主板,表明其公司治理水平明显优于主板,但主板与二者的差距在逐渐缩小。中小企业板与创业板公司治理水平整体上相近。

表5-14　我国农业上市公司定距变量等权重公司治理总指数分市场板块比较(2008—2017年)

市场板块	2008	2009	2010	2011	2012	2013	2014	2015	2016	2017
主板	26.45	26.97	28.32	28.28	29.32	29.99	31.39	32.48	32.50	32.03
中小企业板	30.20	31.68	32.87	34.14	32.77	32.92	33.62	33.51	34.17	34.13
创业板	—	—	33.05	34.28	32.07	34.57	32.17	33.12	35.23	33.13

三、我国农业上市公司哑变量赋权重公司治理总指数分市场板块比较

表5-15是2008—2017年我国农业上市公司各板块哑变量赋权重公司治理总指数的描述性统计结果。2008—2017年,各板块该指数总体上呈现上升趋势,主板上升幅度最大,但2017年三个板块均出现了不同幅度的下降。整体上创业板该指数最高,主板指数最低,表明我国农业上市公司中创业板治理水平最佳,主板治理水平最差,但主板与创业板、中小企业板之间的差距在逐渐缩小。

表5-15　我国农业上市公司哑变量赋权重公司治理总指数分市场板块比较(2008—2017年)

市场板块	2008	2009	2010	2011	2012	2013	2014	2015	2016	2017
主板	26.61	27.44	28.91	29.18	29.77	31.09	32.34	33.51	33.68	33.25
中小企业板	31.24	30.99	32.32	35.14	33.98	33.81	34.60	34.40	35.49	35.26
创业板	—	—	32.61	35.35	34.02	36.15	34.28	35.38	38.12	35.98

四、我国农业上市公司定距变量赋权重公司治理总指数分市场板块比较

表5-16是2008—2017年我国农业上市公司各板块定距变量赋权重公司治理总指数的描述性统计结果。2008—2017年,主板该指数总体上呈现波动上升趋势且上升幅度较大,创业板该指数处于不断波动中,总体上略微上升,但2017年三个板块均出现了不同幅度的下降。创业板和中小企业板该指数明显高于主

板,表明其公司治理水平优于主板,但主板与创业板、中小企业板之间的差距在逐渐缩小。创业板与中小企业板的公司治理水平相近。

表5-16　我国农业上市公司定距变量赋权重公司治理总指数分市场板块比较(2008—2017年)

市场板块	2008	2009	2010	2011	2012	2013	2014	2015	2016	2017
主板	26.69	27.35	28.72	28.73	29.87	30.54	31.75	32.76	32.99	32.48
中小企业板	30.38	31.18	32.24	33.81	33.28	33.25	34.10	33.58	34.35	34.32
创业板	—	—	32.83	34.63	32.82	35.19	32.91	34.20	36.14	33.84

综上对2008—2017年我国农业上市公司按照所在不同市场板块进行分类比较可知,主板、中小企业板和创业板各板块农业上市公司治理表现不同。总体来看,中小企业板和创业板公司治理总指数显著高于主板,表明其公司治理水平明显优于主板,但主板与二者的差距在逐渐缩小,中小企业板与创业板公司治理水平整体上相近。监管机构应特别加强对主板上市农业公司的关注和督导。

第六章
我国农业上市公司治理维度分析

第一节　我国农业上市公司股东治理维度分析

一、我国农业上市公司股东治理情况历年描述

表6-1反映了2008—2017年我国农业上市公司哑变量等权重股东治理分指数的描述性统计结果。2008—2017年,该指数的平均值为6.83,中位数为7.00,标准差为1.45,最大值和最小值分别为10.00和2.00。我国农业上市公司哑变量等权重股东治理分指数的平均值在2008—2010年呈逐年上升趋势,2010—2012年呈逐年下降趋势,2012—2016年呈逐年上升趋势,2017年较2016年略有下降,但总体上该指数呈上升趋势,表明我国农业上市公司股东治理水平虽有波动,但总体上在提高。

表6-1　我国农业上市公司哑变量等权重股东治理分指数描述性统计(2008—2017年)

年份	平均值	标准差	中位数	最小值	最大值
2008	6.24	1.50	6.00	4.00	9.00
2009	6.35	1.42	7.00	2.00	9.00
2010	6.98	1.47	7.00	4.00	10.00
2011	6.85	1.53	7.00	4.00	10.00
2012	6.43	1.39	7.00	4.00	9.00
2013	6.58	1.59	6.00	3.00	9.00
2014	7.09	1.43	7.00	4.00	10.00
2015	7.31	1.08	7.00	5.00	9.00

年份	平均值	标准差	中位数	最小值	最大值
2016	7.42	1.28	7.00	5.00	10.00
2017	7.05	1.38	7.00	4.00	10.00
合计	6.83	1.45	7.00	2.00	10.00

表 6-2 反映了 2008—2017 年我国农业上市公司定距变量等权重股东治理分指数的描述性统计结果。2008—2017 年,该指数的平均值为 6.44,中位数为 6.60,标准差为 1.21,最大值和最小值分别为 9.40 和 2.40。我国农业上市公司定距变量等权重股东治理分指数的平均值处于不断的波动中,但总体水平没有明显变化,表明我国农业上市公司股东治理水平总体保持平稳。

表 6-2 我国农业上市公司定距变量等权重股东治理分指数描述性统计(2008—2017 年)

年份	平均值	标准差	中位数	最小值	最大值
2008	6.35	1.47	6.80	3.80	9.20
2009	6.27	1.40	6.60	2.40	8.60
2010	6.80	1.30	6.80	4.20	9.00
2011	6.49	1.33	6.40	3.60	9.40
2012	5.97	1.07	6.20	3.80	8.20
2013	6.17	1.25	6.20	3.40	8.20
2014	6.51	1.06	6.80	4.40	8.40
2015	6.76	0.90	6.80	5.20	9.00
2016	6.63	0.97	6.40	4.80	9.40
2017	6.43	1.08	6.40	3.40	8.40
合计	6.44	1.21	6.60	2.40	9.40

图 6-1 描述了 2008—2017 年我国农业上市公司股东治理分指数平均值的变化趋势,两个指数的平均值均处于不断的波动中;2008 年的定距变量等权重股东治理分指数平均值高于哑变量等权重股东治理分指数平均值;2009—2017 年,哑变量等权重股东治理分指数平均值始终高于定距变量等权重股东治理分指数平均值。

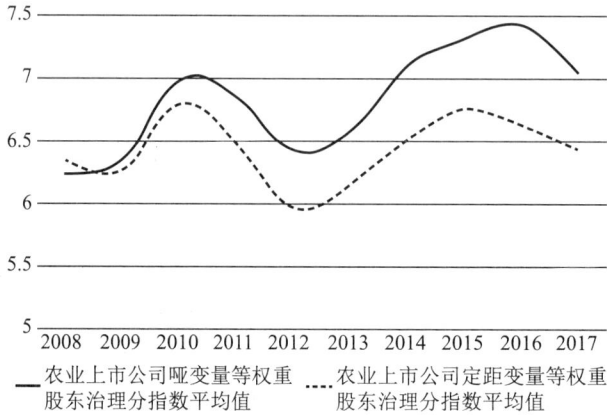

图 6-1　2008—2017 年我国农业上市公司股东治理分指数平均值趋势图

二、我国农业上市公司分控股股东性质的比较分析

表 6-3 反映了 2008—2017 年我国农业上市公司哑变量等权重股东治理分指数分控股股东性质比较的描述性统计结果。国有控股上市公司在 2010—2012 年、2016 年有所下降，其他时间均呈现上升趋势；集体控股上市公司在 2009 年、2011 年、2012 年和 2013 年有所下降，其他时间大体呈现上升趋势；民营控股上市公司在 2009 年、2011 年、2012 年、2017 年有所下降，其他时间均呈现上升趋势。需要说明的是，近年来民营控股上市公司的股东治理分指数超过国有控股上市公司，而国有控股上市公司一直位于三者的最低水平。

表 6-3　我国农业上市公司哑变量等权重股东治理分指数分控股股东性质比较（2008—2017 年）

控股股东性质	2008	2009	2010	2011	2012	2013	2014	2015	2016	2017
国有控股	5.93	6.77	6.75	6.63	6.30	6.53	7.05	7.25	6.75	6.94
民营控股	6.24	5.76	7.05	6.95	6.52	6.64	7.12	7.36	7.83	7.13
外资控股	—	—	—	—	—	—	—	—	—	—
集体控股	7.67	7.00	10.00	9.00	7.00	6.00	7.00	7.00	9.00	—
社会团体控股	5.00	—	—	—	—	—	—	—	—	—
职工持股会控股	8.00	—	—	—	—	—	—	—	—	—
其他类型	6.00	—	—	—	—	—	—	—	—	—

表 6-4 反映了 2008—2017 年我国农业上市公司定距变量等权重股东治理分指数分控股股东性质比较的描述性统计结果。国有控股上市公司在 2010—

2012 年、2016 年有所下降,其他时间均呈现上升趋势;集体控股上市公司在 2011年、2012 年和 2013 年有所下降,其他时间均呈现上升趋势;民营控股上市公司在 2009 年、2011 年、2012 年、2016 年、2017 年有所下降,其他时间均呈现上升趋势。需要说明的是,民营控股上市公司的股东治理分指数超过国有控股上市公司,而国有控股上市公司一直位于三者的最低水平。

表6-4　我国农业上市公司定距变量等权重股东治理分指数分控股股东性质比较(2008—2017 年)

控股股东性质	2008	2009	2010	2011	2012	2013	2014	2015	2016	2017
国有控股	6.19	6.53	6.48	6.28	5.89	6.06	6.64	6.66	6.29	6.44
民营控股	6.38	5.87	6.99	6.58	5.99	6.23	6.38	6.80	6.79	6.43
外资控股	—	—	—	—	—	—	—	—	—	—
集体控股	7.20	7.40	9.00	8.40	7.20	6.80	7.60	7.60	8.20	
社会团体控股	4.00									
职工持股会控股	7.60	—	—	—	—	—	—	—	—	
其他类型	6.80	—	—	—	—	—	—	—	—	

三、我国农业上市公司分地区的比较分析

表 6-5 描述了 2008—2017 年我国农业上市公司哑变量等权重股东治理分指数的分地区比较结果。2008 年农业上市公司哑变量等权重股东治理分指数最高的是北京、黑龙江和辽宁,均为 8.00。2017 年农业上市公司哑变量等权重股东治理分指数最高的是河北,为 9.00。

表6-5　我国农业上市公司哑变量等权重股东治理分指数分地区比较(2008—2017 年)

省(自治区、直辖市)	2008	2009	2010	2011	2012	2013	2014	2015	2016	2017
北京	8.00	7.00	7.40	7.25	6.25	6.75	7.75	7.50	7.00	7.00
天津	—	—	—	—	—	—	—	—	—	—
河北	6.00	7.00	5.00	6.00	6.00	5.00	7.00	8.00	7.00	9.00
山西	—	—	—	—	—	—	—	—	—	—
内蒙古	—	—	—	—	—	—	—	—	—	—
辽宁	8.00	7.00	8.50	7.50	7.50	6.00	6.50	7.00	9.00	7.00
吉林	7.00	7.00	6.00	6.00	6.00	6.00	8.00	—	—	—

省（自治区、直辖市）	2008	2009	2010	2011	2012	2013	2014	2015	2016	2017
黑龙江	8.00	7.00	7.50	8.00	7.00	6.00	7.00	7.50	8.00	8.50
上海	7.00	8.00	9.00	9.00	8.00	9.00	9.00	8.00	8.50	7.50
江苏	—	—	—	—	—	—	—	—	—	—
浙江	7.00	—	—	—	—	—	—	—	—	—
安徽	6.00	7.00	7.50	7.00	7.00	7.50	8.00	8.50	7.50	7.00
福建	5.50	6.00	6.67	7.00	6.00	6.25	6.75	7.67	8.00	6.33
江西	—	—	—	—	—	—	—	—	—	—
山东	6.00	6.80	7.17	7.17	6.50	6.67	7.00	7.00	7.67	6.67
河南	—	6.00	8.50	8.50	9.00	9.00	8.33	8.00	8.00	7.67
湖北	4.00	5.00	4.00	4.00	4.00	5.00	5.00	—	—	—
湖南	5.67	5.67	6.50	7.00	6.25	6.75	7.00	7.33	7.33	7.67
广东	—	5.00	8.00	7.00	7.00	5.00	6.00	8.50	8.00	7.50
广西	—	—	—	—	8.00	8.00	9.00	8.00	9.00	7.00
海南	5.00	5.00	6.00	5.67	6.00	7.00	7.00	6.00	6.33	6.33
重庆	—	—	—	—	—	—	—	—	—	—
四川	5.00	4.67	—	—	—	—	—	—	—	—
贵州	—	—	—	—	—	—	—	—	—	—
云南	7.50	7.00	7.50	5.00	5.00	7.00	7.00	7.00	7.00	7.50
西藏	—	—	—	—	—	—	—	—	—	—
陕西	7.00	6.00	—	—	—	—	—	—	—	—
甘肃	5.50	6.50	6.00	7.00	7.00	6.50	5.50	7.33	7.33	7.33
青海	—	—	—	—	—	—	—	—	—	—
宁夏	—	—	—	—	—	—	—	—	—	—
新疆	5.83	6.50	6.17	5.75	5.20	6.20	7.00	6.25	5.75	5.75

表 6-6 描述了 2008—2017 年我国农业上市公司定距变量等权重股东治理分指数分地区比较结果。2008 年农业上市公司定距变量等权重股东治理分指数最高的是云南，为 8.30。2017 年农业上市公司定距变量等权重股东治理分指数最高的是黑龙江，为 8.10。

表6-6　我国农业上市公司定距变量等权重股东治理分指数分地区比较(2008—2017年)

省(自治区、直辖市)	2008	2009	2010	2011	2012	2013	2014	2015	2016	2017
安徽	6.60	7.20	7.30	6.80	6.10	6.20	6.60	7.00	6.80	6.40
北京	7.40	6.88	6.88	6.50	5.85	6.50	7.15	6.70	6.60	6.20
福建	5.00	5.93	6.53	7.07	5.85	5.85	6.05	6.73	7.20	5.87
甘肃	5.70	6.40	6.40	7.00	5.70	5.50	5.40	6.27	6.00	6.20
广东	—	5.00	8.10	6.50	6.30	5.40	5.53	7.00	6.80	6.60
广西	—	—	—	—	6.80			6.80		6.40
海南	4.00	4.40	5.00	5.20	5.47	6.27	6.33	5.67	6.00	5.80
河北	7.20	6.80	5.20	6.20	5.40	5.20	7.00	8.20	6.00	6.60
河南	—	7.20	8.20	7.30	7.60	7.60	7.40	7.33	6.60	7.00
黑龙江	7.60	6.80	7.30	8.00	6.60	5.70	7.00	7.90	7.90	8.10
湖北	4.20	5.60	4.20	4.00	4.00	5.00	5.00	—		
湖南	5.87	5.20	6.35	6.30	5.95	6.25	5.95	6.53	6.60	6.87
吉林	7.40	7.40	6.80	6.40	6.60	6.80	8.20	—	—	
辽宁	7.60	7.40	8.30	6.50	6.70	6.10	6.80	7.60	8.20	7.00
山东	6.36	6.76	7.17	7.07	6.33	6.23	6.50	6.87	6.73	6.37
陕西	6.80	5.20	—							
上海	7.00	6.60	7.80	7.40	6.80	8.00	7.80	7.60	7.60	6.30
四川	5.13	4.33	—	—	—					
新疆	6.20	6.50	6.07	5.55	5.04	6.16	6.72	6.55	5.90	6.10
云南	8.30	7.40	6.70	5.20	5.00	6.20	6.00	5.70	5.70	6.20
浙江	7.00			—	—					

四、我国农业上市公司分市场板块的比较分析

表6-7反映了2008—2017年我国农业上市公司哑变量等权重股东治理分指数分市场板块比较的描述性统计结果。整体来看,各板块股东治理水平没有明显的时间变动趋势。创业板和中小企业板该指数各年明显高于主板,表明其股东治理水平优于主板,但主板与创业板、中小企业板之间的差距在逐渐缩小。创业板与中小企业板的股东治理水平相近。

表6-7　我国农业上市公司哑变量等权重股东治理分指数分市场板块比较（2008—2017年）

市场板块	2008	2009	2010	2011	2012	2013	2014	2015	2016	2017
主板	6.13	6.31	6.37	6.31	5.96	6.11	6.70	7.10	6.80	6.90
中小企业板	7.00	6.50	8.00	8.00	7.33	7.25	7.62	7.50	8.07	7.14
创业板	—	—	8.00	7.40	6.67	7.33	7.67	7.60	8.00	7.33

表6-8反映了2008—2017年我国农业上市公司定距变量等权重股东治理分指数分市场板块比较的描述性统计结果。主板该指数在2008—2013年总体上呈下降趋势，2014—2017波动变化；中小企业板该指数在2008—2010年整体上升，2011年之后开始波动变化；创业板该指数总体呈下降趋势，且下降幅度在三者中最大。整体来看各板块股东治理水平没有明显的时间变动趋势。除2015年创业板略低于主板外，其他各年中小企业板和创业板均高于主板，表明其股东治理水平优于主板，但主板与创业板、中小企业板之间的差距在逐渐缩小，甚至在2015年略高于创业板。创业板与中小企业板之间的股东治理水平相近。

表6-8　我国农业上市公司定距变量等权重股东治理分指数分市场板块比较（2008—2017年）

市场板块	2008	2009	2010	2011	2012	2013	2014	2015	2016	2017
主板	6.26	6.08	6.20	6.12	5.71	5.83	6.41	6.75	6.37	6.38
中小企业板	6.92	7.03	7.70	7.18	6.60	6.55	6.72	6.86	6.83	6.53
创业板	—	—	8.15	7.00	5.87	6.97	6.53	6.56	7.00	6.40

综上分析，股东治理维度下，我国农业上市公司哑变量等权重董事会治理分指数和定距变量等权重股东治理分指数在2016—2017年出现下降。其中，集体控股农业上市公司两类股东治理分指数较其他控股股东性质农业上市公司而言整体较高，上海和河南农业上市公司两类股东治理分指数较其他地区农业上市公司而言整体较高，中小企业板和创业板农业上市公司两类股东治理分指数整体高于主板农业上市公司。

五、我国农业上市公司股东治理维度各指标分析

本书使用哑变量法和定距变量法，分别对反映农业上市公司股东治理的12项指标在2008—2017年的情况进行统计分析。整体来看，农业上市公司股东治理各项指标值呈上升趋势，特别是在未给控股股东提供担保、募集资金投向未发

生变更等方面一直保持良好的治理水平。但从股东整体治理情况来看,水平仍然比较低。表6-9和表6-10反映了我国农业上市公司哑变量和定距变量股东治理各指数平均水平的描述性统计结果。通过统计分析可以看出,我国农业上市公司股东治理的具体问题主要有:股权结构不稳定,主要股东持股变动比较频繁;股东大会出席率不高,股东行权意识比较淡薄;公司与股东方(主要是前十大股东)以及各相关方的关联交易逐年增多,关联交易风险增大;股东股权质押呈逐年增长趋势,股东资质和出资能力下降;从投资者关系维护来看,农业上市公司分红情况较少;邀请机构投资者到公司开展调研等情况较少;机构投资者整体持股比例较低,且不稳定,维护与投资者关系的能力亟待提升。

表6-9 股东治理指标哑变量法评分描述性统计

指标名称	平均值	标准差	中位数	最小值	最大值
股东大会出席率	0.41	0.49	0.00	0.00	1.00
第一大股东持股比例	0.46	0.50	0.00	0.00	1.00
第一大股东与第二大股东持股比例比值	0.43	0.50	0.00	0.00	1.00
前十大股东是否存在关联交易	0.59	0.49	1.00	0.00	1.00
募集资金投向是否发生变更	0.95	0.22	1.00	0.00	1.00
股权质押比例情况	0.79	0.41	1.00	0.00	1.00
是否给控股股东担保	0.99	0.12	1.00	0.00	1.00
是否分红	0.49	0.50	0.00	0.00	1.00
关联交易占比情况	0.42	0.49	0.00	0.00	1.00
投资者关系活动开展:调研	0.25	0.43	0.00	0.00	1.00
机构投资者持股比例	0.45	0.50	0.00	0.00	1.00
是否导入网络投票	0.60	0.49	1.00	1.00	1.00

表6-10 股东治理指标定距变量法评分描述性统计

指标名称	平均值	标准差	中位数	最小值	最大值
股东大会出席率	0.38	0.27	0.40	0.00	1.00
第一大股东持股比例	—	—	—	—	—
第一大股东与第二大股东持股比例比值	0.43	0.35	0.40	0.00	1.00
前十大股东是否存在关联交易	—	—	—	—	—
募集资金投向是否发生变更	—	—	—	—	—

指标名称	平均值	标准差	中位数	最小值	最大值
股权质押比例情况	0.78	0.35	1.00	0.00	1.00
是否给控股股东担保	—	—	—	—	—
是否分红	0.33	0.39	0.00	0.00	1.00
关联交易占比情况	0.43	0.32	0.40	0.00	1.00
投资者关系活动开展:调研	0.10	0.25	0.00	0.00	1.00
机构投资者持股比例	0.40	0.37	0.20	0.00	1.00
是否导入网络投票	—	—	—	—	—

第二节　我国农业上市公司董事会治理维度分析

一、我国农业上市公司董事会治理情况历年描述

表6-11反映了2008—2017年我国农业上市公司哑变量等权重董事会治理分指数的描述性统计结果。2008—2017年,该指数的平均值为6.15,中位数为6.00,标准差为1.34,最大值和最小值分别为9.00和3.00。我国农业上市公司哑变量等权重董事会治理分指数的平均值除在2010年与2012年略有下降外,其余各年均呈逐年上升的趋势,表明我国农业上市公司董事会治理水平总体上不断提升。

表6-11　我国农业上市公司哑变量等权重董事会治理分指数描述性统计(2008—2017年)

年份	平均值	标准差	中位数	最小值	最大值
2008	5.16	1.09	5.00	3.00	7.00
2009	5.70	1.02	6.00	4.00	8.00
2010	5.60	1.31	6.00	3.00	9.00
2011	6.17	1.41	6.00	3.00	8.00
2012	6.07	1.34	6.00	3.00	9.00
2013	6.22	1.35	6.00	4.00	9.00
2014	6.30	1.09	6.00	3.00	9.00
2015	6.72	1.15	7.00	4.00	9.00

续表

年份	平均值	标准差	中位数	最小值	最大值
2016	6.75	1.17	7.00	3.00	9.00
2017	6.78	1.51	7.00	4.00	9.00
合计	6.15	1.34	6.00	3.00	9.00

表 6-12 反映了 2008—2017 年我国农业上市公司定距变量等权重董事会治理分指数的描述性统计结果。2008—2017 年,该指数的平均值为 6.05,中位数为 6.00,标准差为 0.97,最大值和最小值分别为 8.20 和 3.40。我国农业上市公司定距变量等权重董事会治理分指数的平均值除在 2010 年和 2017 年略有下降外,其他各年均呈逐年上升的趋势,表明我国农业上市公司董事会治理水平总体上不断提升。

表 6-12　我国农业上市公司定距变量等权重董事会治理分指数描述性统计(2008—2017 年)

年份	平均值	标准差	中位数	最小值	最大值
2008	5.26	0.68	5.20	4.00	6.60
2009	5.62	0.66	5.60	4.40	7.00
2010	5.59	1.02	5.60	3.80	7.40
2011	5.86	0.95	6.00	3.40	7.80
2012	6.13	0.87	6.20	4.40	7.80
2013	6.18	0.86	6.20	4.20	7.60
2014	6.20	0.83	6.20	4.00	8.00
2015	6.47	0.86	6.40	4.40	8.00
2016	6.58	0.88	6.70	4.40	8.00
2017	6.55	1.16	6.80	4.00	8.20
合计	6.05	0.97	6.00	3.40	8.20

图 6-2 描述了 2008—2017 年我国农业上市公司董事会治理分指数平均值的变化趋势,两个指数的平均值除在个别年份出现下降外,总体上呈逐年上升趋势;除 2008 年、2012 年的农业上市公司定距变量等权重董事会治理分指数平均值高于哑变量等权重董事会治理分指数平均值外,其他年份哑变量等权重董事会治理分指数平均值始终高于定距变量等权重董事会治理分指数平均值。

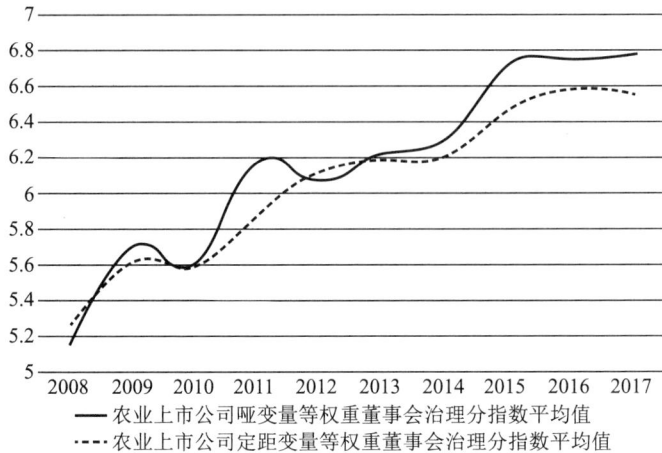

图 6-2　2008—2017 年农业上市公司董事会治理分指数平均值趋势图

二、我国农业上市公司分控股股东性质的比较分析

表 6-13 反映了 2008—2017 年我国农业上市公司哑变量等权重董事会治理分指数分控股股东性质比较的描述性统计结果。2008—2017 年，国有控股上市公司、集体控股上市公司和民营控股上市公司的董事会治理分指数总体上呈现上升趋势，其中民营控股上市公司上升幅度最大，迅速超过了国有控股上市公司，而国有控股上市公司的董事会治理分指数大多位列三者的最低水平。

表6-13　我国农业上市公司哑变量等权重董事会治理分指数分控股股东性质比较（2008—2017 年）

控股股东性质	2008	2009	2010	2011	2012	2013	2014	2015	2016	2017
国有控股	5.29	5.32	5.20	5.68	5.25	5.74	6.37	6.19	6.38	6.00
民营控股	5.00	6.06	5.91	6.52	6.70	6.52	6.19	7.05	6.96	7.35
外资控股	—	—	—	—	—	—	—	—	—	—
集体控股	6.00	8.00	7.00	8.00	8.00	8.00	8.00	8.00	8.00	—
社会团体控股	5.00	—	—	—	—	—	—	—	—	—
职工持股会控股	4.00	—	—	—	—	—	—	—	—	—
其他类型	5.00	—	—	—	—	—	—	—	—	—

表 6-14 反映了 2008—2017 年我国农业上市公司定距变量等权重董事会治理分指数分控股股东性质比较的描述性统计结果。2008—2017 年，国有控股上

市公司、集体控股上市公司和民营控股上市公司的董事会治理分指数总体上呈现上升趋势,其中民营控股上市公司上升幅度最大,迅速超过了国有控股上市公司,而国有控股上市公司的董事会治理分指数大多位列三者的最低水平。

表6-14 我国农业上市公司定距变量等权重董事会治理分指数分控股股东性质比较(2008—2017年)

控股股东性质	2008	2009	2010	2011	2012	2013	2014	2015	2016	2017
国有控股	5.33	5.32	5.11	5.46	5.55	5.74	6.09	5.99	6.18	5.87
民营控股	5.11	5.92	5.98	6.18	6.57	6.46	6.22	6.77	6.82	7.05
外资控股	—	—	—	—	—	—	—	—	—	—
集体控股	5.93	7.00	6.60	6.80	7.60	7.60	7.80	7.40	7.40	—
社会团体控股	6.00	—	—	—	—	—	—	—	—	—
职工持股会控股	4.80	—	—	—	—	—	—	—	—	—
其他类型	4.80	—	—	—	—	—	—	—	—	—

三、我国农业上市公司分地区的比较分析

表6-15描述了2008—2017年我国农业上市公司哑变量等权重董事会治理分指数的分地区比较结果。2008年农业上市公司哑变量等权重董事会治理分指数最高的是辽宁,为7.00。2017年农业上市公司哑变量等权重董事会治理分指数最高的是北京、广东、广西、辽宁以及河南,为8.00。

表6-15 我国农业上市公司哑变量等权重董事会治理分指数分地区比较(2008—2017年)

省(自治区、直辖市)	2008	2009	2010	2011	2012	2013	2014	2015	2016	2017
北京	6.00	5.80	5.00	5.50	5.50	5.50	5.75	6.50	7.00	8.00
大津	—	—	—	—	—	—	—	—	—	—
河北	5.00	5.00	3.00	5.00	5.00	7.00	5.00	7.00	7.00	7.00
山西	—	—	—	—	—	—	—	—	—	—
内蒙古	—	—		—	—	—	—			—
辽宁	7.00	8.00	6.00	8.00	8.00	7.50	8.00	8.00	8.00	8.00
吉林	5.00	6.00	7.00	8.00	7.00	9.00	9.00			
黑龙江	4.00	6.00	5.50	7.00	5.50	5.50	5.00	7.00	6.50	7.50

续表

省（自治区、直辖市）	2008	2009	2010	2011	2012	2013	2014	2015	2016	2017
上海	3.00	5.00	4.00	6.00	5.00	6.00	6.00	6.00	7.00	6.50
江苏	—	—	—	—	—	—	—	—	—	—
浙江	4.00	—	—	—	—	—	—	—	—	—
安徽	4.00	5.00	6.00	5.50	6.00	7.00	6.50	6.00	7.50	6.50
福建	4.50	6.33	6.67	6.67	6.25	6.50	6.50	7.00	6.33	6.67
江西	—	—	—	—	—	—	—	—	—	—
山东	5.60	5.80	5.33	6.67	6.33	5.83	6.17	6.67	6.67	6.67
河南	—	6.00	5.00	5.50	5.50	6.00	6.33	7.33	7.67	8.00
湖北	5.00	5.00	6.00	3.00	3.00	5.00	7.00	—	—	—
湖南	5.67	5.00	6.50	6.75	6.50	7.00	6.25	6.67	6.33	7.00
广东	—	5.00	5.50	7.50	8.50	7.33	6.33	8.50	8.00	8.00
广西	—	—	—	—	7.00	7.00	7.00	7.00	7.00	8.00
海南	5.00	6.00	9.00	6.00	6.67	6.33	7.00	7.67	7.67	6.67
重庆	—	—	—	—	—	—	—	—	—	—
四川	6.00	6.33	—	—	—	—	—	—	—	—
贵州	—	—	—	—	—	—	—	—	—	—
云南	5.50	6.00	6.00	3.00	4.00	4.00	3.00	6.50	4.50	5.50
西藏	—	—	—	—	—	—	—	—	—	—
陕西	4.00	5.00	—	—	—	—	—	—	—	—
甘肃	5.50	5.50	5.50	6.00	5.50	6.00	6.00	6.00	7.00	6.00
青海	—	—	—	—	—	—	—	—	—	—
宁夏	—	—	—	—	—	—	—	—	—	—
新疆	4.50	5.33	5.00	5.50	5.40	5.20	6.40	5.25	5.50	5.25

　　表6-16描述了2008—2017年我国农业上市公司定距变量等权重董事会治理分指数分地区比较结果。2008年农业上市公司定距变量等权重董事会治理分指数最高的是辽宁，为6.60。2017年农业上市公司定距变量等权重董事会治理分指数最高的是广西，为7.60。

表6-16　我国农业上市公司定距变量等权重董事会治理分指数分地区比较（2008—2017年）

省(自治区、直辖市)	2008	2009	2010	2011	2012	2013	2014	2015	2016	2017
北京	5.60	5.48	5.04	5.20	5.25	5.30	5.85	5.90	6.80	7.20
天津	—	—	—	—	—	—	—	—	—	—
河北	4.80	4.80	4.20	5.20	5.40	6.60	5.00	6.60	7.00	6.80
山西	—	—	—	—	—	—	—	—	—	—
内蒙古	—	—	—	—	—	—	—	—	—	—
辽宁	6.60	7.00	5.80	7.30	7.70	7.50	7.90	7.40	7.40	7.20
吉林	5.40	5.80	6.00	7.00	6.60	7.20	7.40			
黑龙江	4.80	5.60	5.60	6.10	5.70	5.70	5.50	6.80	6.50	6.50
上海	4.00	5.40	3.80	5.80	5.40	5.80	6.20	6.00	6.60	6.40
江苏										
浙江	4.60	—								
安徽	4.40	5.80	6.40	6.20	6.50	6.80	6.50	6.40	7.40	7.20
福建	4.80	6.07	6.27	6.27	6.05	6.35	6.20	6.27	6.33	6.13
江西	—									
山东	5.40	5.56	5.40	6.27	6.40	6.03	6.13	6.53	6.43	6.53
河南	—	5.60	5.60	5.50	5.80	6.30	6.80	6.93	7.13	7.40
湖北	5.00	5.00	5.20	3.60	5.00	5.20	6.20	—		
湖南	6.07	5.67	6.20	6.05	6.40	6.50	6.15	6.20	6.27	6.80
广东	—	5.80	5.90	6.80	7.50	6.93	6.07	7.30	7.40	7.30
广西	—	—	—	—	7.20	7.40	7.40	7.20	7.00	7.60
海南	6.00	6.40	7.40	5.93	6.67	6.47	6.67	7.27	7.07	6.67
重庆	—	—	—	—	—	—	—	—	—	—
四川	5.60	5.93	—	—	—	—	—	—	—	—
贵州	—	—	—	—	—	—	—	—	—	—
云南	5.30	6.30	6.30	3.40	4.40	4.60	4.00	6.30	5.50	6.20
西藏	—	—	—	—	—	—	—	—	—	—
陕西	4.40	5.00								
甘肃	5.10	4.90	5.50	5.30	6.00	5.90	5.60	6.47	6.73	6.00
青海	—	—	—	—	—	—	—	—	—	—
宁夏	—	—	—	—	—	—	—	—	—	—
新疆	5.00	5.30	5.07	5.45	5.60	5.56	6.00	5.25	5.50	5.15

四、我国农业上市公司分市场板块的比较分析

表 6-17 反映了 2008—2017 年我国农业上市公司哑变量等权重董事会治理分指数分市场板块比较的描述性统计结果。2008—2017 年,各板块该指数总体上呈现上升趋势,创业板上升幅度最大。2008—2015 年中小企业板该指数最高,2016—2017 年最高的是创业板,表明中小企业板董事会治理水平总体较高,创业板治理水平发展前景最好。相比之下主板董事会治理表现逊色,各年均位于三个板块中最低,表明其董事会治理水平较差。

表 6-17　我国农业上市公司哑变量等权重董事会治理分指数分市场板块比较(2008—2017 年)

市场板块	2008	2009	2010	2011	2012	2013	2014	2015	2016	2017
主板	4.97	5.50	5.37	5.85	5.58	5.96	6.07	6.40	6.35	6.25
中小企业板	6.40	6.50	6.08	7.00	6.67	6.50	6.69	7.07	7.00	7.21
创业板	—	—	5.75	6.20	7.00	6.83	6.50	7.00	7.50	7.50

表 6-18 反映了 2008—2017 年我国农业上市公司定距变量等权重董事会治理分指数分市场板块比较的描述性统计结果。2008—2017 年,各板块该指数总体上呈现上升趋势,创业板上升幅度最大。2008—2011 年中小企业板该指数最高;2012—2017 年中除 2014 年略低于中小企业板外,创业板其他各年均最高,表明创业板董事会治理水平发展迅猛。相比之下主板董事会治理表现逊色,各年均位于三个板块中最低,表明其董事会治理水平较差。

表 6-18　我国农业上市公司定距变量等权重董事会治理分指数分市场板块比较(2008—2017 年)

市场板块	2008	2009	2010	2011	2012	2013	2014	2015	2016	2017
主板	5.15	5.47	5.26	5.50	5.72	5.87	5.88	6.12	6.20	6.07
中小企业板	6.00	6.20	6.20	6.58	6.67	6.58	6.75	6.81	6.83	6.93
创业板	—	—	6.00	6.32	6.80	6.77	6.47	6.88	7.23	7.27

综上分析,董事会治理维度下,我国农业上市公司哑变量等权重董事会治理分指数和定距变量等权重董事会治理分指数除个别年份略有下降外,整体上呈上升趋势,其中集体控股农业上市公司两类董事会治理分指数较其他控股股东性质农业上市公司而言整体较高,辽宁和吉林的农业上市公司两类董事会治理分指数较其他地区农业上市公司而言整体较高,中小企业板和创业板农业上市公司两类董事会治理分指数整体高于主板农业上市公司。

五、我国农业上市公司董事会治理维度各指标分析

本书使用哑变量法和定距变量法,分别对反映我国农业上市公司董事会治理的 10 项指标在 2008—2017 年的情况进行统计分析。从董事会治理情况来看,董事会整体治理水平逐年提升,多数农业上市公司董事会每年召开会议次数能保持在大于等于 3 次,会议召开频率较高且比较稳定;董事会专业委员会方面,绝大多数农业上市公司设立了审计委员会、薪酬与考核委员会、战略委员会和提名委员会四个委员会,有利于为董事会履职提供专业保障;农业上市公司独立董事未亲自出席会议情况不断好转,未参加以及委托参加会议的情况不断减少。但董事会治理仍然存在明显短板。表 6-19 和表 6-20 反映了用哑变量法和定距变量法评价我国农业上市公司董事会治理各指数平均水平的描述性统计结果。通过统计分析可以看出,我国农业上市公司董事会的主要问题表现为:独立董事占比较低,董事会独立性不足;董事会专业委员会中,其他专委会较少设立,如风险管理委员会、关联交易委员会、投资决策委员会等专业委员会设立较少,无法为董事会决策提供充足、专业的咨询辅助保障;董事(特别是独立董事)薪酬激励不足,且薪酬差距较大,难以提高董事尽责履职的积极性和主动性。

表 6-19 董事会治理指标哑变量法评分描述性统计

指标名称	平均值	标准差	中位数	最小值	最大值
独立董事占比	0.54	0.50	1.00	0.00	1.00
董事会持股比例	0.62	0.49	1.00	0.00	1.00
四个委员会是否均设立	0.88	0.33	1.00	0.00	1.00
其他专业委员会是否设立	0.06	0.23	1.00	0.00	1.00
董事会会议次数	1.00	0.00	1.00	1.00	1.00
董事薪酬前三名总额	0.24	0.43	1.00	0.00	1.00
董事长当年是否变更	0.87	0.34	1.00	0.00	1.00
董事会人数是否合规	0.99	0.10	1.00	0.00	1.00
独立董事薪酬状况	0.36	0.48	1.00	0.00	1.00
独立董事未亲自出席会议情况	0.60	0.49	1.00	0.00	1.00

表 6-20　董事会治理指标定距变量法评分描述性统计

指标名称	平均值	标准差	中位数	最小值	最大值
独立董事占比	0.45	0.29	0.40	0.00	1.00
董事会持股比例	0.36	0.36	0.20	0.00	1.00
四个委员会是否均设立	0.97	0.09	1.00	1.00	1.00
其他专业委员会是否设立	0.02	0.07	0.00	0.00	0.60
董事会会议次数	0.90	0.12	1.00	0.60	1.00
董事薪酬前三名总额	0.29	0.30	0.30	0.00	1.00
董事长当年是否变更	—	—	—	—	—
董事会人数是否合规	—	—	—	—	—
独立董事薪酬状况	0.38	0.32	0.40	0.00	1.00
独立董事未亲自出席会议情况	0.82	0.27	1.00	0.00	1.00

第三节　我国农业上市公司监事会治理维度分析

一、我国农业上市公司监事会治理情况历年描述

表 6-21 是 2008—2017 年我国农业上市公司哑变量等权重监事会治理分指数的描述性统计结果。2008—2017 年,该指数的平均值为 3.25,中位数为 3.00,标准差为 0.81,最大值和最小值分别为 5.00 和 1.00。我国农业上市公司哑变量等权重监事会治理分指数的平均值总体呈上升趋势,2017 年达到了 3.63,表明我国农业上市公司监事会治理水平不断提升。

表 6-21　我国农业上市公司哑变量等权重监事会治理分指数描述性统计(2008—2017 年)

年份	平均值	标准差	中位数	最小值	最大值
2008	2.84	0.83	3.00	1.00	4.00
2009	3.08	0.62	3.00	2.00	4.00
2010	3.07	0.77	3.00	2.00	4.00
2011	3.10	0.92	3.00	1.00	5.00
2012	3.14	0.70	3.00	2.00	4.00

年份	平均值	标准差	中位数	最小值	最大值
2013	3.40	0.62	3.00	2.00	4.00
2014	3.24	0.79	3.00	2.00	5.00
2015	3.46	0.85	3.00	2.00	5.00
2016	3.50	0.75	3.00	2.00	5.00
2017	3.63	0.98	4.00	2.00	5.00
合计	3.25	0.81	3.00	1.00	5.00

表 6-22 是 2008—2017 年我国农业上市公司定距变量等权重监事会治理分指数的描述性统计结果。2008—2017 年,该指数的平均值为 3.05,中位数为 3.00,标准差为 0.64,最大值和最小值分别为 5.00 和 0.80。我国农业上市公司定距变量等权重监事会治理分指数的平均值总体呈上升趋势,2015 年达到 3.28,表明我国农业上市公司监事会治理水平不断提升。

表 6-22　我国农业上市公司定距变量等权重监事会治理分指数描述性统计(2008—2017 年)

年份	平均值	标准差	中位数	最小值	最大值
2008	2.79	0.51	2.80	1.80	3.60
2009	2.90	0.48	2.80	1.80	3.80
2010	2.84	0.63	2.80	1.60	4.20
2011	2.92	0.75	2.80	0.80	4.40
2012	2.99	0.59	3.00	1.80	4.20
2013	3.16	0.48	3.00	2.00	4.00
2014	3.02	0.64	3.00	1.80	4.60
2015	3.28	0.62	3.20	2.20	4.60
2016	3.25	0.60	3.20	1.80	4.60
2017	3.26	0.81	3.20	1.80	5.00
合计	3.05	0.64	3.00	0.80	5.00

图 6-3 描述了 2008—2017 年我国农业上市公司监事会治理分指数平均值的变化趋势,两个指数的平均值总体呈上升趋势。2008—2017 年,哑变量等权重监

事会治理分指数平均值始终高于定距变量等权重监事会治理分指数平均值。

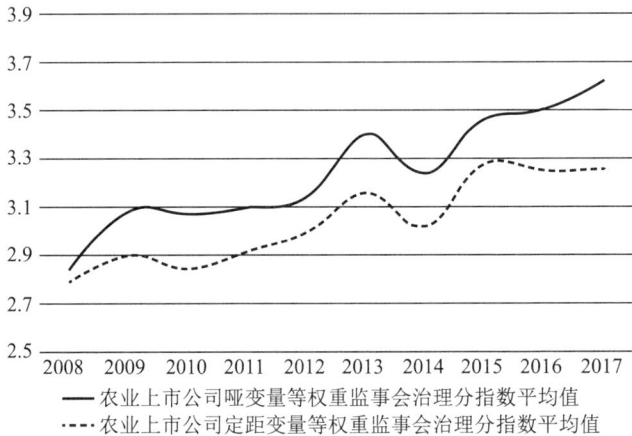

图 6-3　我国农业上市公司监事会治理分指数平均值趋势图（2008—2017 年）

二、我国农业上市公司分控股股东性质的比较分析

表 6-23 是 2008—2017 年我国农业上市公司哑变量等权重监事会治理分指数分控股股东性质比较的描述性统计结果。2008—2017 年,国有控股上市公司、集体控股上市公司和民营控股上市公司的监事会治理分指数总体呈上升趋势,但是国有控股上市公司该指数不断上下震荡,而民营控股上市公司的上升幅度最快,其中在 2009 年之后,民营控股上市公司的监事会治理分指数超过国有控股上市公司,而国有控股上市公司之后一直位列三者的最低水平。

表 6-23　我国农业上市公司哑变量等权重监事会治理分指数分控股股东性质比较（2008—2017 年）

控股股东性质	2008	2009	2010	2011	2012	2013	2014	2015	2016	2017
国有控股	3.14	3.05	2.90	2.89	2.90	3.47	3.16	3.38	3.19	3.29
民营控股	2.41	3.06	3.23	3.24	3.35	3.36	3.27	3.50	3.70	3.87
外资控股	—	—	—	—	—	—	—	—	—	—
集体控股	3.33	4.00	3.00	4.00	3.00	3.00	4.00	4.00	4.00	—
社会团体控股	4.00	—	—	—	—	—	—	—	—	—
职工持股会控股	3.00	—	—	—	—	—	—	—	—	—
其他类型	3.00	—	—	—	—	—	—	—	—	—

表 6-24 是 2008—2017 年我国农业上市公司定距变量等权重监事会治理分指数分控股股东性质比较的描述性统计结果。2008—2017 年,国有控股上市公司、集体控股上市公司和民营控股上市公司的监事会治理分指数总体呈上升趋势,但是国有控股上市公司该指数不断上下震荡,而民营控股上市公司该指数上升幅度最快,其中在 2009 年之后,民营控股上市公司的监事会治理分指数超过国有控股上市公司,而国有控股上市公司之后一直位列三者的最低水平。

表 6-24　我国农业上市公司定距变量等权重监事会治理分指数分控股股东性质比较(2008—2017 年)

控股股东性质	2008	2009	2010	2011	2012	2013	2014	2015	2016	2017
国有控股	2.83	2.86	2.65	2.72	2.77	3.08	2.94	3.09	2.99	2.99
民营控股	2.25	2.86	2.97	3.05	3.18	3.23	3.04	3.39	3.43	3.45
外资控股	—	—	—	—	—	—	—	—	—	—
集体控股	2.87	3.80	2.80	4.00	3.00	2.80	4.00	3.80	3.60	—
社会团体控股	3.20	—	—	—	—	—	—	—	—	—
职工持股会控股	2.80	—	—	—	—	—	—	—	—	—
其他类型	2.80	—	—	—	—	—	—	—	—	—

三、我国农业上市公司分地区的比较分析

表 6-25 描述了 2008—2017 年我国农业上市公司哑变量等权重监事会治理分指数的分地区比较结果。2008 年我国农业上市公司哑变量等权重监事会治理分指数最高的是海南,为 4.00。2017 年我国农业上市公司哑变量等权重监事会治理分指数最高的是广东,为 5.00。

表 6-25　我国农业上市公司哑变量等权重监事会治理分指数分地区比较(2008—2017 年)

省(自治区、直辖市)	2008	2009	2010	2011	2012	2013	2014	2015	2016	2017
北京	3.50	3.40	2.80	3.00	2.75	3.75	3.00	3.50	3.50	3.00
天津	—	—	—	—	—	—	—	—	—	—
河北	2.00	3.00	3.00	3.00	3.00	3.00	3.00	3.00	3.00	3.00
山西	—	—	—	—	—	—	—	—	—	—
内蒙古	—	—	—	—	—	—	—	—	—	—
辽宁	3.00	4.00	3.50	4.00	3.50	3.50	4.50	4.00	4.00	4.00
吉林	3.00	3.00	3.00	4.00	4.00	4.00	3.00	—	—	—

省(自治区、直辖市)	2008	2009	2010	2011	2012	2013	2014	2015	2016	2017
黑龙江	3.00	2.00	3.00	3.50	3.00	3.00	3.50	3.50	3.50	2.50
上海	2.00	3.00	2.00	3.00	2.00	3.00	3.00	3.00	3.50	3.00
江苏	—	—	—	—	—	—	—	—	—	—
浙江	3.00	—	—	—	—	—	—	—	—	—
安徽	2.00	4.00	4.00	3.00	3.50	4.00	3.00	3.50	3.50	4.00
福建	2.00	3.00	3.00	2.67	3.00	3.50	3.50	3.33	3.67	3.67
江西	—	—	—	—	—	—	—	—	—	—
山东	2.40	2.80	3.00	3.00	2.83	3.33	3.50	3.33	3.33	3.83
河南	—	2.00	3.50	4.00	4.00	4.00	4.00	4.00	4.33	4.33
湖北	2.00	2.00	2.00	1.00	3.00	3.00	3.00	—	—	—
湖南	3.00	3.33	3.50	3.25	3.25	3.50	2.50	3.33	3.67	3.33
广东	—	3.00	3.50	3.00	4.00	3.67	3.33	4.00	4.00	5.00
广西	—	—	—	—	4.00	4.00	4.00	4.00	4.00	4.00
海南	4.00	4.00	4.00	4.00	4.00	3.67	3.67	4.33	3.33	4.67
重庆	—	—	—	—	—	—	—	—	—	—
四川	3.67	3.67								
贵州	—	—	—	—	—	—	—	—	—	—
云南	2.00	3.00	2.00	3.00	2.00	2.00	2.00	2.50	3.00	2.50
西藏	—	—	—	—	—	—	—	—	—	—
陕西	2.00	2.00	—	—	—	—	—	—	—	—
甘肃	3.50	2.50	3.00	2.50	3.00	3.00	3.00	3.67	3.67	3.33
青海	—	—	—	—	—	—	—	—	—	—
宁夏	—	—	—	—	—	—	—	—	—	—
新疆	3.00	3.17	3.00	2.50	2.60	2.80	2.60	2.75	2.75	3.25

表 6-26 描述了 2008—2017 年我国农业上市公司定距变量等权重监事会治理分指数分地区比较结果。2008 年我国农业上市公司定距变量等权重监事会治理分指数最高的是吉林,为 3.40。2017 年我国农业上市公司定距变量等权重监事会治理分指数最高的是广东,为 4.40。

表 6-26 我国农业上市公司定距变量等权重监事会治理分指数分地区比较(2008—2017 年)

省(自治区、直辖市)	2008	2009	2010	2011	2012	2013	2014	2015	2016	2017
北京	2.90	3.20	2.68	2.65	2.65	3.10	2.85	3.00	2.80	2.90
天津	—	—	—	—	—	—	—	—	—	—
河北	2.00	2.80	2.80	2.80	2.80	3.00	3.00	2.80	2.80	3.20
山西	—	—	—	—	—	—	—	—	—	—
内蒙古	—	—	—	—	—	—	—	—	—	—
辽宁	3.00	3.80	3.10	4.10	3.40	3.10	4.30	3.80	3.60	3.40
吉林	3.40	3.20	2.60	4.00	3.80	3.80	2.80	—	—	—
黑龙江	2.80	2.00	2.80	3.00	3.00	2.60	2.70	3.20	3.10	2.50
上海	1.80	3.20	2.00	2.80	2.20	3.00	3.20	3.20	3.30	2.50
江苏	—	—	—	—	—	—	—	—	—	—
浙江	3.00									
安徽	2.00	3.40	3.90	3.30	3.40	3.60	2.90	3.40	3.40	3.50
福建	1.70	2.80	2.80	2.73	2.90	3.15	2.95	3.33	3.27	3.07
江西	—	—	—	—	—	—	—	—	—	—
山东	2.16	2.68	2.80	2.80	2.73	3.23	3.23	3.30	3.17	3.50
河南	—	2.00	3.20	3.40	3.80	3.60	3.80	3.87	3.93	4.20
湖北	2.00	1.80	1.60	0.80	2.40	2.80	2.80	—	—	—
湖南	2.87	3.20	3.05	3.05	3.15	3.35	2.55	3.07	3.40	3.47
广东	—	2.80	3.10	3.20	3.90	3.53	2.73	3.80	3.60	4.40
广西	—	—	—	—	3.60	4.00	3.80	3.80	3.80	4.00
海南	3.20	3.20	3.40	3.07	3.40	3.20	3.27	3.47	3.27	3.27
重庆	—	—	—	—	—	—	—	—	—	—
四川	3.20	3.20	—							
贵州	—	—	—							
云南	1.90	2.90	2.00	2.80	2.20	2.20	1.80	2.50	2.80	2.30
西藏	—	—	—	—	—	—				
陕西	1.80	1.80								
甘肃	3.20	2.80	2.50	3.00	3.00	3.10	3.00	3.60	3.53	2.80
青海										
宁夏	—	—	—	—	—	—	—			
新疆	2.67	2.83	2.80	2.35	2.44	2.68	2.68	2.65	2.70	3.00

四、我国农业上市公司分市场板块的比较分析

表 6-27 是 2008—2017 年我国农业上市公司哑变量等权重监事会治理分指数分市场板块比较的描述性统计结果。2008—2017 年各板块该指数均在波动中上升,中小企业板上升幅度最大,主板上升幅度最小。2008 年、2009 年主板高于中小企业板,2010—2017 年中小企业板总体高于主板和创业板。整体来看中小企业板监事会治理水平较高,主板优势逐渐转化为劣势,并渐渐与中小企业板和创业板拉大差距。

表6-27　我国农业上市公司哑变量等权重监事会治理分指数分市场板块比较(2008—2017年)

市场板块	2008	2009	2010	2011	2012	2013	2014	2015	2016	2017
主板	2.94	3.13	2.96	2.88	2.88	3.22	3.04	3.30	3.25	3.10
中小企业板	2.20	2.88	3.17	3.60	3.42	3.75	3.77	3.79	3.86	4.07
创业板	—	—	3.50	3.20	3.67	3.50	3.00	3.20	3.50	4.33

表 6-28 是 2008—2017 年我国农业上市公司定距变量等权重监事会治理分指数分市场板块比较的描述性统计结果。2008—2017 年主板和中小企业板该指数在波动中总体上升,中小企业板上升幅度较大,创业板处于不断波动中,无明显变动趋势。2008—2009 年主板高于中小企业板;2010—2017 年中除 2010 年、2012 年略低于创业板外,其他各年中小企业板均高于主板和创业板。主板监事会治理的优势渐渐丧失,与中小企业板和创业板形成一定差距。

表6-28　我国农业上市公司定距变量等权重监事会治理分指数分市场板块比较(2008—2017年)

市场板块	2008	2009	2010	2011	2012	2013	2014	2015	2016	2017
主板	2.66	2.89	2.68	2.69	2.78	3.01	2.78	3.00	3.03	2.90
中小企业板	2.00	2.85	2.97	3.38	3.20	3.42	3.55	3.63	3.54	3.67
创业板	—	—	3.30	3.16	3.50	3.33	2.93	3.40	3.33	3.47

综上分析,监事会治理维度下,我国农业上市公司哑变量等权重监事会治理分指数和定距变量等权重监事会治理分指数呈整体上升趋势,其中集体控股农业上市公司两类监事会治理分指数较其他控股股东性质农业上市公司而言整体较高,辽宁和吉林的农业上市公司两类监事会治理分指数较其他地区农业上市公司而言整体较高,中小企业板农业上市公司两类监事会治理分指数较其他板块农业上市公司而言较高。

五、我国农业上市公司监事会治理维度各指标分析

本书使用哑变量法和定距变量法,分别对反映我国农业上市公司监事会治理的五项指标在 2008—2017 年的情况进行评价分析。表 6-29 和表 6-30 描述了我国农业上市公司监事会治理指标用哑变量法计算和定距变量法计算各指数平均水平的统计结果。通过统计分析可以看出,我国农业上市公司监事会治理仍然比较薄弱,监事会人数不合规情况发生频率较高,未达到最基本的法定要求;监事会召开会议次数较少,部分公司监事会召开频率未达到法定要求;监事薪酬激励不足,监事会的监督作用发挥未能得到充分重视,履职保障不足。

表 6-29 我国农业上市公司监事会治理指标哑变量法评分描述性统计

指标名称	平均值	标准差	中位数	最小值	最大值
监事会持股比例	0.29	0.45	0	0	1
监事薪酬总额	0.24	0.43	1	0	1
监事会会议次数	0.92	0.27	1	0	1
监事会主席当年是否变更	0.82	0.39	1	0	1
监事会人数是否合规	0.98	0.14	1	0	1

表 6-30 我国农业上市公司监事会治理指标定距变量法评分描述性统计

指标名称	平均值	标准差	中位数	最小值	最大值
监事会持股比例	0.15	0.29	0	0	1
监事薪酬总额	0.3	0.3	0.2	0	1
监事会会议次数	0.76	0.24	0.8	0	1
监事会主席当年是否变更	—	—	—	—	—
监事会人数是否合规	—	—	—	—	—

第四节 我国农业上市公司经理层治理维度分析

一、我国农业上市公司经理层治理情况历年描述

表 6-31 反映了 2008—2017 年我国农业上市公司哑变量等权重经理层治理分指数的描述性统计结果。2008—2017 年,该指数的平均值为 2.03,中位数为

2.00,标准差为 0.81,最大值和最小值分别为 4.00 和 0.00。我国农业上市公司哑变量等权重经理层治理分指数的平均值总体呈上升趋势,2017 年提升至 2.25,表明我国农业上市公司经理层治理水平不断提升。

表 6-31　我国农业上市公司哑变量等权重经理层治理分指数描述性统计(2008—2017 年)

年份	平均值	标准差	中位数	最小值	最大值
2008	1.81	0.57	2.00	1.00	4.00
2009	1.75	0.63	2.00	0.00	4.00
2010	2.02	0.64	2.00	1.00	3.00
2011	1.83	1.05	2.00	0.00	4.00
2012	2.00	0.72	2.00	1.00	3.00
2013	2.13	0.79	2.00	0.00	4.00
2014	2.07	0.80	2.00	1.00	4.00
2015	2.18	0.79	2.00	1.00	4.00
2016	2.23	0.89	2.00	0.00	4.00
2017	2.25	1.03	2.00	0.00	4.00
合计	2.03	0.81	2.00	0.00	4.00

表 6-32 反映了 2008—2017 年我国农业上市公司定距变量等权重经理层治理分指数的描述性统计结果。2008—2017 年,该指数的平均值为 2.00,中位数为 2.00,标准差为 0.69,最大值和最小值分别为 3.60 和 0.00。我国农业上市公司定距变量等权重经理层治理分指数的平均值总体呈上升趋势,2015 年提升至 2.17 后有小幅下降,但整体上表明我国农业上市公司经理层治理水平不断提升。

表 6-32　我国农业上市公司定距变量等权重经理层治理分指数描述性统计(2008—2017 年)

年份	平均值	标准差	中位数	最小值	最大值
2008	1.84	0.50	2.00	0.60	3.00
2009	1.83	0.59	2.00	0.20	3.00
2010	2.03	0.60	2.00	1.00	3.20
2011	1.80	0.91	2.00	0.00	3.40
2012	1.99	0.60	2.00	1.00	3.00
2013	2.05	0.68	2.00	0.00	3.20

续表

年份	平均值	标准差	中位数	最小值	最大值
2014	2.03	0.66	2.10	1.00	3.40
2015	2.17	0.67	2.20	1.00	3.60
2016	2.16	0.75	2.20	0.00	3.60
2017	2.12	0.78	2.20	0.20	3.60
合计	2.00	0.69	2.00	0.00	3.60

图 6-4 描述了 2008—2017 年我国农业上市公司经理层治理分指数的平均值的变化趋势,两个指数的平均值均总体呈上升趋势;2008—2017 年,哑变量等权重经理层治理分指数平均值和定距变量等权重经理层治理分指数的平均值交替领先。

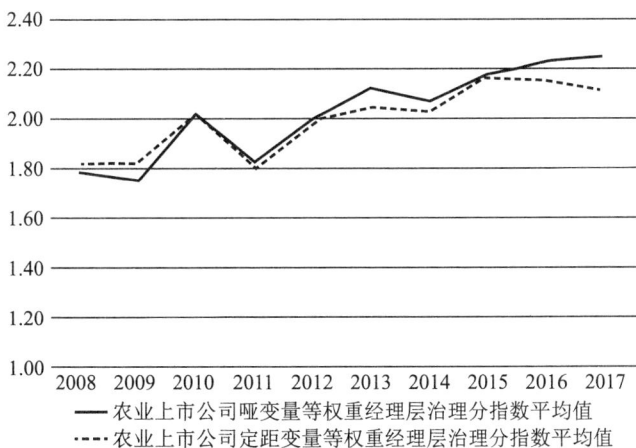

图 6-4 我国农业上市公司经理层治理分指数平均值趋势图(2008—2017 年)

二、我国农业上市公司分控股股东性质的比较分析

表 6-33 反映了 2008—2017 年我国农业上市公司哑变量等权重经理层治理分指数分控股股东性质比较的描述性统计结果。2008—2017 年,民营控股上市公司的经理层治理分指数总体呈上升趋势,但是国有控股上市公司的经理层治理分指数不断上下震荡,而民营控股上市公司的上升幅度最快,其中在 2009 年之后,民营控股上市公司的经理层治理分指数超过国有控股上市公司,而国有控股上市公司之后一直位列三者的最低水平。

表 6-33 我国农业上市公司哑变量等权重经理层治理分指数分控股股东性质比较(2008—2017 年)

控股股东性质	2008	2009	2010	2011	2012	2013	2014	2015	2016	2017
国有控股	2.00	1.59	1.85	1.63	1.80	2.00	1.95	1.75	1.88	1.94
民营控股	1.71	1.94	2.18	2.00	2.17	2.24	2.15	2.50	2.48	2.48
外资控股	—	—	—	—	—	—	—	—	—	—
集体控股	1.67	2.00	2.00	2.00	2.00	2.00	2.00	2.00	2.00	—
社会团体控股	2.00	—	—	—	—	—	—	—	—	—
职工持股会控股	1.00	—	—	—	—	—	—	—	—	—
其他类型	2.00	—	—	—	—	—	—	—	—	—

表 6-34 反映了 2008—2017 年我国农业上市公司定距变量等权重经理层治理分指数分控股股东性质比较的描述性统计结果。2008—2017 年,集体控股上市公司和民营控股上市公司的经理层治理分指数总体呈上升趋势,但是国有控股上市公司的经理层治理分指数不断上下震荡,而民营控股上市公司的上升幅度最快,其中在 2009 年之后,民营控股上市公司的经理层治理分指数超过国有控股上市公司,而国有控股上市公司之后一直位列三者的最低水平。

表 6-34 我国农业上市公司定距变量等权重经理层治理分指数分控股股东性质比较(2008—2017 年)

控股股东性质	2008	2009	2010	2011	2012	2013	2014	2015	2016	2017
国有控股	2.00	1.68	1.86	1.62	1.84	1.88	1.91	1.88	1.94	1.91
民营控股	1.76	2.01	2.18	1.95	2.11	2.18	2.12	2.42	2.33	2.28
外资控股	—	—	—	—	—	—	—	—	—	—
集体控股	1.53	2.00	2.00	2.00	2.00	2.00	2.00	1.60	1.60	—
社会团体控股	2.20	—	—	—	—	—	—	—	—	—
职工持股会控股	1.40	—	—	—	—	—	—	—	—	—
其他类型	2.00	—	—	—	—	—	—	—	—	—

三、我国农业上市公司分地区的比较分析

表 6-35 描述了 2008—2017 年我国农业上市公司哑变量等权重经理层治理分指数的分地区比较结果。2008 年我国农业上市公司哑变量等权重经理层治理分指数最高的是四川,为 2.33。2017 年我国农业上市公司哑变量等权重经理层治理分指数最高的是广东,为 4.00。

表6-35　我国农业上市公司哑变量等权重经理层治理分指数分地区比较(2008—2017年)

省(自治区、直辖市)	2008	2009	2010	2011	2012	2013	2014	2015	2016	2017
北京	1.50	1.60	2.00	1.25	1.75	1.50	2.25	1.50	2.00	2.00
天津	—	—	—	—	—	—	—	—	—	—
河北	2.00	2.00	2.00	0.00	1.00	2.00	2.00	2.00	2.00	2.00
山西	—	—	—	—	—	—	—	—	—	—
内蒙古										
辽宁	2.00	2.00	2.50	1.50	2.50	2.50	2.50	2.00	2.00	2.00
吉林	2.00	2.00	3.00	3.00	1.00	3.00	3.00	—	—	—
黑龙江	1.00	1.00	2.00	2.50	2.50	2.50	2.00	2.50	2.00	2.00
上海	2.00	2.00	2.00	2.00	3.00	3.00	3.00	2.00	2.50	3.00
江苏	—	—	—	—	—	—	—	—	—	—
浙江	1.00	—	—	—	—	—	—	—	—	—
安徽	2.00	2.00	2.50	2.50	2.50	3.00	2.50	1.50	2.00	2.00
福建	2.00	2.00	2.00	2.00	2.00	1.75	2.00	1.67	2.00	1.67
江西	—	—	—	—	—	—	—	—	—	—
山东	2.00	1.80	1.83	2.17	2.00	2.33	2.50	2.50	2.17	2.33
河南	—	1.00	1.50	1.50	1.00	1.50	1.67	1.67	2.00	2.00
湖北	2.00	2.00	2.00	1.00	2.00	2.00	2.00	—	—	—
湖南	1.67	1.67	2.50	2.00	2.25	2.00	1.75	2.67	2.67	2.33
广东	—	1.00	3.00	3.50	3.00	2.00	2.00	3.50	4.00	4.00
广西	—	—	—	—	2.00	3.00	3.00	3.00	2.00	3.00
海南	2.00	2.00	2.00	2.00	2.00	2.67	2.33	2.67	2.67	2.67
重庆	—	—	—	—	—	—	—	—	—	—
四川	2.33	2.67	—	—	—	—	—	—	—	—
贵州	—	—	—	—	—	—	—	—	—	—
云南	1.50	1.50	1.00	0.00	1.00	2.00	1.00	2.00	1.00	1.50
西藏	—	—	—	—	—	—	—	—	—	—
陕西	1.00	0.00	—	—	—	—	—	—	—	—
甘肃	1.50	1.50	2.00	1.50	2.00	2.00	1.00	2.33	2.33	2.33
青海	—	—	—	—	—	—	—	—	—	—

省(自治区、直辖市)	2008	2009	2010	2011	2012	2013	2014	2015	2016	2017
宁夏	—	—	—	—	—	—	—	—	—	—
新疆	2.00	1.83	1.67	1.25	1.80	1.80	1.60	1.50	2.00	1.75

表 6-36 描述了 2008—2017 年我国农业上市公司定距变量等权重经理层治理分指数分地区比较结果。2008 年我国农业上市公司定距变量等权重经理层治理分指数最高的是吉林,为 2.40。2017 年我国农业上市公司定距变量等权重经理层治理分指数最高的是广东,为 3.30。

表 6-36 我国农业上市公司定距变量等权重经理层治理分指数分地区比较(2008—2017 年)

省(自治区、直辖市)	2008	2009	2010	2011	2012	2013	2014	2015	2016	2017
北京	1.45	1.60	2.04	1.25	1.85	1.20	2.15	1.50	2.00	2.00
天津	—	—	—	—	—	—	—	—	—	—
河北	2.00	2.00	2.00	0.00	1.00	2.00	2.00	1.80	1.80	1.80
山西	—	—	—	—	—	—	—	—	—	—
内蒙古	—	—	—	—	—	—	—	—	—	—
辽宁	1.80	2.00	2.60	1.80	2.30	2.40	2.50	1.60	1.60	1.80
吉林	2.40	2.40	2.80	2.80	1.40	2.60	3.00	—	—	—
黑龙江	1.40	1.20	2.30	2.60	2.30	2.50	1.90	2.50	2.20	2.20
上海	1.80	2.40	2.20	2.20	2.60	2.60	2.60	2.40	2.50	2.60
江苏	—	—	—	—	—	—	—	—	—	—
浙江	1.20	—	—	—	—	—	—	—	—	—
安徽	2.00	2.40	2.50	2.50	2.50	2.70	2.50	1.70	1.40	1.90
福建	2.10	2.27	1.93	1.93	2.00	1.75	2.05	1.73	2.07	1.53
江西	—	—	—	—	—	—	—	—	—	—
山东	2.04	1.84	1.80	2.13	1.97	2.17	2.27	2.37	2.10	2.20
河南	—	1.00	1.50	1.60	1.10	1.80	2.00	2.07	2.13	2.27
湖北	2.00	2.00	2.00	1.00	2.00	2.00	2.00	—	—	—
湖南	1.93	2.00	2.25	1.80	2.15	2.05	1.85	2.53	2.53	2.00
广东	—	1.20	2.90	3.10	2.80	2.13	2.07	3.20	3.30	3.30

省(自治区、直辖市)	2008	2009	2010	2011	2012	2013	2014	2015	2016	2017
广西	—	—	—	—	2.40	2.60	2.60	2.60	2.40	2.60
海南	2.20	2.20	2.60	1.80	2.20	2.60	2.27	2.67	2.40	2.40
重庆	—	—	—	—	—	—	—	—	—	—
四川	2.00	2.33	—	—	—	—	—	—	—	—
贵州	—	—	—	—	—	—	—	—	—	—
云南	1.50	1.50	1.00	0.00	1.00	2.00	1.00	2.00	1.00	1.50
西藏	—	—	—	—	—	—	—	—	—	—
陕西	1.00	0.20	—	—	—	—	—	—	—	—
甘肃	1.60	1.50	2.00	1.70	2.10	2.10	1.00	2.40	2.40	2.20
青海	—	—	—	—	—	—	—	—	—	—
宁夏	—	—	—	—	—	—	—	—	—	—
新疆	2.03	1.87	1.70	1.25	1.68	1.68	1.52	1.55	2.10	1.80

四、我国农业上市公司分市场板块的比较分析

表 6-37 反映了 2008—2017 年我国农业上市公司哑变量等权重经理层治理分指数分市场板块比较的描述性统计结果。2008—2017 年主板该指数在波动中有小幅上升,中小企业板和创业板总体均呈现上升趋势。2008—2009 年主板与中小企业板经理层治理分指数相近;2010—2017 年,创业板明显高于主板和中小企业板,表明其经理层治理水平优于主板和中小企业板。相比之下主板经理层治理水平较差,且与另外二者的差距逐渐拉大。

表 6-37　我国农业上市公司哑变量等权重经理层治理分指数分市场板块比较(2008—2017 年)

市场板块	2008	2009	2010	2011	2012	2013	2014	2015	2016	2017
主板	1.81	1.75	1.89	1.46	1.81	2.11	1.96	2.05	1.90	1.85
中小企业板	1.80	1.75	2.08	2.20	2.08	2.08	2.15	2.21	2.29	2.43
创业板	—	—	2.75	3.00	2.67	2.33	2.33	2.60	3.17	3.17

表 6-38 反映了 2008—2017 年我国农业上市公司定距变量等权重经理层治理分指数分市场板块比较的描述性统计结果。2008—2017 年主板该指数在小幅

波动中整体保持平稳,中小企业板总体呈现上升趋势,创业板先下降后上升,整体来看各板块经理层治理水平没有明显的时间变动趋势。2008—2009 年主板经理层治理分指数高于中小企业板;2010—2017 年中除 2014 年略低于中小企业板外,其他各年创业板均高于主板和中小企业板,表明整体经理层治理水平创业板优于中小企业板和主板。

表 6-38　我国农业上市公司定距变量等权重经理层治理分指数分市场板块比较(2008—2017 年)

市场板块	2008	2009	2010	2011	2012	2013	2014	2015	2016	2017
主板	1.86	1.84	1.93	1.49	1.88	2.09	1.96	2.13	1.94	1.83
中小企业板	1.76	1.80	2.03	2.14	2.00	1.93	2.14	2.14	2.24	2.27
创业板	—	—	2.65	2.72	2.40	2.13	2.13	2.44	2.67	2.73

综上分析,经理层治理维度下,我国农业上市公司哑变量等权重经理层治理分指数和定距变量等权重经理层治理分指数平均值呈整体上升趋势,其中民营控股农业上市公司两类经理层治理分指数较其他控股股东性质农业上市公司而言整体较高,广东、广西和上海的农业上市公司两类经理层治理分指数较其他地区农业上市公司而言整体较高,创业板农业上市公司两类经理层治理分指数较其他板块上市公司而言整体较高。

五、我国农业上市公司经理层治理维度各指标分析

本书使用哑变量法和定距变量法,分别对反映农业上市公司经理层治理的四项指标在 2008—2017 年的情况进行统计分析。表 6-39 和表 6-40 描述了我国农业上市公司经理层治理哑变量和定距变量各指数平均水平的统计结果。通过统计分析可以看出,近年来,我国农业上市公司董事长与总经理二合一的情况逐步得到改善,董事长与总经理分设,有利于发挥专业人才的专业优势,促进职业经理人以及职业经理人市场的发展,对于公司本身而言,将有利于公司内部战略决策监督与具体经营执行的分离,形成科学决策、执行有力、监督到位的良好公司治理机制。同时,我国农业上市公司的经理层治理也存在较为明显的不足,主要表现为:薪酬激励机制不完善,农业上市公司经理层的薪酬水平较低,个体差距较大,且经理层持股比例较低,无论从短期薪酬还是长期激励来看,都处于较低水平,对职业经理人以及专业人才的吸引力有限,不利于农业上市公司竞争力的提升,不利于公司的长期、可持续发展。

表6-39 经理层治理指标哑变量法评分描述性统计

指标名称	平均值	标准差	中位数	最小值	最大值
高管持股比例	0.25	0.43	0.00	0.00	1.00
两职合一	0.74	0.44	1.00	0.00	1.00
总经理当年是否变更	0.80	0.40	1.00	0.00	1.00
高管薪酬前三名总额	0.24	0.43	1.00	0.00	1.00

表6-40 经理层治理指标定距变量法评分描述性统计

指标名称	平均值	标准差	中位数	最小值	最大值
高管持股比例	0.17	0.31	0.00	0.00	1.00
两职合一	—	—	—	—	—
总经理当年是否变更	—	—	—	—	—
高管薪酬前三名总额	0.29	0.31	0.30	0.00	1.00

第五节 我国农业上市公司信息披露维度分析

一、我国农业上市公司信息披露情况历年描述

表6-41反映了2008—2017年我国农业上市公司哑变量等权重信息披露分指数的描述性统计结果。2008—2017年,该指数平均值为3.61,中位数为4.00,标准差为0.63,最大值和最小值分别为4.00和1.00。2008—2009年以及2011—2013年我国农业上市公司哑变量等权重信息披露分指数的平均值呈下降趋势,2014—2015年该分指数的平均值没有变化,其他时间该指数的平均值呈上升趋势,2017年达到3.83。这表明我国农业上市公司的信息披露水平随时间变化而有所波动。

表6-41 我国农业上市公司哑变量等权重信息披露分指数描述性统计(2008—2017年)

年份	平均值	标准差	中位数	最小值	最人值
2008	3.70	0.57	4.00	2.00	4.00
2009	3.58	0.68	4.00	1.00	4.00
2010	3.67	0.71	4.00	1.00	4.00

续表

年份	平均值	标准差	中位数	最小值	最大值
2011	3.76	0.49	4.00	2.00	4.00
2012	3.68	0.52	4.00	2.00	4.00
2013	3.38	0.68	3.00	2.00	4.00
2014	3.46	0.75	4.00	1.00	4.00
2015	3.46	0.68	4.00	2.00	4.00
2016	3.63	0.54	4.00	2.00	4.00
2017	3.83	0.45	4.00	2.00	4.00
合计	3.61	0.63	4.00	1.00	4.00

图 6-5 描述了 2008—2017 年我国农业上市公司哑变量等权重信息披露分指数平均值的变化趋势,该指数的平均值呈现下降后上升又下降再上升的趋势。从 2016 年起,我国农业上市公司信息披露状况有所改善。

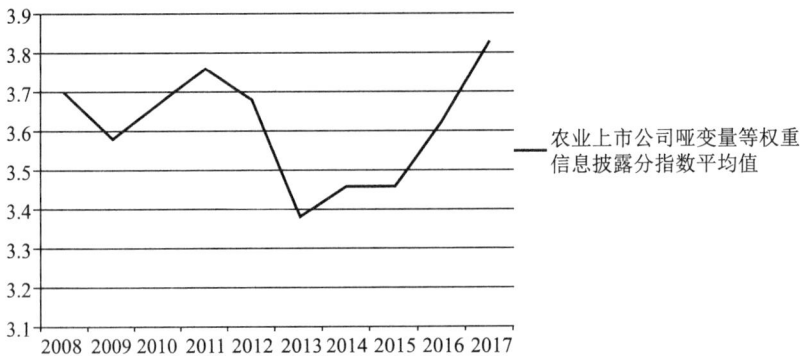

图 6-5　我国农业上市公司哑变量等权重信息披露分指数平均值趋势图(2008—2017 年)

二、我国农业上市公司分控股股东性质的比较分析

表 6-42 反映了 2008—2017 年我国农业上市公司哑变量等权重信息披露分指数分控股股东性质比较的描述性统计结果。2008—2017 年,民营控股上市公司上升较快,在 2012 年开始超过国有控股上市公司,并且一直保持领先。

表 6-42　我国农业上市公司哑变量等权重信息披露分指数分控股股东性质比较(2008—2017 年)

控股股东性质	2008	2009	2010	2011	2012	2013	2014	2015	2016	2017
国有控股	3.57	3.59	3.70	3.79	3.60	3.26	3.37	3.31	3.50	3.65
民营控股	3.71	3.53	3.64	3.76	3.74	3.48	3.54	3.64	3.74	3.96
外资控股	——	—	—	—	—	—	—	—	—	—
集体控股	4.00	4.00	4.00	3.00	4.00	3.00	3.00	2.00	3.00	
社会团体控股	4.00	—	—	—	—	—	—	—	—	
职工持股会控股	4.00	—	—	—	—	—	—	—	—	
其他类型	4.00	—	—	—	—	—	—	—	—	

三、我国农业上市公司分地区的比较分析

表 6-43 反映了 2008—2017 年我国农业上市公司哑变量等权重信息披露分指数分地区的描述性统计结果。2008—2017 年,各地区该指数呈震荡趋势,大多维持在 4.00 左右。2017 年时,小于 4.00 的地区仅有甘肃、安徽、海南、上海和新疆。

表 6-43　我国农业上市公司哑变量等权重信息披露分指数分地区比较(2008—2017 年)

省(自治区、直辖市)	2008	2009	2010	2011	2012	2013	2014	2015	2016	2017
北京	3.75	3.80	4.00	4.00	3.75	3.75	3.75	3.00	4.00	4.00
天津	—	—	—	—	—	—	—	—	—	—
河北	4.00	3.00	4.00	4.00	4.00	3.00	4.00	4.00	4.00	4.00
山西	—	—	—	—	—	—	—	—	—	—
内蒙古	—	—	—	—	—	—	—	—	—	—
辽宁	3.00	4.00	4.00	3.50	4.00	3.50	3.50	3.00	2.00	4.00
吉林	4.00	4.00	4.00	4.00	4.00	4.00	4.00	—	—	—
黑龙江	4.00	4.00	4.00	3.50	3.00	2.50	3.00	3.50	4.00	4.00
上海	4.00	4.00	3.00	4.00	4.00	3.00	3.00	3.50	3.50	3.50
江苏	—	—	—	—	—	—	—	—	—	—
浙江	4.00	—	—	—	—	—	—	—	—	—
安徽	4.00	3.00	3.50	3.50	3.50	3.50	3.00	3.50	3.50	3.50

省(自治区、直辖市)	2008	2009	2010	2011	2012	2013	2014	2015	2016	2017
福建	3.00	3.33	2.67	3.33	4.00	3.25	3.75	3.67	4.00	4.00
江西	—	—	—	—	—	—	—	—	—	—
山东	3.40	3.80	3.83	4.00	3.67	3.83	4.00	3.33	3.83	4.00
河南	—	4.00	3.50	3.50	3.00	2.50	3.00	3.67	4.00	4.00
湖北	4.00	3.00	4.00	4.00	4.00	4.00	4.00	—	—	—
湖南	4.00	4.00	3.50	3.25	3.75	3.25	3.75	4.00	4.00	4.00
广东	—	4.00	4.00	3.50	3.50	3.67	2.33	4.00	3.50	4.00
广西	—	—	—	—	4.00	3.00	3.00	4.00	4.00	4.00
海南	4.00	4.00	4.00	4.00	3.67	3.00	3.67	3.67	4.00	3.67
重庆	—	—	—	—	—	—	—	—	—	—
四川	3.33	3.33	—	—	—	—	—	—	—	—
贵州	—	—	—	—	—	—	—	—	—	—
云南	3.50	2.50	2.50	4.00	4.00	4.00	2.50	4.00	4.00	4.00
西藏	—	—	—	—	—	—	—	—	—	—
陕西	4.00	3.00	—	—	—	—	—	—	—	—
甘肃	3.50	4.00	4.00	4.00	3.50	3.00	3.00	3.67	3.33	3.67
青海	—	—	—	—	—	—	—	—	—	—
宁夏	—	—	—	—	—	—	—	—	—	—
新疆	3.33	3.67	3.83	4.00	3.60	3.40	3.20	3.75	3.75	3.25

四、我国农业上市公司分市场板块的比较分析

表6-44描述了2008—2017年我国农业上市公司哑变量等权重信息披露分指数分市场板块比较的描述性统计结果。2008—2017年,主板和中小企业板该指数均处于不断的波动中,整体水平较为稳定,创业板在波动中有所下降。2008—2009年,中小企业板该指数较高;2010—2017年中除2014年和2017年略低外,其他各年创业板均高于主板和中小企业板,表明近些年创业板信息披露水平较高,但总体来看三者之间信息披露水平差距不大。

表 6-44　我国农业上市公司哑变量等权重信息披露分指数分市场板块比较（2008—2017 年）

市场板块	2008	2009	2010	2011	2012	2013	2014	2015	2016	2017
主板	3.69	3.56	3.70	3.81	3.65	3.30	3.44	3.45	3.55	3.80
中小企业板	3.80	3.63	3.50	3.60	3.67	3.33	3.62	3.36	3.64	4.00
创业板	—	—	4.00	3.80	3.83	3.83	3.17	3.80	3.83	3.50

综上分析,信息披露维度下,我国农业上市公司哑变量等权重信息披露分指数波动变化,在 2013—2017 年呈整体增长趋势,其中民营控股和集体控股农业上市公司两类信息披露分指数较其他控股股东而言较高,各地区农业上市公司两类信息披露分指数为震荡趋势,大多维持在 4.00 左右,2015—2017 年创业板农业上市公司两类信息披露分指数较其他板块而言较高。

五、我国农业上市公司信息披露维度各指标分析

本书使用哑变量法对反映我国农业上市公司信息披露情况的四项指标在 2008—2017 年的表现情况进行统计分析。表 6-45 描述了我国农业上市公司信息披露各指数平均水平的统计结果。通过统计分析可以看出,我国农业上市公司对信息披露治理越来越重视,信息披露水平逐步提高,但是信息披露整体治理情况仍然处于较低水平。主要表现为:信息披露及时性不足,波动较大,及时性不稳定;信息披露重述较多,各年份均发生年报、半年报、季报等财务重述问题;虚假记载(误导性陈述)呈现波动变化的趋势,各年份均存在虚假记载(误导性陈述)的情况,特别是近些年(2012—2017 年),每年均发生农业上市公司信息披露不实的情况。

表 6-45　信息披露指标哑变量法评分描述性统计

指标名称	平均值	标准差	中位数	最小值	最大值
是否及时披露	0.95	0.21	1.00	0.00	1.00
年报、半年报、季报等是否发生财务重述	0.79	0.41	1.00	0.00	1.00
虚假记载(误导性陈述)	0.89	0.31	1.00	0.00	1.00
披露不实	0.98	0.15	1.00	0.00	1.00

第六节 我国农业上市公司利益相关者治理维度分析

一、我国农业上市公司利益相关者治理情况历年描述

表6-46反映了2008—2017年我国农业上市公司哑变量等权重利益相关者治理分指数的描述性统计结果。2008—2017年，该指数的平均值为1.02，中位数为1.00，标准差为0.75，最大值和最小值分别为3.00和0.00。我国农业上市公司哑变量等权重利益相关者治理分指数的平均值总体呈现上升的趋势，表明我国农业上市公司利益相关者治理水平不断提升。

表6-46　我国农业上市公司哑变量等权重利益相关者治理分指数描述性统计（2008—2017年）

年份	平均值	标准差	中位数	最小值	最大值
2008	0.68	0.63	1.00	0.00	2.00
2009	0.70	0.61	1.00	0.00	2.00
2010	0.84	0.61	1.00	0.00	2.00
2011	0.98	0.79	1.00	0.00	3.00
2012	1.05	0.75	1.00	0.00	3.00
2013	1.07	0.81	1.00	0.00	3.00
2014	1.13	0.83	1.00	0.00	3.00
2015	1.26	0.82	1.00	0.00	3.00
2016	1.35	0.80	1.00	0.00	3.00
2017	1.13	0.61	1.00	0.00	2.00
合计	1.02	0.75	1.00	0.00	3.00

表6-47反映了2008—2017年我国农业上市公司定距变量等权重利益相关者治理分指数的描述性统计结果。2008—2017年，该指数的平均值为1.00，中位数为1.00，标准差为0.59，最大值和最小值分别为2.80和0.00。我国农业上市公司定距变量等权重利益相关者治理分指数的平均值总体呈上升趋势，仅2017年有所下降，表明我国农业上市公司利益相关者治理水平不断提升。

表 6-47   我国农业上市公司定距变量等权重利益相关者治理分指数描述性统计(2008—2017 年)

年份	平均值	标准差	中位数	最小值	最大值
2008	0.66	0.49	0.60	0.00	1.80
2009	0.72	0.50	0.60	0.00	2.00
2010	0.92	0.53	0.80	0.00	2.00
2011	1.00	0.62	1.00	0.00	2.40
2012	1.04	0.62	1.00	0.00	2.60
2013	1.03	0.63	0.80	0.00	2.60
2014	1.13	0.60	1.20	0.00	2.60
2015	1.17	0.63	1.20	0.00	2.40
2016	1.26	0.62	1.20	0.00	2.80
2017	1.06	0.44	1.10	0.00	1.80
合计	1.00	0.59	1.00	0.00	2.80

图 6-6 描述了 2008—2017 年我国农业上市公司利益相关者治理分指数平均值的变化趋势,两个指数的平均值均呈逐年上升趋势,仅 2017 年有微小下降;在 2012 年之前,定距变量等权重利益相关者治理分指数平均值超过哑变量等权重利益相关者治理分指数平均值,此后哑变量等权重利益相关者治理分指数平均值领先于定距变量等权重利益相关者治理分指数平均值。

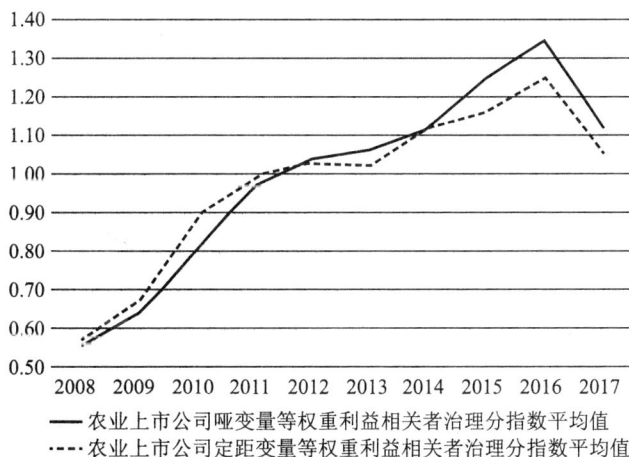

图 6-6   我国农业上市公司利益相关者治理分指数平均值趋势图(2008－2017 年)

121

二、我国农业上市公司分控股股东性质的比较分析

表 6-48 反映了 2008—2017 年我国农业上市公司哑变量等权重利益相关者治理分指数分控股股东性质比较的描述性统计结果。2008—2017 年,国有控股上市公司、集体控股上市公司和民营控股上市公司的利益相关者治理分指数总体上呈现上升趋势,民营控股上市公司的上升幅度最快,在 2017 年之前,其和国有控股上市公司的差距逐渐拉大,但是在 2017 年,民营控股上市公司该指数突然下降,且低于国有控股上市公司。

表 6-48　我国农业上市公司哑变量等权重利益相关者治理分指数分控股股东性质比较(2008—2017 年)

控股股东性质	2008	2009	2010	2011	2012	2013	2014	2015	2016	2017
国有控股	0.64	0.64	0.80	0.68	0.90	0.95	0.89	1.13	1.06	1.18
民营控股	0.65	0.76	0.86	1.19	1.17	1.12	1.27	1.36	1.52	1.09
外资控股	—	—	—	—	—	—	—	—	—	—
集体控股	1.33	1.00	1.00	2.00	1.00	2.00	2.00	1.00	2.00	—
社会团体控股	1.00	—	—	—	—	—	—	—	—	—
职工持股会控股	0.00	—	—	—	—	—	—	—	—	—
其他类型	0.00	—	—	—	—	—	—	—	—	—

表 6-49 反映了 2008—2017 年我国农业上市公司定距变量等权重利益相关者治理分指数分控股股东性质比较的描述性统计结果。2008—2017 年,国有控股上市公司、集体控股上市公司和民营控股上市公司的利益相关者治理分指数呈现总体上升趋势,民营控股上市公司的上升幅度最快,在 2017 年之前,和国有控股上市公司的差距逐渐拉大,但是在 2017 年,民营控股上市公司的利益相关者治理分指数突然下降,且与国有控股上市公司保持在相似的水平。

表 6-49　我国农业上市公司定距变量等权重利益相关者治理分指数分控股股东性质比较(2008—2017 年)

控股股东性质	2008	2009	2010	2011	2012	2013	2014	2015	2016	2017
国有控股	0.61	0.69	0.88	0.81	0.90	0.93	1.01	0.95	1.01	1.04
民营控股	0.66	0.76	0.93	1.12	1.13	1.06	1.21	1.35	1.40	1.08
外资控股	—	—	—	—	—	—	—	—	—	—
集体控股	1.00	0.60	1.60	2.00	1.80	2.00	1.60	0.80	1.80	—
社会团体控股	0.80	—	—	—	—	—	—	—	—	—
职工持股会控股	0.40	—	—	—	—	—	—	—	—	—
其他类型	0.40	—	—	—	—	—	—	—	—	—

三、我国农业上市公司分地区的比较分析

表 6-50 反映了 2008—2017 年我国农业上市公司哑变量等权重利益相关者治理分指数分地区比较的描述性统计结果。2008—2017 年,除河南、云南等少数地区指数降低或者震荡之外,其余地区指数为逐年上升。但是各地区之间存在差异,在 2017 年时,安徽的指数最高,为 2.00;而河南和云南的指数最低,分别为 0.67 和 0.50。

表 6-50　我国农业上市公司哑变量等权重利益相关者治理分指数分地区比较(2008—2017 年)

省(自治区、直辖市)	2008	2009	2010	2011	2012	2013	2014	2015	2016	2017
新疆	0.33	0.33	0.50	0.50	0.60	0.80	0.80	0.50	0.50	1.00
宁夏	—	—	—	—	—	—	—	—	—	—
青海	—	—	—	—	—	—	—	—	—	—
甘肃	0.50	0.50	0.50	0.50	1.00	1.00	1.00	1.00	1.00	1.00
陕西	0.00	0.00	—	—	—	—	—	—	—	—
西藏	—	—	—	—	—	—	—	—	—	—
云南	1.50	0.50	0.50	0.00	0.00	0.00	0.00	0.50	1.00	0.50
贵州	—	—	—	—	—	—	—	—	—	—
四川	0.33	0.33	—	—	—	—	—	—	—	—
重庆	—	—	—	—	—	—	—	—	—	—
海南	1.00	1.00	1.00	1.00	1.00	1.00	2.00	2.00	2.33	1.67
广西	—	—	—	—	1.00	1.00	2.00	1.00	1.00	1.00
广东	—	1.00	1.00	1.00	1.00	1.00	0.67	2.00	2.00	1.00
湖南	0.67	0.33	0.50	0.75	0.75	0.75	0.75	0.67	1.33	1.00
湖北	0.00	0.00	0.00	0.00	1.00	1.00	1.00	1.00	1.00	—
河南	—	1.00	1.00	1.00	1.00	1.00	1.00	1.00	0.67	0.67
山东	1.00	0.80	1.00	1.50	1.83	1.33	1.33	1.33	1.50	1.00
江西	—	—	—	—	—	—	—	—	—	—
福建	0.50	1.33	1.33	1.67	1.75	1.25	1.00	1.33	1.33	1.00
安徽	1.00	1.00	1.50	2.00	1.00	2.00	2.00	2.00	2.00	2.00
浙江	0.00	—	—	—	—	—	—	—	—	—
江苏	—	—	—	—	—	—	—	—	—	—

省（自治区、直辖市）	2008	2009	2010	2011	2012	2013	2014	2015	2016	2017
上海	1.00	1.00	1.00	0.00	1.00	2.00	2.00	2.00	1.00	1.50
黑龙江	0.00	0.00	0.50	0.50	1.00	1.00	1.50	2.00	2.00	1.50
吉林	1.00	1.00	0.00	0.00	0.00	0.00	0.00	—	—	—
辽宁	1.00	1.00	1.00	1.50	0.50	1.00	1.50	1.00	2.00	1.00
内蒙古	—	—	—	—	—	—	—	—	—	—
山西	—	—	—	—	—	—	—	—	—	—
河北	1.00	1.00	1.00	1.00	1.00	1.00	1.00	1.00	1.00	1.00
天津	—	—	—	—	—	—	—	—	—	—
北京	1.00	1.20	1.20	1.00	1.00	1.25	1.00	1.50	1.50	1.50

表 6-51 反映了 2008—2017 年我国农业上市公司定距变量等权重利益相关者治理分指数分地区比较的描述性统计结果。2008—2017 年,除河南、云南、辽宁和吉林等部分地区的指数降低或者震荡之外,其余地区该指数为逐年上升。但是各地区之间存在差异,在 2017 年时,上海的指数最高,为 1.50;而云南的指数最低,为 0.60。

表 6-51　我国农业上市公司定距变量等权重利益相关者治理分指数分地区比较(2008—2017 年)

省（自治区、直辖市）	2008	2009	2010	2011	2012	2013	2014	2015	2016	2017
北京	0.75	1.08	1.20	1.10	1.15	1.30	1.30	1.10	1.30	1.30
天津	—	—	—	—	—	—	—	—	—	—
河北	0.80	0.80	0.80	0.80	0.80	0.80	0.80	1.00	0.80	1.00
山西	—	—	—	—	—	—	—	—	—	—
内蒙古	—	—	—	—	—	—	—	—	—	—
辽宁	0.80	0.60	1.30	1.30	1.20	1.20	1.10	0.80	1.80	0.80
吉林	0.60	0.60	0.40	0.40	0.40	0.40	0.40	—	—	—
黑龙江	0.40	0.20	1.00	0.90	1.00	1.10	1.50	1.60	1.50	1.10
上海	1.40	1.40	1.20	0.80	1.00	1.20	1.40	1.20	1.20	1.50
江苏	—	—	—	—	—	—	—	—	—	—
浙江	0.20	—	—	—	—	—	—	—	—	—

省（自治区、直辖市）	2008	2009	2010	2011	2012	2013	2014	2015	2016	2017
安徽	1.00	1.00	1.50	1.70	1.10	1.30	1.40	1.60	1.40	1.40
福建	0.80	1.20	1.33	1.47	1.70	1.35	1.30	1.47	1.60	1.33
江西	—	—	—	—	—	—	—	—	—	—
山东	0.96	0.80	0.90	1.27	1.47	1.33	1.33	1.33	1.53	1.10
河南	—	1.00	1.30	1.30	1.20	1.20	1.33	1.33	1.00	0.67
湖北	0.00	0.00	0.00	0.00	0.80	0.80	0.60			
湖南	0.60	0.53	0.75	0.80	0.70	0.75	1.05	0.87	1.27	1.20
广东	—	1.00	0.90	0.90	0.80	0.67	0.67	1.60	1.60	1.20
广西	—	—	—	—	0.80	0.80	1.20	0.80	0.80	0.80
海南	0.80	0.60	0.60	1.27	1.20	1.27	1.80	1.67	1.73	1.33
重庆	—	—	—	—	—	—	—	—	—	—
四川	0.40	0.47	—	—	—	—	—	—	—	—
贵州	—	—	—	—	—	—	—	—	—	—
云南	1.20	0.50	0.50	0.00	0.00	0.00	0.00	0.50	0.70	0.60
西藏	—	—	—	—	—	—	—	—	—	—
陕西	0.00	0.20								
甘肃	0.40	0.50	0.50	0.60	0.80	0.80	0.80	0.80	0.87	0.80
青海	—	—	—	—	—	—	—	—	—	—
宁夏	—	—	—	—	—	—	—	—	—	—
新疆	0.47	0.57	0.70	0.55	0.64	0.72	0.84	0.65	0.70	0.75

四、我国农业上市公司分市场板块的比较分析

表6-52反映了2008—2017年我国农业上市公司哑变量等权重利益相关者治理分指数分市场板块比较的描述性统计结果。2008—2016年主板和创业板该指数总体呈现上升趋势，主板上升幅度较大，但在2017年二者均出现了下降；中小企业板总体呈波动变化趋势。2008—2012年，中小企业板该指数高于主板和创业板，但2012年之后一直处于三者中最低，创业板成为三者中最高。

表6-52 我国农业上市公司哑变量等权重利益相关者治理分指数分市场板块比较(2008—2017年)

市场板块	2008	2009	2010	2011	2012	2013	2014	2015	2016	2017
主板	0.56	0.63	0.74	0.81	0.96	1.07	1.15	1.30	1.40	1.15
中小企业板	1.40	1.00	1.00	1.30	1.25	1.00	1.08	1.07	1.21	1.00
创业板	—	—	1.00	1.20	1.00	1.17	1.17	1.60	1.50	1.33

表6-53反映了2008—2017年我国农业上市公司定距变量等权重利益相关者治理分指数分市场板块比较的描述性统计结果。2008—2016年,主板和创业板该指数总体呈现上升趋势,主板上升幅度较大,但在2017年二者均出现了下降;中小企业板处于不断波动中,无明显变动趋势。2008—2014年,中小企业板该指数高于主板和创业板,但2015—2017年创业板该指数最高,主板总体上处于较低水平,但发展迅猛,在2014年之后超过了中小企业板,且与创业板存在差距。

表6-53 我国农业上市公司定距变量等权重利益相关者治理分指数分市场板块比较(2008—2017年)

市场板块	2008	2009	2010	2011	2012	2013	2014	2015	2016	2017
主板	0.58	0.67	0.84	0.89	0.97	1.01	1.12	1.16	1.26	1.06
中小企业板	1.20	0.93	1.07	1.22	1.23	1.10	1.22	1.11	1.23	0.99
创业板	—	—	1.00	1.12	0.97	0.97	1.03	1.36	1.30	1.23

综上分析,利益相关者治理维度下,我国农业上市公司哑变量等权重利益相关者治理分指数和定距变量等权重利益相关者治理分指数的平均值总体均呈上升趋势,其中集体控股农业上市公司两类利益相关者治理分指数较其他控股股东性质农业上市公司而言整体较高,上海、安徽和海南的农业上市公司两类利益相关者治理分指数较其他地区农业上市公司而言整体较高,创业板农业上市公司两类利益相关者治理分指数较其他板块农业上市公司而言整体较高。

五、我国农业上市公司利益相关者治理维度指标分析

本书使用哑变量法和定距变量法对反映农业上市公司利益相关者治理情况的3项指标在2008—2017年的情况进行统计分析。表6-54和表6-55描述了我国农业上市公司利益相关者治理各指数平均水平的统计结果。通过统计分析,从利益相关者治理来看,我国农业上市公司的员工工资呈持续上升趋势,但是工资总体水平仍然较低,对员工的激励性不足;公司开始重视履行企业社会责任,但是出

具社会责任报告的公司仍然较少,履行社会责任尚未成为我国农业上市公司自觉履行的义务;债权人利益保障程度不高,且近三年呈下降趋势。

表6-54　利益相关者治理指标哑变量法评分描述性统计

指标名称	平均值	标准差	中位数	最小值	最大值
员工工资状况	0.30	0.46	1.00	0.00	1.00
是否出具社会责任报告	0.19	0.39	0.00	0.00	1.00
债权人利益保障程度	0.53	0.50	1.00	0.00	1.00

表6-55　利益相关者治理指标定距变量法评分描述性统计

指标名称	平均值	标准差	中位数	最小值	最大值
员工工资状况	0.31	0.33	0.40	0.00	1.00
是否出具社会责任报告	—	—	—	—	—
债权人利益保障程度	0.50	0.31	0.60	0.00	1.00

第七节　我国农业上市公司内部控制维度分析

一、我国农业上市公司内部控制情况历年描述

表6-56反映了2008—2017年我国农业上市公司哑变量等权重内部控制分指数的描述性统计结果。2008—2017年,该指数的平均值为3.72,中位数为4.00,标准差为1.91,最大值和最小值分别为6.00和0.00。我国农业上市公司哑变量等权重内部控制分指数的平均值总体呈上升趋势,表明我国农业上市公司内部控制水平不断提升。

表6-56　我国农业上市公司哑变量等权重内部控制分指数描述性统计(2008—2017年)

年份	平均值	标准差	中位数	最小值	最大值
2008	1.95	1.79	1.00	0.00	6.00
2009	2.10	2.15	1.00	0.00	6.00
2010	3.30	2.14	4.00	0.00	6.00
2011	3.78	2.30	4.00	0.00	6.00
2012	3.82	1.63	4.00	0.00	6.00

年份	平均值	标准差	中位数	最小值	最大值
2013	4.02	1.75	5.00	0.00	6.00
2014	4.52	1.26	5.00	0.00	6.00
2015	4.44	1.23	5.00	2.00	6.00
2016	4.63	1.00	5.00	2.00	6.00
2017	4.35	1.19	5.00	2.00	6.00
合计	3.72	1.91	4.00	0.00	6.00

表 6-57 反映了 2008—2017 年我国农业上市公司定距变量等权重内部控制分指数的描述性统计结果。2008—2017 年,该指数的平均值为 3.72,中位数为 4.00,标准差为 1.89,最大值和最小值分别为 6.00 和 0.00。我国农业上市公司定距变量等权重内部控制分指数的平均值总体呈上升趋势,表明我国农业上市公司内部控制水平不断提升。

表 6-57　我国农业上市公司定距变量等权重内部控制分指数描述性统计(2008—2017 年)

年份	平均值	标准差	中位数	最小值	最大值
2008	1.88	1.84	1.00	0.00	6.00
2009	2.14	2.13	1.00	0.00	6.00
2010	3.29	2.16	3.60	0.00	6.00
2011	3.71	2.25	4.00	0.00	6.00
2012	3.87	1.54	4.00	0.00	6.00
2013	4.04	1.67	4.60	0.00	5.80
2014	4.50	1.20	4.90	0.00	6.00
2015	4.42	1.17	5.00	2.00	5.80
2016	4.67	0.95	5.00	2.00	6.00
2017	4.45	1.17	5.00	2.00	6.00
合计	3.72	1.89	4.00	0.00	6.00

图 6-7 描述了 2008—2017 年我国农业上市公司内部控制分指数平均值的变化趋势,两个指数的平均值均总体呈上升趋势;2008—2017 年,哑变量等权重内部控制分指数平均值和定距变量等权重内部控制分指数平均值几乎重合。

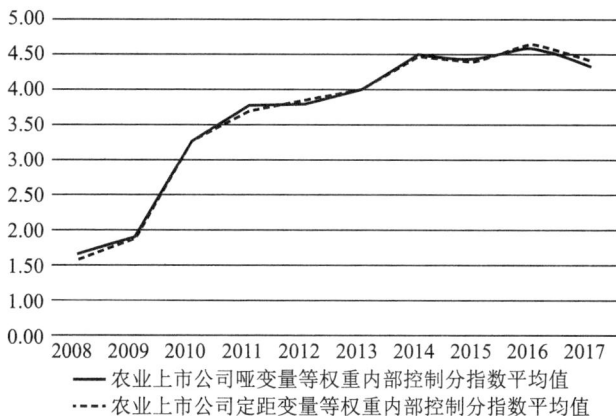

图 6-7　我国农业上市公司内部控制分指数平均值趋势图（2008—2017 年）

二、我国农业上市公司分控股股东性质的比较分析

表 6-58 反映了 2008—2017 年我国农业上市公司哑变量等权重内部控制分指数分控股股东性质比较的描述性统计结果。2008—2017 年,国有控股上市公司、集体控股上市公司和民营控股上市公司的内部控制分指数总体呈上升趋势,民营控股上市公司一直表现优良,整体领先于国有控股上市公司,但是在 2012 年、2013 年、2014 年、2017 年,民营控股上市公司该指数下降,被国有控股上市公司所赶超。

表 6-58　我国农业上市公司哑变量等权重内部控制分指数分控股股东性质比较（2008—2017 年）

控股股东性质	2008	2009	2010	2011	2012	2013	2014	2015	2016	2017
国有控股	0.86	1.41	3.00	3.11	4.30	4.89	4.95	4.31	4.50	4.59
民营控股	2.71	2.76	3.55	4.29	3.39	3.32	4.31	4.55	4.83	4.17
外资控股	—	—		—	—					—
集体控股	3.00	6.00	4.00	6.00	4.00	5.00	2.00	4.00	2.00	—
社会团体控股	4.00	—	—	—	—	—	—	—	—	—
职工持股会控股	1.00	—	—	—	—	—	—	—	—	—
其他类型	0.00	—	—	—	—	—	—	—	—	—

表 6-59 反映了 2008—2017 年我国农业上市公司定距变量等权重内部控制分指数分控股股东性质比较的描述性统计结果。2008—2017 年,国有控股上市公司、集体控股上市公司和民营控股上市公司的内部控制分指数总体呈上升趋

势,民营控股上市公司一直表现优良,领先于国有控股上市公司,但是在2012年,民营控股上市公司该指数突然下降,被国有控股上市公司所赶超。

表6-59　我国农业上市公司定距变量等权重内部控制分指数分控股股东性质比较(2008—2017年)

控股股东性质	2008	2009	2010	2011	2012	2013	2014	2015	2016	2017
国有控股	0.73	1.45	2.92	3.03	4.31	4.87	4.87	4.44	4.63	4.65
民营控股	2.67	2.79	3.59	4.22	3.50	3.38	4.32	4.43	4.83	4.30
外资控股	—	—	—	—	—	—	—	—	—	—
集体控股	3.00	6.00	4.00	6.00	3.60	5.00	2.00	4.00	2.00	—
社会团体控股	4.00	—	—	—	—	—	—	—	—	—
职工持股会控股	1.00	—	—	—	—	—	—	—	—	—
其他类型	0.00	—	—	—	—	—	—	—	—	—

三、我国农业上市公司分地区的比较分析

表6-60反映了2008—2017年我国农业上市公司哑变量等权重内部控制分指数分地区比较的描述性统计结果。2008—2017年,除辽宁、海南和上海等少数地区指数降低或者震荡之外,其余地区该指数总体呈逐年上升。但是各地区之间存在差异,在2017年时,安徽的内部控制分指数最高,为5.50;而辽宁和云南的内部控制分指数最低,为3.00。

表6-60　我国农业上市公司哑变量等权重内部控制分指数分地区比较(2008—2017年)

省(自治区、直辖市)	2008	2009	2010	2011	2012	2013	2014	2015	2016	2017
北京	3.00	3.20	5.60	5.50	4.50	5.00	5.25	4.00	3.50	4.00
天津	—	—	—	—	—	—	—	—	—	—
河北	1.00	0.00	0.00	1.00	1.00	0.00	4.00	6.00	5.00	5.00
山西	—	—	—	—	—	—	—	—	—	—
内蒙古	—	—	—	—	—	—	—	—	—	—
辽宁	3.00	6.00	4.50	6.00	5.00	5.00	4.00	4.00	2.00	3.00
吉林	1.00	0.00	1.00	0.00	4.00	6.00	6.00			
黑龙江	1.00	1.00	3.00	3.50	4.00	3.50	5.00	5.50	5.50	5.00
上海	1.00	1.00	1.00	1.00	5.00	2.00	4.00	2.00	3.50	4.00

省(自治区、直辖市)	2008	2009	2010	2011	2012	2013	2014	2015	2016	2017
江苏	—	—	—	—	—	—	—	—	—	—
浙江	3.00	—	—	—	—	—	—	—	—	—
安徽	4.00	3.00	3.50	5.00	4.00	4.50	4.50	5.00	3.50	5.50
福建	3.00	3.33	4.33	3.33	4.25	4.25	4.75	5.00	4.67	4.67
江西	—	—	—	—	—	—	—	—	—	—
山东	2.60	3.20	3.33	4.33	3.83	3.83	4.83	4.33	4.83	3.83
河南	—	5.00	4.50	6.00	4.00	5.00	5.00	5.00	5.00	4.67
湖北	0.00	0.00	0.00	0.00	0.00	0.00	0.00	—	—	—
湖南	1.67	2.00	4.00	5.25	3.25	3.75	4.50	4.67	5.00	5.00
广东	—	0.00	3.00	5.00	3.00	3.33	4.33	3.50	5.00	3.50
广西	—	—	—	—	3.00	5.00	3.00	6.00	4.00	5.00
海南	4.00	4.00	3.00	4.00	4.33	4.33	4.67	3.67	5.00	4.33
重庆	—	—	—	—	—	—	—	—	—	—
四川	1.33	1.33	—	—	—	—	—	—	—	—
贵州	—	—	—	—	—	—	—	—	—	—
云南	3.00	1.50	1.50	0.00	0.00	0.00	4.00	2.50	4.00	3.00
西藏	—	—	—	—	—	—	—	—	—	—
陕西	0.00	1.00	—	—	—	—	—	—	—	—
甘肃	1.00	0.50	3.50	2.50	5.00	5.50	4.50	5.00	5.33	5.33
青海	—	—	—	—	—	—	—	—	—	—
宁夏	—	—	—	—	—	—	—	—	—	—
新疆	1.00	1.17	2.17	1.50	4.20	4.60	4.40	4.50	5.00	4.00

表 6-61 反映了 2008—2017 年我国农业上市公司定距变量等权重内部控制分指数分地区比较的描述性统计结果。2008—2017 年,除辽宁、海南等少数地区指数降低或者震荡之外,其余地区该指数为逐年上升。但是各地区之间存在差异,在 2017 年时,广西的内部控制分指数最高,为 5.60;而云南的内部控制分指数最低,为 3.00。

表6-61 我国农业上市公司定距变量等权重内部控制分指数分地区比较（2008—2017 年）

省（自治区、直辖市）	2008	2009	2010	2011	2012	2013	2014	2015	2016	2017
北京	2.95	3.32	5.52	5.50	4.60	4.90	5.05	4.10	3.70	4.10
天津	—	—	—	—	—	—	—	—	—	—
河北	0.60	0.40	0.00	0.60	0.80	0.40	4.00	5.80	5.40	5.20
山西	—	—	—	—	—	—	—	—	—	—
内蒙古	—	—	—	—	—	—	—	—	—	—
辽宁	3.20	6.00	4.60	5.80	4.80	5.00	3.80	4.00	2.00	3.20
吉林	0.80	0.40	0.80	0.40	4.00	5.80	5.80	—	—	—
黑龙江	1.00	1.00	3.20	3.30	4.00	3.70	5.20	5.60	5.40	5.20
上海	1.00	1.00	0.60	0.60	4.60	2.20	4.00	2.00	3.70	3.90
江苏	—	—	—	—	—	—	—	—	—	—
浙江	3.00									
安徽	3.60	3.20	3.60	4.70	4.20	4.70	4.20	4.90	3.60	5.50
福建	3.10	3.47	4.27	3.40	4.35	4.45	4.85	4.73	4.60	4.73
江西	—	—	—	—	—	—	—	—	—	—
山东	2.56	3.04	3.27	4.27	3.90	3.90	4.77	4.23	4.87	4.17
河南	—	5.20	4.50	5.80	4.10	4.90	5.00	5.07	5.00	4.73
湖北	0.00	0.00	0.00	0.00	0.20	0.00	0.00	—	—	—
湖南	1.47	2.27	4.05	5.15	3.25	3.70	4.55	4.40	4.93	4.67
广东	—	0.00	3.20	5.20	3.20	3.27	4.27	3.60	5.00	3.50
广西	—	—	—	—	3.20	5.00	2.60	5.60	3.80	5.60
海南	4.00	3.80	3.20	4.07	4.33	4.33	4.80	3.73	4.93	4.33
重庆	—	—	—	—	—	—	—	—	—	—
四川	1.33	1.33	—	—	—	—	—	—	—	—
贵州	—	—	—	—	—	—	—	—	—	—
云南	3.00	1.50	1.60	0.00	0.00	0.00	4.00	2.60	4.60	3.00
西藏	—	—	—	—	—	—	—	—	—	—
陕西	0.00	0.60	—	—	—	—	—	—	—	—
甘肃	0.80	0.70	3.30	2.40	5.00	5.40	4.50	5.27	5.33	5.47
青海	—	—	—	—	—	—	—	—	—	—
宁夏	—	—	—	—	—	—	—	—	—	—
新疆	0.93	1.07	2.10	1.40	4.32	4.56	4.52	4.60	5.05	4.15

四、我国农业上市公司分市场板块的比较分析

表6-62反映了2008—2017年我国农业上市公司哑变量等权重内部控制分指数分市场板块比较的描述性统计结果。2008—2017年主板该指数总体呈现上升趋势,且上升幅度较大,中小企业板波动较大,但无明显变动趋势,创业板先上升后下降,整体来看各板块内部控制水平没有明显的时间变动趋势。2008—2012年中小企业板该指数均高于主板和创业板;2014—2017年该指数最高的是主板,创业板内部控制水平相对较低。

表6-62 我国农业上市公司哑变量等权重内部控制分指数分市场板块比较(2008—2017年)

市场板块	2008	2009	2010	2011	2012	2013	2014	2015	2016	2017
主板	1.63	1.47	2.70	2.88	3.69	3.74	4.70	4.65	4.80	4.70
中小企业板	4.00	4.63	4.75	5.50	4.17	4.33	4.31	4.43	4.50	4.21
创业板	—	—	3.00	5.00	3.67	4.67	4.17	3.60	4.33	3.50

表6-63反映了2008—2017年我国农业上市公司定距变量等权重内部控制分指数分市场板块比较的描述性统计结果。2008—2017年主板该指数总体呈现上升趋势,且上升幅度较大,中小企业板小幅波动,但无明显变动趋势,创业板先上升后下降,整体来看各板块内部控制水平没有明显的时间变动趋势。2008—2012年中小企业板该指数均高于主板和创业板,2013年创业板该指数最高,2014—2017年最高的是主板。

表6-63 我国农业上市公司定距变量等权重内部控制分指数分市场板块比较(2008—2017年)

市场板块	2008	2009	2010	2011	2012	2013	2014	2015	2016	2017
主板	1.53	1.51	2.64	2.81	3.74	3.73	4.73	4.63	4.84	4.73
中小企业板	4.12	4.65	4.78	5.44	4.23	4.42	4.23	4.39	4.57	4.43
创业板	—	—	3.20	4.96	3.70	4.73	4.07	3.68	4.37	3.53

综上分析,内部控制维度下,我国农业上市公司哑变量等权重内部控制分指数和定距变量等权重内部控制分指数的平均值除个别年份略有下降外总体呈上升趋势,其中集体控股农业上市公司两类内部控制分指数较其他控股股东性质农业上市公司而言较低,吉林、辽宁和北京的农业上市公司两类内部控制分指数较其他控股股东性质农业上市公司而言较高。

五、我国农业上市公司内部控制维度指标分析

本书使用哑变量法和定距变量法对反映我国农业上市公司内部控制情况的六项指标在2008—2017年的情况进行评分。表6-64和表6-65描述了我国农业上市公司内部控制各指数平均水平的统计结果。从内部控制治理来看,迪博内控指数反映出我国农业上市公司的内控状况较弱;我国农业上市公司内控评价报告披露情况逐步改善,但内控审计报告披露较少;内控缺陷指标反映出我国农业上市公司内控普遍存在缺陷,内控管理能力需进一步提升。

表6-64 内部控制指标哑变量法评分描述性统计

指标名称	平均值	标准差	中位数	最小值	最大值
迪博内控指数	0.42	0.49	0.00	0.00	1.00
是否披露内控审计报告	0.55	0.50	1.00	0.00	1.00
内控审计报告意见类型	0.52	0.50	1.00	0.00	1.00
是否披露内控评价报告	0.80	0.40	1.00	0.00	1.00
是否出具内控评价报告结论	0.80	0.40	1.00	0.00	1.00
内控是否存在缺陷	0.63	0.48	1.00	0.00	1.00

表6-65 内部控制指标定距变量法评分描述性统计

指标名称	平均值	标准差	中位数	最小值	最大值
迪博内控指数	0.42	0.36	0.50	0.00	1.00
内控审计报告意见类型	0.53	0.49	1.00	0.00	1.00

第八节 我国农业上市公司违法违规维度分析

一、我国农业上市公司违法违规情况历年描述

表6-66反映了2008—2017年我国农业上市公司哑变量等权重违法违规分指数的描述性统计结果。2008—2017年,该指数平均值为3.72,中位数为4.00,标准差为0.56,最大值和最小值分别为4.00和2.00。2011—2012年以及2014—2015年我国农业上市公司哑变量等权重违法违规分指数的平均值呈下降趋势,其他时间该分指数的平均值呈上升趋势,表明我国农业上市公司的违法违规情况随时间变化而有所波动。

表 6-66　我国农业上市公司哑变量等权重违法违规分指数描述性统计(2008—2017 年)

年份	平均值	标准差	中位数	最小值	最大值
2008	3.70	0.62	4.00	2.00	4.00
2009	3.77	0.42	4.00	3.00	4.00
2010	3.84	0.43	4.00	2.00	4.00
2011	3.66	0.57	4.00	2.00	4.00
2012	3.59	0.66	4.00	2.00	4.00
2013	3.76	0.48	4.00	2.00	4.00
2014	3.65	0.64	4.00	2.00	4.00
2015	3.64	0.63	4.00	2.00	4.00
2016	3.77	0.53	4.00	2.00	4.00
2017	3.80	0.52	4.00	2.00	4.00
合计	3.72	0.56	4.00	2.00	4.00

图 6-8 描述了 2008—2017 年我国农业上市公司哑变量等权重违法违规分指数平均值的变化趋势,该指数的平均值呈现三升两降的趋势。从 2016 年起,我国农业上市公司违法违规情况有所改善。

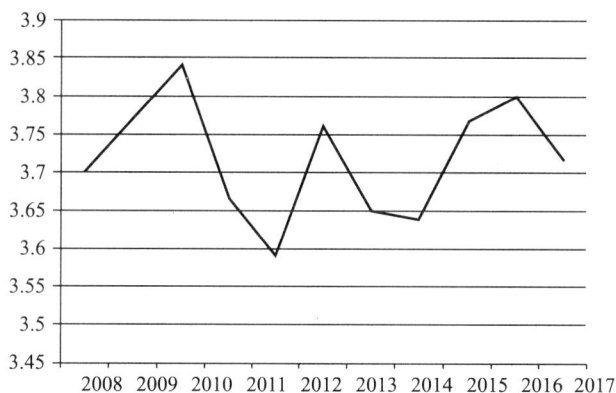

图 6-8　我国农业上市公司违法违规分指数平均值趋势图(2008—2017 年)

二、我国农业上市公司分控股股东性质的比较分析

表 6-67 反映了 2008—2017 年我国农业上市公司哑变量等权重违法违规分指数分控股股东性质比较的描述性统计结果。2008—2017 年,国有控股上市公

司和集体控股上市公司的违法违规分指数总体呈下降趋势,民营控股上市公司的违法违规分指数总体呈上升趋势,在 2011 年开始超过国有控股上市公司。

表 6-67　我国农业上市公司哑变量等权重违法违规分指数分控股股东性质比较(2008—2017 年)

控股股东性质	2008	2009	2010	2011	2012	2013	2014	2015	2016	2017
国有控股	3.86	3.82	3.95	3.68	3.60	3.68	3.58	3.50	3.75	3.59
民营控股	3.65	3.76	3.77	3.71	3.65	3.84	3.73	3.77	3.87	3.96
外资控股	—	—	—	—	—	—	—	—	—	—
集体控股	3.67	3.00	3.00	2.00	2.00	3.00	3.00	3.00	2.00	—
社会团体控股	4.00	—	—	—	—	—	—	—	—	—
职工持股会控股	4.00	—	—	—	—	—	—	—	—	—
其他类型	2.00	—	—	—	—	—	—	—	—	—

三、我国农业上市公司分地区的比较分析

表 6-68 反映了 2008—2017 年我国农业上市公司哑变量等权重违法违规分指数分地区比较的描述性统计结果。2008—2017 年,各地区该指数呈震荡趋势,大多维持在 4.00 上下;在 2017 年,小于 4.00 的地区仅有甘肃、广东、上海和新疆。

表 6-68　我国农业上市公司哑变量等权重违法违规分指数分地区比较(2008—2017 年)

省(自治区、直辖市)	2008	2009	2010	2011	2012	2013	2014	2015	2016	2017
北京	4.00	4.00	4.00	3.75	4.00	3.75	4.00	3.50	4.00	4.00
天津	—	—	—	—	—	—	—	—	—	—
河北	4.00	4.00	4.00	3.00	3.00	4.00	4.00	4.00	4.00	4.00
山西	—	—	—	—	—	—	—	—	—	—
内蒙古	—	—	—	—	—	—	—	—	—	—
辽宁	3.00	3.00	3.50	3.00	3.00	3.50	3.50	3.00	2.00	4.00
吉林	4.00	4.00	4.00	4.00	4.00	4.00	3.00	—	—	—
黑龙江	4.00	4.00	4.00	3.50	3.50	3.50	4.00	4.00	4.00	4.00
上海	4.00	4.00	4.00	4.00	4.00	4.00	4.00	3.00	3.50	3.50
江苏	—	—	—	—	—	—	—	—	—	—
浙江	4.00	—	—	—	—	—	—	—	—	—
安徽	4.00	4.00	4.00	4.00	4.00	4.00	4.00	4.00	3.50	4.00

省(自治区、直辖市)	2008	2009	2010	2011	2012	2013	2014	2015	2016	2017
福建	4.00	4.00	4.00	3.67	4.00	3.75	3.50	3.33	4.00	4.00
江西	—	—	—	—	—	—	—	—	—	—
山东	3.40	4.00	3.67	3.83	4.00	4.00	3.67	3.83	3.83	4.00
河南	—	3.00	3.50	3.00	3.50	4.00	3.67	3.67	4.00	4.00
湖北	2.00	4.00	4.00	4.00	3.00	3.00	3.00	—	—	—
湖南	4.00	4.00	4.00	3.75	3.25	3.75	3.00	4.00	4.00	4.00
广东	—	4.00	3.50	3.50	3.00	3.67	3.67	3.00	3.50	3.50
广西	—	—	—	—	4.00	4.00	4.00	4.00	4.00	4.00
海南	4.00	4.00	4.00	3.67	3.33	4.00	3.67	3.33	4.00	4.00
重庆	—	—	—	—	—	—	—	—	—	—
四川	3.33	3.33	—	—	—	—	—	—	—	—
贵州	—	—	—	—	—	—	—	—	—	—
云南	3.50	3.50	3.50	4.00	3.00	4.00	4.00	4.00	4.00	4.00
西藏	—	—	—	—	—	—	—	—	—	—
陕西	4.00	3.00	—	—	—	—	—	—	—	—
甘肃	4.00	4.00	4.00	4.00	3.00	3.00	3.00	3.33	3.33	3.00
青海	—	—	—	—	—	—	—	—	—	—
宁夏	—	—	—	—	—	—	—	—	—	—
新疆	3.67	3.50	3.83	3.50	3.60	3.60	3.60	3.75	3.75	3.25

四、我国农业上市公司分市场板块的比较分析

表6-69反映了2008—2017年我国农业上市公司哑变量等权重违法违规分指数分市场板块比较的描述性统计结果。2008—2017年,主板该指数总体较为平稳,无明显变化趋势,中小企业板小幅上升,创业板先上升后下降,整体来看各板块违法违规情况没有明显的时间变动趋势。该指数最高值出现在各板块的次数较为平均,且三个板块该指数整体水平较为接近,这表明三者之间违法违规情况没有明显的优劣之分。

表 6-69　我国农业上市公司哑变量等权重违法违规分指数分市场板块比较（2008—2017 年）

市场板块	2008	2009	2010	2011	2012	2013	2014	2015	2016	2017
主板	3.75	3.81	3.96	3.73	3.62	3.70	3.59	3.75	3.75	3.75
中小企业板	3.40	3.63	3.58	3.40	3.58	3.83	3.69	3.64	3.86	4.00
创业板	—	—	3.75	3.80	3.50	3.83	3.83	3.20	3.67	3.50

综上分析,违法违规维度下,我国农业上市公司哑变量等权重违法违规分指数在 2015—2017 年呈上升趋势,其中国有控股和民营控股农业上市公司该指数较其他控股股东性质农业上市公司而言较高,上海和云南的农业上市公司该指数较其他地区农业上市公司而言较高,2015—2017 年中小企业板农业上市公司该指数较其他板块农业上市公司而言较高。

五、我国农业上市公司违法违规维度指标分析

本书使用哑变量法对反映我国农业上市公司违法违规情况的 4 项指标在 2008—2017 年的情况进行评分。表 6-70 描述了反映我国农业上市公司违法违规情况各指数平均水平的统计结果。从违法违规情况来看,我国农业上市公司高管违规、大股东违规情况控制得较好,整体评价较高;农业上市公司受到 ST 处理的情况也较少出现;但个别公司高管、股东以及公司本身违法违规的行为仍然时有发生。

表 6-70　我国农业上市公司违法违规指标哑变量法评分描述性统计

指标名称	平均值	标准差	中位数	最小值	最大值
公司高管违规	0.89	0.32	1.00	0.00	1.00
上市公司大股东违规	0.95	0.22	1.00	0.00	1.00
上市公司违规	0.91	0.29	1.00	0.00	1.00
当年是否受到 ST 处理	0.98	0.15	1.00	0.00	1.00

第九节　我国农业上市公司外部审计维度分析

一、我国农业上市公司外部审计情况历年描述

表 6-71 反映了 2008—2017 年我国农业上市公司哑变量等权重外部审计分指数的描述性统计结果。2008—2017 年,该指数的平均值为 1.35,中位数为 1.00,

标准差为 0.57,最大值和最小值分别为 2.00 和 0.00。我国农业上市公司哑变量等权重外部审计分指数的平均值总体呈上升趋势,表明我国农业上市公司外部审计水平不断提升。

表 6-71　我国农业上市公司哑变量等权重外部审计分指数描述性统计(2008—2017 年)

年份	平均值	标准差	中位数	最小值	最大值
2008	0.97	0.44	1.00	0.00	2.00
2009	1.08	0.53	1.00	0.00	2.00
2010	1.05	0.58	1.00	0.00	2.00
2011	1.24	0.49	1.00	0.00	2.00
2012	1.36	0.57	1.00	0.00	2.00
2013	1.60	0.54	2.00	0.00	2.00
2014	1.61	0.54	2.00	0.00	2.00
2015	1.54	0.55	2.00	0.00	2.00
2016	1.55	0.55	2.00	0.00	2.00
2017	1.43	0.50	1.00	1.00	2.00
合计	1.35	0.57	1.00	0.00	2.00

表 6-72 反映了 2008—2017 年我国农业上市公司定距变量等权重外部审计分指数的描述性统计结果。2008—2017 年,该指数的平均值为 1.36,中位数为 1.00,标准差为 0.56,最大值和最小值分别为 2.00 和 0.00。我国农业上市公司定距变量等权重外部审计分指数的平均值总体呈上升趋势,表明我国农业上市公司外部审计水平不断提升。

表 6-72　我国农业上市公司定距变量等权重外部审计分指数描述性统计(2008—2017 年)

年份	平均值	标准差	中位数	最小值	最大值
2008	0.98	0.43	1.00	0.00	2.00
2009	1.11	0.48	1.00	0.00	2.00
2010	1.07	0.54	1.00	0.00	2.00
2011	1.25	0.49	1.00	0.00	2.00
2012	1.38	0.56	1.00	0.00	2.00
2013	1.61	0.53	2.00	0.00	2.00
2014	1.61	0.54	2.00	0.00	2.00
2015	1.56	0.51	2.00	0.80	2.00

续表

年份	平均值	标准差	中位数	最小值	最大值
2016	1.56	0.54	2.00	0.20	2.00
2017	1.44	0.49	1.10	1.00	2.00
合计	1.36	0.56	1.00	0.00	2.00

图 6-9 描述了 2008—2017 年我国农业上市公司外部审计分指数平均值的变化趋势,两个指数的平均值均总体呈上升趋势;2008—2017 年,哑变量等权重外部审计分指数平均值和定距变量等权重外部审计分指数的平均值几乎重合。

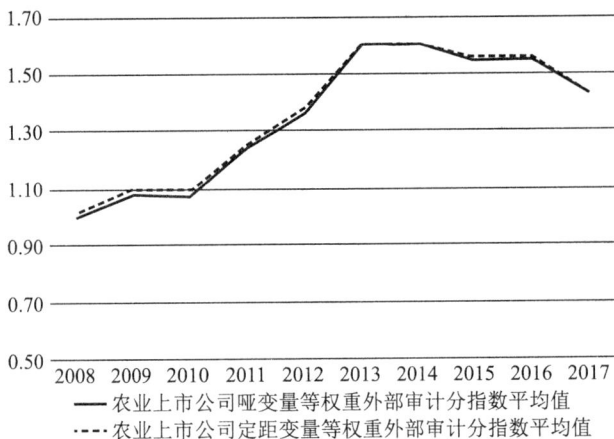

图 6-9　我国农业上市公司外部审计分指数平均值趋势图(2008—2017 年)

二、我国农业上市公司分控股股东性质的比较分析

表 6-73 反映了 2008—2017 年我国农业上市公司哑变量等权重外部审计分指数分控股股东性质比较的描述性统计结果。2008—2017 年,国有控股上市公司、集体控股上市公司和民营控股上市公司的外部审计分指数总体呈上升趋势,在该项治理指标上,各类企业没有显著差别,集体控股上市公司在较多年份处于领先地位。

表 6-73　我国农业上市公司哑变量等权重外部审计分指数分控股股东性质比较(2008—2017 年)

控股股东性质	2008	2009	2010	2011	2012	2013	2014	2015	2016	2017
国有控股	1.00	1.18	1.15	1.32	1.35	1.63	1.68	1.63	1.63	1.59

续表

控股股东性质	2008	2009	2010	2011	2012	2013	2014	2015	2016	2017
民营控股	0.88	0.94	0.95	1.14	1.35	1.56	1.54	1.45	1.48	1.30
外资控股	—	—	—	—	—	—	—	—	—	—
集体控股	1.33	1.00	1.00	2.00	2.00	2.00	2.00	2.00	2.00	
社会团体控股	1.00	—	—	—	—	—	—	—	—	
职工持股会控股	2.00	—	—	—	—	—	—	—	—	
其他类型	0.00	—	—	—	—	—	—	—	—	

　　表6-74反映了2008—2017年我国农业上市公司定距变量等权重外部审计分指数分控股股东性质比较的描述性统计结果。2008—2017年,国有控股上市公司、集体控股上市公司和民营控股上市公司的外部审计分指数总体呈上升趋势,在该项治理指标上,各类企业没有显著差别,国有控股上市公司对民营控股上市公司来说一直保持领先地位。

表6-74　我国农业上市公司定距变量等权重外部审计分指数分控股股东性质比较(2008—2017年)

控股股东性质	2008	2009	2010	2011	2012	2013	2014	2015	2016	2017
国有控股	1.01	1.20	1.17	1.32	1.37	1.64	1.68	1.68	1.64	1.61
民营控股	0.88	0.99	0.98	1.15	1.36	1.57	1.54	1.45	1.48	1.31
外资控股	—	—	—	—	—	—	—	—	—	—
集体控股	1.33	1.00	1.00	2.00	2.00	2.00	2.00	2.00	2.00	—
社会团体控股	1.00	—	—	—	—	—	—	—	—	—
职工持股会控股	2.00	—	—	—	—	—	—	—	—	—
其他类型	0.00	—	—	—	—	—	—	—	—	—

三、我国农业上市公司分地区的比较分析

　　表6-75是2008—2017年我国农业上市公司哑变量等权重外部审计分指数分地区比较的描述性统计结果。2008—2017年,除了辽宁、海南、北京等少数地区指数降低或者震荡之外,其余大部分地区该指数总体呈现上升趋势,但是各地区之间存在差异,在2017年时,上海、湖南、广西、安徽和福建的外部审计分指数最高,而北京、海南、河北和山东的外部审计分指数最低。

表 6-75 我国农业上市公司哑变量等权重外部审计分指数分地区比较(2008—2017 年)

省(自治区、直辖市)	2008	2009	2010	2011	2012	2013	2014	2015	2016	2017
北京	1.00	1.00	1.00	1.25	1.25	1.25	1.25	0.50	1.00	1.00
天津	—	—	—	—	—	—	—	—	—	—
河北	1.00	1.00	0.00	1.00	1.00	1.00	1.00	1.00	1.00	1.00
山西	—	—	—	—	—	—	—	—	—	—
内蒙古	—	—	—	—	—	—	—	—	—	—
辽宁	1.00	1.00	1.00	1.50	2.00	2.00	2.00	2.00	2.00	1.00
吉林	1.00	1.00	1.00	1.00	1.00	2.00	2.00	—	—	—
黑龙江	2.00	2.00	1.50	1.50	1.50	1.50	1.50	1.50	1.50	1.50
上海	2.00	2.00	2.00	2.00	2.00	2.00	2.00	2.00	2.00	2.00
江苏	—	—	—	—	—	—	—	—	—	—
浙江	0.00	—	—	—	—	—	—	—	—	—
安徽	1.00	1.00	1.00	1.50	1.50	2.00	2.00	2.00	2.00	2.00
福建	1.00	1.00	1.00	1.00	1.75	2.00	2.00	2.00	2.00	2.00
江西	—	—	—	—	—	—	—	—	—	—
山东	0.80	0.80	0.83	1.00	1.00	1.33	1.33	1.17	1.00	1.00
河南	—	1.00	1.00	1.00	1.50	2.00	1.67	1.67	1.67	1.33
湖北	0.00	0.00	0.00	0.00	0.00	0.00	0.00	—	—	—
湖南	1.00	1.67	1.75	1.75	2.00	2.00	2.00	2.00	2.00	2.00
广东	—	1.00	1.00	1.50	1.50	1.67	1.67	1.50	1.50	1.50
广西	—	—	—	—	2.00	2.00	2.00	2.00	2.00	2.00
海南	1.00	1.00	1.33	1.00	1.33	1.33	1.33	1.33	1.33	1.00
重庆	—	—	—	—	—	—	—	—	—	—
四川	1.00	1.00								
贵州	—	—	—	—	—	—	—	—	—	—
云南	1.00	1.00	1.00	2.00	1.00	1.00	1.00	1.50	1.50	1.00
西藏	—	—	—	—	—	—	—	—	—	—
陕西	1.00	1.00								
甘肃	1.00	1.00	1.00	1.00	1.00	2.00	2.00	1.67	1.67	1.67
青海	—	—	—	—	—	—	—	—	—	—

省（自治区、直辖市）	2008	2009	2010	2011	2012	2013	2014	2015	2016	2017
宁夏	—	—	—	—	—	—	—	—	—	—
新疆	1.00	1.17	1.00	1.00	1.40	1.60	1.60	1.50	1.50	1.25

表 6-76 是 2008—2017 年我国农业上市公司定距变量等权重外部审计分指数分地区比较的描述性统计结果。2008—2017 年,除了辽宁、海南等少数地区指数降低或者震荡之外,各地区该指数总体呈上升趋势,但是各地区之间存在差异,在 2017 年时,福建、安徽、广西、上海和湖南的外部审计分指数最高,而山东、海南和河北的外部审计分指数最低。

表 6-76　我国农业上市公司定距变量等权重外部审计分指数分地区比较(2008—2017 年)

省（自治区、直辖市）	2008	2009	2010	2011	2012	2013	2014	2015	2016	2017
北京	1.05	1.00	1.00	1.25	1.25	1.25	1.25	0.90	1.10	1.10
天津	—	—	—	—	—	—	—	—	—	—
河北	1.00	1.00	0.20	1.00	1.00	1.00	1.00	1.00	1.00	1.00
山西	—	—	—	—	—	—	—	—	—	—
内蒙古	—	—	—	—	—	—	—	—	—	—
辽宁	1.00	1.00	1.00	1.50	2.00	2.00	2.00	2.00	2.00	1.20
吉林	1.00	1.00	1.00	1.00	1.00	2.00	2.00	—	—	—
黑龙江	2.00	2.00	1.50	1.50	1.10	1.10	1.50	1.50	1.50	1.50
上海	2.00	2.00	2.00	2.00	2.00	2.00	2.00	2.00	2.00	2.00
江苏	—	—	—	—	—	—	—	—	—	—
浙江	0.00									
安徽	1.00	1.00	1.00	1.50	1.50	2.00	2.00	2.00	2.00	2.00
福建	1.00	1.00	1.00	1.00	1.75	2.00	2.00		2.00	2.00
江西	—	—	—	—	—	—	—	—	—	—
山东	0.80	0.88	0.87	1.03	1.00	1.33	1.33	1.17	1.00	1.00
河南	—	1.00	1.00	1.00	1.50	2.00	1.67	1.67	1.67	1.33
湖北	0.00	0.00	0.00	0.00	0.00	0.00	0.00	—	—	—
湖南	1.00	1.67	1.75	1.75	2.00	2.00	2.00	2.00	2.00	2.00
广东	—	1.00	1.00	1.50	1.50	1.67	1.67	1.50	1.50	1.50

续表

省(自治区、直辖市)	2008	2009	2010	2011	2012	2013	2014	2015	2016	2017
广西	—	—	—	—	2.00	2.00	2.00	2.00	2.00	2.00
海南	1.00	1.00	1.00	1.33	1.07	1.33	1.33	1.33	1.33	1.00
重庆	—	—	—	—	—	—	—	—	—	—
四川	1.00	1.00	—	—	—	—	—	—	—	—
贵州	—	—	—	—	—	—	—	—	—	—
云南	1.00	1.40	1.20	2.00	1.20	1.20	1.00	1.50	1.50	1.10
西藏	—	—	—	—	—	—	—	—	—	—
陕西	1.00	1.00	—	—	—	—	—	—	—	—
甘肃	1.00	1.00	1.00	1.00	1.00	2.00	2.00	1.67	1.67	1.67
青海	—	—	—	—	—	—	—	—	—	—
宁夏	—	—	—	—	—	—	—	—	—	—
新疆	1.00	1.17	1.03	1.00	1.40	1.60	1.60	1.50	1.50	1.25

四、我国农业上市公司分市场板块的比较分析

表6-77是2008—2017年我国农业上市公司哑变量等权重外部审计分指数分市场板块比较的描述性统计结果。2008—2017年,主板该指数总体呈现上升趋势,且上升幅度较大;中小企业板和创业板该指数先上升后下降,外部审计水平有所提升。2008—2012年,该指数最大值在各板块均有分布;2013—2017年,创业板该指数各年均高于主板和中小企业板,整体来看创业板外部审计水平发展较快且前景较好。

表6-77 我国农业上市公司哑变量等权重外部审计分指数分市场板块比较省(2008—2017年)

市场板块	2008	2009	2010	2011	2012	2013	2014	2015	2016	2017
主板	0.97	1.13	1.07	1.23	1.23	1.44	1.48	1.45	1.55	1.50
中小企业板	1.00	0.88	1.00	1.20	1.58	1.75	1.69	1.57	1.43	1.29
创业板	—	—	1.00	1.40	1.50	2.00	2.00	1.80	1.83	1.50

表6-78反映了2008—2017年我国农业上市公司定距变量等权重外部审计分指数分市场板块比较的描述性统计结果。2008—2017年,主板该指数总体呈现上升趋势,且上升幅度较大;中小企业板和创业板该指数先上升后下降,外部

审计水平有所提升。2010—2017 年中除 2010 年、2012 年和 2017 年该指数略低外,其他年份创业板该指数均高于主板和中小企业板,表明创业板外部审计水平较高;主板在 2012—2015 年低于中小企业板,其余年份均高于中小企业板,整体来看中小企业板外部审计水平较低。

表 6-78　我国农业上市公司定距变量等权重外部审计分指数分市场板块比较(2008—2017 年)

市场板块	2008	2009	2010	2011	2012	2013	2014	2015	2016	2017
主板	0.98	1.14	1.10	1.24	1.25	1.46	1.48	1.49	1.56	1.51
中小企业板	1.00	0.98	1.03	1.20	1.58	1.75	1.69	1.57	1.43	1.31
创业板	—	—	1.00	1.40	1.50	2.00	2.00	1.80	1.83	1.50

综上分析,外部审计治理维度下,我国农业上市公司哑变量等权重外部审计分指数和定距变量等权重外部审计分指数总体呈上升趋势,其中集体控股农业上市公司两类外部审计分指数较其他控股股东性质农业上市公司而言较高,上海的农业上市公司两类外部审计分指数较其他地区农业上市公司而言较高,创业板农业上市公司两类外部审计分指数较其他板块农业上市公司而言较高。

五、我国农业上市公司外部审计维度指标分析

本书使用哑变量法对反映农业上市公司外部审计情况的两项指标在 2008—2017 年的情况进行评分。表 6-79 描述了反映我国农业上市公司外部审计情况各指数平均水平的统计结果。从外部审计情况来看,我国农业上市公司的外部审计意见一直比较稳定,大部分审计意见为标准无保留意见。但我国农业上市公司的外部审计机构为国际四大或者国内八大会计师事务所的比例一直比较低,且呈继续下降的趋势,农业上市公司本身、各利益相关者以及监管部门应当予以关注。

表 6-79　外部审计指标哑变量法评分描述性统计

指标名称	平均值	标准差	中位数	最小值	最大值
是否为国际四大或国内八大会计师事务所	0.43	0.50	0.00	0.00	1.00
审计意见是否标准无保留	0.92	0.28	1.00	0.00	1.00

第七章
我国农业上市公司治理与绩效关系研究

第一节　我国农业上市公司绩效分析

一、盈利能力分析

本书使用净资产收益率、资产净利率、销售净利率和投入资本回报率四个指标,对 2008—2017 年我国农业上市公司的盈利能力情况进行了描述性统计(见附录表 1～6)。统计结果显示,2008—2017 年我国农业上市公司资产净利率的平均值为 3.69%,标准差为 7.49。从年份变化来看,我国农业上市公司资产净利率在 2008 年为 2.89%,2010 年提高至历史最高点 6.46%,之后呈现下降趋势,2016 年在 2015 年的基础上有所增长,变为 5.59%,2017 年又下降为 1.98%。整体来看,我国农业上市公司的资产净利率存在一定的波动性。

2008—2017 年我国农业上市公司净资产收益率(加权)的平均值为 2.47%,标准差为 18.28。从年份变化来看,我国农业上市公司净资产收益率(加权)在 2010 年达到历史最高的 8.95%,之后呈现波动下降,2014 年达到最低即 −2.23%。2008—2017 年我国农业上市公司净资产收益率(平均)的平均值为 1.78%,标准差为 20.76。从年份变化来看,我国农业上市公司净资产收益率(平均)在 2010 年有较大的增长,达到历史最高的 7.99%,之后波动下降,2017 年达到最低即 −4.98%。2008—2017 年我国农业上市公司净资产收益率(摊薄)的平均值为 −0.57%,标准差为 28.04。从年份变化来看,我国农业上市公司净资产收益率(摊薄)在 2010 年达到历史最高点即 6.85%,2017 年较 2016 年跌幅较大,达到最低点即 −9.10%。整体上,我国农业上市公司的净资产收益率不够稳定,波动性较大,且近年来下降幅度较大。

2008—2017 年我国农业上市公司销售净利率平均值为 2.68%,标准差为 22.43,中位数为 4.33%,最小值为 −104.00%,最大值为 47.83%。从年份变化来看,我国农业上市公司销售净利率均值从 2008 年的 −0.43% 上升至 2010 年的 9.89%,之后波动下降至 2015 年的 −2.47%,并在 2016 年迅速攀升至 7.26%,至 2017 年回落至 0.13%。整体来看,我国农业上市公司销售净利率各年份之间波动较大,且近年也处于下降趋势。

2008—2017 年我国农业上市公司投入资本回报率平均值为 4.06%,标准差为 10.95,中位数为 4.33%,最小值为 −40.71%,最大值为 38.13%。从年份变化来看,我国农业上市公司投入资本回报率均值从 2008 年的 2.96% 上升至 2010 年的 7.35%,之后波动走低,在 2015 年下降到 1.27%,在 2016 年迅速攀升至 6.99%,并在 2017 年回落至 1.29%。整体来看,我国农业上市公司投入资本回报率各年份之间波动较大,有待进一步提升。

二、代理成本分析

本书使用管理费用率、财务费用率、应收账款周转天数、存货周转天数四个指标对 2008—2017 年我国农业上市公司的代理成本进行了描述性统计(见附录表 7 ~ 10)。统计结果显示,2008—2017 年我国农业上市公司管理费用率平均值为 11.39%,标准差为 15.72,中位数为 7.70%,最小值为 1.50%,最大值为 129.60%。从年份变化来看,我国农业上市公司管理费用率均值从 2008 年的 14.61% 下降至 2010 年的 8.24%,之后波动走高,在 2014 年上升到 13.43%,之后在 11% 左右波动。整体来看,我国农业上市公司管理费用率各年份之间波动较大,且个体差异悬殊。

2008—2017 年我国农业上市公司财务费用率的平均值为 4.00%,标准差为 6.30。从年份变化来看,我国农业上市公司财务费用率 2008 年为 5.93%,达到历史最高点,2010 年达到最低点即 2.47%。整体上,我国农业上市公司的财务费用率存在一定程度的波动性,但整体水平较低。

2008—2017 年我国农业上市公司应收账款周转天数平均值为 39.22 天,标准差为 44.42,中位数为 24.80 天,最小值为 0.85 天,最大值为 261.30 天。从年份变化来看,我国农业上市公司应收账款周转天数均值从 2008 年的 52.27 天下降至 2010 年的 30.41 天,之后波动上升至 2017 年 48.44 天。整体来看,我国农业上市公司应收账款周转天数各年份之间波动较大,且近年有继续上升趋势,需要予以关注。

2008—2017 年我国农业上市公司存货周转天数的平均值为 424.00 天,标准差为 1139.00。从年份变化来看,我国农业上市公司存货周转天数在 2012 年达到最高即 490.60 天,2013 年达到最低点即 337.10 天。整体上,我国农业上市公司的存货周转天数不够稳定,其周转天数较长。

三、成长性分析

本书使用营业收入增长率、利润总额增长率、资产增长率、托宾 Q 值四个指数对 2008—2017 年我国农业上市公司的成长性进行了描述性统计(见附录表 11 ～ 14)。统计结果显示,2008—2017 年我国农业上市公司营业收入增长率平均值为 16.49％,标准差为 44.84,中位数为 8.46％,最小值为 −59.40％,最大值为 248.40％。从年份变化来看,我国农业上市公司营业收入增长率均值从 2008 年的 34.11％至 2014 年的 1.47％,除 2010 年小幅回升至 29.66％外,始终处于下降趋势,且各年份之间波动较大。

2008—2017 年我国农业上市公司利润总额增长率平均值为 −53.12％,标准差为 429.20,中位数为 6.78％,最小值为 −2170.00％,最大值为 1223.00％。从年份变化来看,我国农业上市公司利润总额增长率均值从 2008 年的 −46.31％上升至 2010 年的 60.51％,之后波动走低,在 2011 年至 2015 年波动下降到 −265.50％,2017 年为 −43.66％。整体来看,我国农业上市公司利润总额增长率各年份之间波动较大,且大多数时间处于负增长状态。

2008—2017 年我国农业上市公司资产增长率平均值为 20.05％,标准差为 43.97,中位数为 8.60％,最小值为 −42.25％,最大值为 243.80％。从年份变化来看,我国农业上市公司资产增长率平均值从 2008 年的 21.22％上升至 2010 年的 45.87％,之后波动下降至 2017 年的 10.30％。整体来看,我国农业上市公司资产增长率各年份之间波动较大,且近年处于下降趋势,有待进一步提升。

2008—2017 年我国农业上市公司托宾 Q 值平均值为 2.96,标准差为 1.44,中位数为 2.63,最小值为 1.18,最大值为 11.07。从年份变化来看,我国农业上市公司托宾 Q 值平均值从 2008 年的 2.16 上升至 2010 年的 4.45,之后迅速下降至 2011 年的 2.54,之后在 2.5 左右波动,2015 年迅速攀升至 3.93,此后逐渐走低至 2017 年的 2.53。整体来看,我国农业上市公司托宾 Q 值各年份之间波动较大,且托宾 Q 值与我国农业上市公司市场表现相比比值偏高。

四、Z 值分析

本书通过阿特曼 Z 值计算对 2008—2017 年我国农业上市公司的破产风险进

行了描述性统计分析(见附录表15)。统计结果显示,2008—2017年我国农业上市公司阿特曼 Z 值的平均值为6.16,标准差为7.96。从年份变化来看,我国农业上市公司阿特曼 Z 值在2008年达到最低点即3.13,公司失败风险较大;2010年达到最高点即9.38,公司较为安全;2017年农业上市公司阿特曼 Z 值为5.57。整体来看,我国农业上市公司的阿特曼 Z 值一直处于安全区域内,整体估值较高,虽然各年份有所波动,但破产风险较低。

第二节　农业上市公司治理与盈利能力关系研究

一、理论分析与研究假设

盈利能力是指企业获取利润的能力,也称为企业的资金或资本增值能力,通常表现为一定时期内企业收益数额的多少及其水平的高低。

不少学者对公司治理与盈利能力的研究集中在某细分行业。刘晋飞(2013)利用电力行业上市公司年第一季度的数据对企业内部治理、企业盈利能力和成长能力与企业社会责任的相关关系进行实证研究。研究发现,从净效应模型来看,企业内部治理中,董事会规模和企业社会责任之间呈显著负相关;流通股比例与企业社会责任之间呈显著负相关;企业盈利能力和成长能力与企业社会责任之间呈显著正相关。从综合效应模型来看,只有企业盈利能力与企业社会责任之间呈显著正相关,内部治理各变量和成长能力未能通过检验。张晓艳、赵飞和章梦婷(2015)选取中国16家上市银行2008—2012年的年度财务报告数据,对商业银行治理结构和治理绩效采用了定量分析。实证研究发现,商业银行股权集中度与其经营风险呈正相关,商业银行非执行董事比例、组织运作效率和银行平均经营效率均与其盈利能力呈正相关,银行产品结构的多元化会显著降低银行的不良贷款率。王力(2016)以农业上市公司为样本,研究发现股权集中度、两职分离、高管薪酬激励、监事会规模与经营绩效显著正相关,独立董事比例与经营绩效显著负相关。王瑷(2017)指出我国农业上市公司的绩效水平不理想,"两头大中间小",分化明显;在治理结构各指标中,董事会治理影响显著,而其他治理结构指标无显著影响。

李小斌(2018)将公司治理与盈利能力研究定格在某特定时期前后,通过对2010—2015年A股国有控股上市公司股权结构的重大变化进行识别,考察"二次混改"后公司治理结构和经营绩效的变化。研究发现,大股东退出绝对控股之后,并未产生具有制衡能力和治理意愿的积极股东,公司治理结构的实质性改变有限;由于潜在制衡股东的治理能力和积极性较低,大股东控制权的弱化对公司的运营并没有产生积极影响;相对于股权结构的变动,企业的财务状况对于费用压缩能起到更好的约束作用,国有股东的部分退出对于硬化上市公司的预算约束作用有限;"二次混改"对企业盈利能力的影响并不显著,但有利于提升盈利的质量。贺建刚(2007)以2002—2004年数据为样本检验了公司治理水平的提高对促进企业绩效增长的路径,研究表明,上市公司的治理水平越高,高管人员越重视通过公司内部资源整合、完善营销策略和客户管理等方式提高资产营运效率。而且公司治理水平对改善企业绩效的影响并没有突出体现在努力提高主营业务收入或降低生产成本环节,而主要是通过加强资产管理和提高营运效率来实现的。谢海娟和刘晓臻(2018)以2011—2014年2949家沪市A股上市公司为研究样本,发现内部控制对企业盈利水平与盈利质量均具有显著的正向影响;公司治理对企业盈利水平与盈利质量具有显著的直接正向影响,并通过内部控制的中介效应对企业盈利水平具有显著的间接正向影响。相对于不存在内部控制缺陷的上市公司,存在内部控制缺陷的上市公司的治理与内部控制对盈利水平、盈利质量的影响显著下降。刘正军、仲欣和李志军(2013)以深圳中小板上市企业为研究样本,采用主成分分析法和回归分析法,从公司治理的角度对中小上市企业的盈利能力进行分析。研究发现,提高高级管理者的薪酬水平,中小上市企业的盈利能力也能够得到相应提高;高管持股比例和董事长与总经理两职是否合一与中小上市企业的盈利能力不存在显著相关性。张菊(2019)以2011—2016年国内A股上市企业为研究样本,分析了公司治理对企业盈利能力的影响,并进一步验证了机构投资者异质性的调节作用。研究发现,公司治理水平越高,企业的盈利能力就越强;相比于交易型机构投资者,稳定型机构投资者在直接促进企业盈利能力提升的同时显著增强了公司治理对企业盈利能力的促进作用。张文珂和张芳芳(2009)基于对于上市公司治理结构效率评估的研究成果,进一步分析了上市公司治理结构效率对其盈利能力的影响,发现治理结构的效率对于资产收益率有显著的解释力,想要显著地提高公司的盈利水平需要提高治理结构的效率。张继袖和陆宇建(2007)以我国中小企业板上市公司为样本,发现资本结构、第一大股东持股比例和流通股比例与业绩存在显著的负相关关系;高管持股数量和高管薪酬与业绩显著正相关,内部治理结构变量(董事会规模、独立董事比例、独立董事参加会议比例和专业委员会设置)与盈利能力不存在显著关系。

股东大会是公司的最高权力机构,通过股权结构可更加清晰地了解所有者的组成;董事会作为公司常设机构,是由股东大会选举产生的,作为企业核心,高效的董事会可以有效进行企业管理,提升竞争力,提高企业价值;而高管的激励等对于改进高管的行为、整合公司利益具有重要作用;而监事会、外部治理机制的有效监督使得企业各方各司其职,实现企业利益最大化。基于此,本书提出以下假设。

假设1:公司治理水平与企业盈利能力显著正相关。

二、研究设计

为了检验我国农业上市公司治理的有效性,本书采用面板回归从盈利能力角度构建了回归模型。盈利能力指标分别选取了资产收益率、三种方式计算的净资产收益率、投入资本回报率和销售净利率。具体回归模型如下所示。

$$\text{ROA}_{it} = \alpha_i + \beta_1 \times \text{CGI}(n)_{it} + \beta_2 \times \text{size}_{it} + \beta_3 \times \text{age}_{it} + \beta_3 \times \text{dummy-guoyou}_{it} + \beta_5 \times \text{dummy-}$$
$$\text{minying}_{it} + \beta_6 \times \text{dummy-shehuituanti}_{it} + \beta_7 \times \text{dummy-zhigongchiguhui}_{it} +$$
$$\beta_8 \times \text{dummy-jiti}_{it} + \varepsilon_{it} \tag{7-1}$$

$$\text{ROE1}_{it} = \alpha_i + \beta_1 \times \text{CGI}(n)_{it} + \beta_2 \times \text{size}_{it} + \beta_3 \times \text{age}_{it} + \beta_3 \times \text{dummy-guoyou}_{it} + \beta_5 \times \text{dummy-}$$
$$\text{minying}_{it} + \beta_6 \times \text{dummy-shehuituanti}_{it} + \beta_7 \times \text{dummy-zhigongchiguhui}_{it} +$$
$$\beta_8 \times \text{dummy-jiti}_{it} + \varepsilon_{it} \tag{7-2}$$

$$\text{ROE2}_{it} = \alpha_i + \beta_1 \times \text{CGI}(n)_{it} + \beta_2 \times \text{size}_{it} + \beta_3 \times \text{age}_{it} + \beta_3 \times \text{dummy-guoyou}_{it} + \beta_5 \times \text{dummy-}$$
$$\text{minying}_{it} + \beta_6 \times \text{dummy-shehuituanti}_{it} + \beta_7 \times \text{dummy-zhigongchiguhui}_{it} +$$
$$\beta_8 \times \text{dummy-jiti}_{it} + \varepsilon_{it} \tag{7-3}$$

$$\text{ROE3}_{it} = \alpha_i + \beta_1 \times \text{CGI}(n)_{it} + \beta_2 \times \text{size}_{it} + \beta_3 \times \text{age}_{it} + \beta_3 \times \text{dummy-guoyou}_{it} + \beta_5 \times \text{dummy-}$$
$$\text{minying}_{it} + \beta_6 \times \text{dummy-shehuituanti}_{it} + \beta_7 \times \text{dummy-zhigongchiguhui}_{it} +$$
$$\beta_8 \times \text{dummy-jiti}_{it} + \varepsilon_{it} \tag{7-4}$$

$$\text{touru}_{it} = \alpha_i + \beta_1 \times \text{CGI}(n)_{it} + \beta_2 \times \text{size}_{it} + \beta_3 \times \text{age}_{it} + \beta_3 \times \text{dummy-guoyou}_{it} + \beta_5 \times \text{dummy-}$$
$$\text{minying}_{it} + \beta_6 \times \text{dummy-shehuituanti}_{it} + \beta_7 \times \text{dummy-zhigongchiguhui}_{it} +$$
$$\beta_8 \times \text{dummy-jiti}_{it} + \varepsilon_{it} \tag{7-5}$$

$$\text{xiaoshou}_{it} = \alpha_i + \beta_1 \times \text{CGI}(n)_{it} + \beta_2 \times \text{size}_{it} + \beta_3 \times \text{age}_{it} + \beta_3 \times \text{dummy-guoyou}_{it} + \beta_5 \times \text{dummy-}$$
$$\text{minying}_{it} + \beta_6 \times \text{dummy-shehuituanti}_{it} + \beta_7 \times \text{dummy-zhigongchiguhui}_{it} +$$
$$\beta_8 \times \text{dummy-jiti}_{it} + \varepsilon_{it} \tag{7-6}$$

其中, ROA_{it} 、 ROE1_{it} 、 ROE2_{it} 、 ROE3_{it} 、 touru_{it} 、 xiaoshou_{it} 为被解释变量, ROA_{it} 表示我国农业上市公司 i 在 t 年的资产收益率, ROE1_{it} 表示上市公司 i 在 t 年的

平均净资产收益率，$ROE2_{it}$ 表示上市公司 i 在 t 年的加权平均净资产收益率，$ROE3_{it}$ 表示上市公司 i 在 t 年的摊薄净资产收益率，$touru_{it}$ 表示上市公司 i 在 t 年的投入资本回报率，$xiaoshou_{it}$ 表示上市公司 i 在 t 年的销售净利率。$CGI1_{it}$、$CGI2_{it}$、$CGI3_{it}$ 和 $CGI4_{it}$ 为解释变量，分别表示上市公司 i 在 t 年的哑变量等权重公司治理指数、定距变量等权重公司治理指数、哑变量赋权重公司治理指数以及定距变量赋权重公司治理指数。$size_{it}$、age_{it}、$dummy\text{-}guoyou_{it}$、$dummy\text{-}minying_{it}$、$dummy\text{-}shehuituanti_{it}$、$dummy\text{-}zhigongchiguhui_{it}$ 和 $dummy\text{-}jiti_{it}$ 为控制变量。其中 $size_{it}$ 表示公司规模；age_{it} 表示公司年龄；$dummy\text{-}guoyou_{it}$ 为虚拟变量，上市公司为国有控股时该变量取值为 1，否则取值为 0；$dummy\text{-}minying_{it}$ 为虚拟变量，上市公司为民营控股时该变量取值为 1，否则取值为 0；$dummy\text{-}shehuituanti_{it}$ 为虚拟变量，上市公司为社会团体控股时该变量取值为 1，否则取值为 0；$dummy\text{-}zhigongchiguhui_{it}$ 为虚拟变量，上市公司为职工持股会控股时该变量取值为 1，否则取值为 0；$dummy\text{-}jiti_{it}$ 为虚拟变量，上市公司为集体控股时该变量取值为 1，否则取值为 0；ε_{it} 为随机误差项。

三、实证结果与分析

表 7-1 描述了我国农业上市公司治理指数与资产收益率的回归结果。列(1)至列(4)选择了资产收益率作为被解释变量，分别将哑变量等权重公司治理指数、定距变量等权重公司治理指数、哑变量赋权重公司治理指数以及定距变量赋权重公司治理指数作为解释变量，将公司规模、公司成立时间作为控制变量，引入控股股东性质作为虚拟变量。四个模型的回归结果显示，四种方法计算的公司治理指数均与资产收益率正相关，且在 0.01 的水平上显著。公司成立时间与资产收益率负相关，在 0.01 的水平上显著。不同控股股东性质对公司的资产收益率没有造成影响。

表 7-1 我国农业上市公司治理指数与资产收益率的回归结果

变量	(1)	(2)	(3)	(4)
	ROA1	ROA2	ROA3	ROA4
CGI1	0.75*** (5.67)	—	—	—
CGI2	—	0.80*** (5.26)	—	—

续表

变量	（1） ROA1	（2） ROA2	（3） ROA3	（4） ROA4
CGI3	—	—	0.72*** （5.59）	—
CGI4	—	—	—	0.75*** （5.04）
size	0.82 （0.93）	0.92 （1.04）	0.65 （0.74）	0.69 （0.78）
age	−0.99*** （−5.49）	−0.95*** （−5.26）	−0.98*** （−5.42）	−0.93*** （−5.14）
dummy-guoyou	−2.26 （−0.30）	−1.81 （−0.24）	−3.05 （−0.40）	−2.44 （−0.32）
dummy-minying	0.17 （0.02）	0.57 （0.08）	−0.53 （−0.07）	0.10 （0.01）
dummy-shehuituanti	0.07 （0.01）	−0.30 （−0.03）	−1.19 （−0.11）	−1.29 （−0.12）
dummy-zhigongchiguhui	−1.02 （−0.10）	−1.46 （−0.14）	−2.16 （−0.21）	−2.70 （−0.26）
dummy-jiti	1.81 （0.21）	2.63 （0.30）	1.08 （0.12）	2.23 （0.26）
Constant	−13.56 （−1.10）	−16.84 （−1.34）	−10.28 （−0.84）	−12.60 （−1.01）
Observations	415	415	415	415
Number of code	60	60	60	60
R-squared	0.129	0.118	0.127	0.113
F	6.402	5.816	6.286	5.522
Prob>F	0.000	0.000	0.000	0.000

说明：*** 表示 0.01 水平上显著，** 表示 0.05 水平上显著，* 表示 0.1 水平上显著。

为了检验结果的稳健性，本书选择了资产收益率的滞后一期作为被解释变量。表 7-2 描述了我国农业上市公司治理指数与滞后一期资产收益率的回归结果。列（1）至列（4）分别将哑变量等权重公司治理指数、定距变量等权重公司治理指数、哑变量赋权重公司治理指数以及定距变量赋权重公司治理指数作为解释变量，将公司规模、公司成立时间作为控制变量，引入控股股东性质作为虚拟变量。四个模型的回归结果显示，四种方法计算的公司治理指数与滞后一期资产收益率无显著关系。公司规模与滞后一期资产收益率呈负相关,在 0.01 的水平上显著。不同控股股东性质对公司的滞后一期资产收益率影响不同。

表 7-2　我国农业上市公司治理指数与滞后一期资产收益率的回归结果

变量	（1）	（2）	（3）	（4）
	ROAz1	ROAz2	ROAz3	ROAz4
CGI1	0.06 (0.41)	—	—	—
CGI2	—	−0.04 (−0.26)	—	—
CGI3	—	—	0.06 (0.47)	—
CGI4	—	—	—	0.01 (0.06)
size	−2.75*** (−2.98)	−2.73*** (−2.96)	−2.77*** (−3.00)	−2.74*** (−2.96)
age	−0.15 (−0.79)	−0.10 (−0.52)	−0.15 (−0.81)	−0.12 (−0.64)
dummy-guoyou	11.87 (1.51)	12.16 (1.55)	11.77 (1.49)	12.03 (1.53)
dummy-minying	14.07* (1.80)	14.37* (1.84)	13.97* (1.79)	14.23* (1.82)
dummy-shehuituanti	12.15 (1.12)	12.44 (1.15)	12.01 (1.11)	12.27 (1.13)
dummy-zhigongchiguhui	9.48 (0.87)	9.57 (0.88)	9.37 (0.86)	9.49 (0.87)
dummy-jiti	12.00 (1.34)	12.47 (1.39)	11.88 (1.32)	12.27 (1.37)
Constant	24.95* (1.94)	26.60** (2.04)	25.09* (1.97)	25.71** (2.00)
Observations	415	415	415	415
Number of code	60	60	60	60
R-squared	0.058	0.058	0.058	0.058
F	2.682	2.669	2.690	2.660
Prob>F	0.007	0.007	0.007	0.008

说明:*** 表示 0.01 水平上显著,** 表示 0.05 水平上显著,* 表示 0.1 水平上显著。

　　表7-3描述了我国农业上市公司治理指数与平均净资产收益率的回归结果。列(1)至列(4)选择了平均净资产收益率作为被解释变量,分别将哑变量等权重公司治理指数、定距变量等权重公司治理指数、哑变量赋权重公司治理指数以及定距变量赋权重公司治理指数作为解释变量,将公司规模、公司成立时间作为控制变量,引入控股股东性质作为虚拟变量。四个模型的回归结果显示,四种方法计算的公司治理指数均与平均净资产收益率呈正相关,且在0.01的水平上显著。公司成立时间与平均净资产收益率呈负相关,在0.01的水平上显著。不同控股股东性质对公司的平均净资产收益率没有造成影响。列(1)和列(2)回归结果显示公司规模对平均净资产收益率有正向作用,在0.1的水平上显著。

表7-3　我国农业上市公司治理指数与平均净资产收益率的回归结果

变量	(1) ROE11	(2) ROE12	(3) ROE13	(4) ROE14
CGI1	1.44*** (3.75)	—	—	—
CGI2	—	1.66*** (3.78)	—	—
CGI3	—	—	1.54*** (4.09)	—
CGI4	—	—	—	1.74*** (4.06)
size	4.71* (1.75)	4.88* (1.82)	4.26 (1.59)	4.27 (1.59)
age	−2.72*** (−5.10)	−2.70*** (−5.09)	−2.77*** (−5.23)	−2.74*** (−5.19)
dummy-guoyou	2.73 (0.12)	3.31 (0.15)	0.60 (0.03)	1.40 (0.06)
dummy-minying	1.55 (0.07)	1.98 (0.09)	−0.45 (−0.02)	0.36 (0.02)
dummy-shehuituanti	−0.93 (−0.03)	−2.05 (−0.07)	−4.05 (−0.13)	−4.97 (−0.16)
dummy-zhigongchiguhui	3.55 (0.12)	2.58 (0.08)	1.06 (0.04)	−0.52 (−0.02)
dummy-jiti	27.46 (1.10)	28.55 (1.14)	25.12 (1.00)	26.86 (1.07)

变量	（1） ROE11	（2） ROE12	（3） ROE13	（4） ROE14
Constant	−62.56* （−1.70）	−71.28* （−1.91）	−57.42 （−1.57）	−64.31* （−1.75）
Observations	410	410	410	410
Number of code	59	59	59	59
R-squared	0.101	0.102	0.108	0.107
F	4.837	4.867	5.193	5.159
Prob>F	0.000	0.000	0.000	0.000

说明：*** 表示 0.01 水平上显著，** 表示 0.05 水平上显著，* 表示 0.1 水平上显著。

为了检验结果的稳健性，本书选择了平均净资产收益率的滞后一期作为被解释变量。表 7-4 描述了我国农业上市公司治理指数与滞后一期平均净资产收益率的回归结果。列（1）至列（4）分别将哑变量等权重公司治理指数、定距变量等权重公司治理指数、哑变量赋权重公司治理指数以及定距变量赋权重公司治理指数作为解释变量，将公司规模、公司成立时间作为控制变量，引入控股股东性质作为虚拟变量。四个模型的回归结果显示，四种方法计算的公司治理指数与滞后一期平均净资产收益率无关。此外，公司规模、公司成立时间以及不同控股股东性质均未对公司滞后一期平均净资产收益率产生影响。

表 7-4　我国农业上市公司治理指数与滞后一期平均净资产收益率的回归结果

变量	（1） ROE1z1	（2） ROE1z2	（3） ROE1z3	（4） ROE1z4
CGI1	0.66 （0.41）	—	—	—
CGI2	—	0.32 （0.17）	—	—
CGI3	—	—	−0.42 （−0.26）	—
CGI4	—	—	—	−0.96 （−0.53）
size	8.97 （0.81）	9.12 （0.83）	9.39 （0.85）	9.60 （0.87）

变量	（1）	（2）	（3）	（4）
	ROE1z1	ROE1z2	ROE1z3	ROE1z4
age	−1.28 （−0.57）	−1.06 （−0.47）	−0.67 （−0.30）	−0.44 （−0.20）
dummy-guoyou	15.42 （0.16）	16.80 （0.18）	19.47 （0.21）	20.94 （0.22）
dummy-minying	20.06 （0.22）	21.48 （0.23）	24.30 （0.26）	25.83 （0.28）
dummy-shehuituanti	22.49 （0.17）	23.36 （0.18）	26.36 （0.20）	28.90 （0.22）
dummy-zhigongchiguhui	12.92 （0.10）	13.01 （0.10）	14.35 （0.11）	16.21 （0.12）
dummy-jiti	5.78 （0.05）	8.09 （0.08）	12.21 （0.11）	14.12 （0.13）
Constant	−123.78 （−0.81）	−119.44 （−0.77）	−108.30 （−0.71）	−99.16 （−0.65）
Observations	411	411	411	411
Number of code	59	59	59	59
R-squared	0.003	0.002	0.003	0.003
F	0.121	0.104	0.109	0.135
Prob>F	0.998	0.999	0.999	0.998

说明：*** 表示 0.01 水平上显著，** 表示 0.05 水平上显著，* 表示 0.1 水平上显著。

表 7-5 描述了我国农业上市公司治理指数与加权净资产收益率的回归结果。列（1）至列（4）选择了加权净资产收益率作为被解释变量，分别将哑变量等权重公司治理指数、定距变量等权重公司治理指数、哑变量赋权重公司治理指数以及定距变量赋权重公司治理指数作为解释变量，将公司规模、公司成立时间作为控制变量，引入控股股东性质作为虚拟变量。四个模型的回归结果显示，四种方法计算的公司治理指数均与加权净资产收益率呈正相关，且在 0.01 的水平上显著。公司成立时间与加权净资产收益率呈负相关，在 0.01 的水平上显著。不同控股股东性质对公司的加权净资产收益率没有造成影响。

表 7-5　我国农业上市公司治理指数与加权净资产收益率的回归结果

变量	（1）	（2）	（3）	（4）
	ROE21	ROE22	ROE23	ROE24
CGI1	1.73*** （5.72）	—	—	—
CGI2	—	1.94*** （5.61）	—	—
CGI3	—	—	1.63*** （5.47）	—
CGI4	—	—	—	1.79*** （5.26）
size	2.29 （1.07）	2.51 （1.17）	1.96 （0.91）	1.99 （0.92）
age	−2.39*** （−5.62）	−2.34*** （−5.53）	−2.35*** （−5.50）	−2.29*** （−5.37）
dummy-guoyou	−2.08 （−0.12）	−1.26 （−0.07）	−3.54 （−0.20）	−2.54 （−0.15）
dummy-minying	0.23 （0.01）	0.89 （0.05）	−1.19 （−0.07）	−0.15 （−0.01）
dummy-shehuituanti	−1.08 （−0.05）	−2.26 （−0.09）	−3.85 （−0.16）	−4.57 （−0.19）
dummy-zhigongchiguhui	2.09 （0.09）	0.97 （0.04）	−0.36 （−0.02）	−1.90 （−0.08）
dummy-jiti	25.44 （1.29）	26.94 （1.36）	24.06 （1.21）	26.15 （1.32）
Constant	−43.21 （−1.48）	−52.77* （−1.79）	−35.40 （−1.22）	−41.92 （−1.43）
Observations	408	408	408	408
Number of code	59	59	59	59
R-squared	0.155	0.153	0.149	0.144
F	7.837	7.671	7.459	7.158
Prob>F	0.000	0.000	0.000	0.000

说明：*** 表示 0.01 水平上显著，** 表示 0.05 水平上显著，* 表示 0.1 水平上显著。

为了检验结果的稳健性，本书选择了加权净资产收益率的滞后一期作为被解释变量。表 7-6 描述了我国农业上市公司治理指数与滞后一期加权净资产收益率的回归结果。列（1）至列（4）分别将哑变量等权重公司治理指数、定距变量等权重公司治理指数、哑变量赋权重公司治理指数以及定距变量赋权重公司治理指数作为解释变量，将公司规模、公司成立时间作为控制变量，引入控股股东性质作为虚拟变量。四个模型的回归结果显示，四种方法计算的公司治理指数与滞后一期加权净资产收益率无关。公司规模与滞后一期加权净资产收益率呈负相关，在 0.1 的水平上显著。不同控股股东性质均未对公司滞后一期加权净资产收益率产生影响。列（1）和列（2）回归结果显示公司成立时间对滞后一期加权净资产收益率有负向作用，在 0.1 的水平上显著。

表 7-6　我国农业上市公司治理指数与滞后一期加权净资产收益率的回归结果

变量	（1）	（2）	（3）	（4）
	ROE2z1	ROE2z2	ROE2z3	ROE2z4
CGI1	0.54 （1.50）	—	—	—
CGI2	—	0.57 （1.40）	—	—
CGI3	—	—	0.44 （1.27）	—
CGI4	—	—	—	0.51 （1.27）
size	−4.40* （−1.79）	−4.32* （−1.76）	−4.47* （−1.81）	−4.45* （−1.81）
age	−0.86* （−1.73）	−0.84* （−1.68）	−0.81 （−1.63）	−0.81 （−1.63）
dummy-guoyou	15.40 （0.75）	15.74 （0.77）	15.19 （0.74）	15.41 （0.75）
dummy-minying	21.10 （1.04）	21.39 （1.05）	20.94 （1.03）	21.15 （1.04）
dummy-shehuituanti	16.27 （0.58）	16.00 （0.57）	15.71 （0.55）	15.43 （0.54）
dummy-zhigongchiguhui	12.89 （0.45）	12.58 （0.44）	12.25 （0.43）	11.78 （0.41）
dummy-jiti	8.49 （0.36）	9.08 （0.39）	8.46 （0.36）	8.94 （0.38）

续表

变量	（1）	（2）	（3）	（4）
	ROE2z1	ROE2z2	ROE2z3	ROE2z4
Constant	34.60 （1.02）	32.09 （0.94）	37.65 （1.12）	35.47 （1.04）
Observations	409	409	409	409
Number of code	59	59	59	59
R-squared	0.043	0.042	0.041	0.041
F	1.930	1.892	1.846	1.846
Prob>F	0.055	0.060	0.068	0.068

说明：*** 表示 0.01 水平上显著，** 表示 0.05 水平上显著，* 表示 0.1 水平上显著。

表 7-7 描述了我国农业上市公司治理指数与摊薄净资产收益率的回归结果。列（1）至列（4）选择了摊薄净资产收益率作为被解释变量，分别将哑变量等权重公司治理指数、定距变量等权重公司治理指数、哑变量赋权重公司治理指数以及定距变量赋权重公司治理指数作为解释变量，将公司规模、公司成立时间作为控制变量，引入控股股东性质作为虚拟变量。四个模型的回归结果显示，四种方法计算的公司治理指数均与摊薄净资产收益率呈正相关，且在 0.01 的水平上显著。公司成立时间与摊薄净资产收益率呈负相关，在 0.01 的水平上显著。不同控股股东性质对公司的摊薄净资产收益率没有造成影响。

表 7-7　我国农业上市公司治理指数与摊薄净资产收益率的回归结果

变量	（1）	（2）	（3）	（4）
	ROE31	ROE32	ROE33	ROE34
CGI1	2.38*** （3.75）	—	—	—
CGI2	—	2.84*** （3.93）	—	—
CGI3	—	—	2.31*** （3.72）	—
CGI4	—	—	—	2.70*** （3.81）
size	0.97 （0.22）	1.25 （0.28）	0.39 （0.09）	0.37 （0.08）

变量	（1）	（2）	（3）	（4）
	ROE31	ROE32	ROE33	ROE34
age	-2.69^{***} （-3.08）	-2.71^{***} （-3.12）	-2.65^{***} （-3.04）	-2.65^{***} （-3.05）
dummy-guoyou	-3.45 （-0.10）	-2.74 （-0.08）	-5.96 （-0.16）	-5.04 （-0.14）
dummy-minying	-5.18 （-0.14）	-4.74 （-0.13）	-7.46 （-0.21）	-6.54 （-0.18）
dummy-shehuituanti	-6.61 （-0.13）	-8.77 （-0.18）	-10.72 （-0.21）	-12.50 （-0.25）
dummy-zhigongchiguhui	1.76 （0.03）	0.03 （0.00）	-1.85 （-0.04）	-4.49 （-0.09）
dummy-jiti	55.48 （1.34）	56.86 （1.38）	53.07 （1.28）	55.28 （1.34）
Constant	-45.38 （-0.75）	-61.69 （-1.01）	-34.71 （-0.58）	-46.28 （-0.76）
Observations	410	410	410	410
Number of code	59	59	59	59
R-squared	0.079	0.083	0.079	0.080
F	3.684	3.860	3.652	3.745
Prob>F	0.000	0.000	0.000	0.000

说明：*** 表示 0.01 水平上显著，** 表示 0.05 水平上显著，* 表示 0.1 水平上显著。

为了检验结果的稳健性，本书选择了摊薄净资产收益率的滞后一期作为被解释变量。表7-8描述了我国农业上市公司治理指数与滞后一期摊薄净资产收益率的回归结果。列（1）至列（4）分别将哑变量等权重公司治理指数、定距变量等权重公司治理指数、哑变量赋权重公司治理指数以及定距变量赋权重公司治理指数作为解释变量，将公司规模、公司成立时间作为控制变量，引入控股股东性质作为虚拟变量。四个模型的回归结果显示，四种方法计算的公司治理指数与滞后一期摊薄净资产收益率呈正相关。公司规模与滞后一期摊薄净资产收益率呈负相关，在 0.05 的水平上显著。不同控股股东性质均未对公司滞后一期摊薄净资产收益率产生影响。

表7-8　我国农业上市公司治理指数与滞后一期摊薄净资产收益率的回归结果

变量	（1）	（2）	（3）	（4）
	ROE3z1	ROE3z2	ROE3z3	ROE3z4
CGI1	1.51** (2.03)	—	—	—
CGI2	—	1.76** (2.07)	—	—
CGI3	—	—	1.29* (1.77)	—
CGI4	—	—	—	1.57* (1.89)
size	−12.76** (−2.52)	−12.57** (−2.49)	−12.97** (−2.55)	−13.00** (−2.56)
age	−1.18 (−1.15)	−1.16 (−1.14)	−1.05 (−1.03)	−1.08 (−1.06)
dummy-guoyou	10.26 (0.24)	10.78 (0.25)	9.46 (0.22)	9.70 (0.23)
dummy-minying	17.70 (0.42)	18.11 (0.43)	17.07 (0.40)	17.34 (0.41)
dummy-shehuituanti	9.30 (0.16)	8.08 (0.14)	7.55 (0.13)	6.26 (0.11)
dummy-zhigongchiguhui	10.88 (0.18)	9.81 (0.17)	8.98 (0.15)	7.29 (0.12)
dummy-jiti	−1.66 (−0.03)	−0.62 (−0.01)	−2.01 (−0.04)	−1.13 (−0.02)
Constant	111.75 (1.59)	102.11 (1.44)	120.01* (1.72)	112.34 (1.60)
Observations	411	411	411	411
Number of code	59	59	59	59
R-squared	0.043	0.043	0.040	0.041
F	1.922	1.944	1.793	1.853
Prob>F	0.056	0.053	0.077	0.067

说明：*** 表示 0.01 水平上显著，** 表示 0.05 水平上显著，* 表示 0.1 水平上显著。

　　表7-9描述了我国农业上市公司治理指数与投入资本回报率的回归结果。列（1）至列（4）选择了投入资本回报率作为被解释变量，分别将哑变量等权重公

司治理指数、定距变量等权重公司治理指数、哑变量赋权重公司治理指数以及定距变量赋权重公司治理指数作为解释变量,将公司规模、公司成立时间作为控制变量,引入控股股东性质作为虚拟变量。四个模型的回归结果显示,四种方法计算的公司治理指数均与投入资本回报率呈正相关,且在 0.01 的水平上显著。公司成立时间与投入资本回报率呈负相关,在 0.01 的水平上显著。不同控股股东性质对公司的投入资本回报率没有造成影响。

表 7-9　我国农业上市公司治理指数与投入资本回报率的回归结果

变量	（1）	（2）	（3）	（4）
	touru1	touru2	touru3	touru4
CGI1	0.93*** (4.25)	—	—	—
CGI2	—	1.01*** (4.02)	—	—
CGI3	—	—	0.97*** (4.54)	—
CGI4	—	—	—	1.02*** (4.18)
size	0.85 (0.58)	0.97 (0.66)	0.60 (0.41)	0.65 (0.44)
age	−1.30*** (−4.33)	−1.25*** (−4.19)	−1.32*** (−4.43)	−1.26*** (−4.24)
dummy-guoyou	−6.44 (−0.52)	−5.92 (−0.47)	−7.73 (−0.62)	−6.98 (−0.56)
dummy-minying	−4.74 (−0.38)	−4.28 (−0.34)	−5.92 (−0.48)	−5.15 (−0.41)
dummy-shehuituanti	−4.78 (−0.28)	−5.29 (−0.31)	−6.67 (−0.39)	−6.90 (−0.40)
dummy-zhigongchiguhui	−5.97 (−0.34)	−6.53 (−0.38)	−7.54 (−0.44)	−8.33 (−0.48)
dummy-jiti	−4.39 (−0.31)	−3.43 (−0.24)	−5.77 (−0.41)	−4.32 (−0.30)
Constant	−10.02 (−0.49)	−14.40 (−0.69)	−6.75 (−0.33)	−10.12 (−0.49)
Observations	415	415	415	415
Number of code	60	60	60	60

变量	（1）	（2）	（3）	（4）
	touru1	touru2	touru3	touru4
R-squared	0.077	0.072	0.083	0.075
F	3.604	3.357	3.927	3.529
Prob>F	0.001	0.001	0.000	0.001

说明：*** 表示 0.01 水平上显著，** 表示 0.05 水平上显著，* 表示 0.1 水平上显著。

为了检验结果的稳健性，本书选择了投入资本回报率的滞后一期作为被解释变量。表 7-10 描述了我国农业上市公司治理指数与滞后一期投入资本回报率的回归结果。列（1）至列（4）分别将哑变量等权重公司治理指数、定距变量等权重公司治理指数、哑变量赋权重公司治理指数以及定距变量赋权重公司治理指数作为解释变量，将公司规模、公司成立时间作为控制变量，引入控股股东性质作为虚拟变量。四个模型的回归结果显示，四种方法计算的公司治理指数与滞后一期投入资本回报率无关。公司规模与滞后一期投入资本回报率呈负相关，在 0.05 的水平上显著。不同控股股东性质对公司的滞后一期投入资本回报率没有造成影响。

表 7-10　我国农业上市公司治理指数与滞后一期投入资本回报率的回归结果

变量	（1）	（2）	（3）	（4）
	touruz1	touruz2	touruz3	touruz4
CGI1	0.10 （0.44）	—	—	—
CGI2	—	−0.04 （−0.14）	—	—
CGI3	—	—	0.08 （0.38）	—
CGI4	—	—	—	−0.00 （−0.02）
size	−3.86** （−2.53）	−3.82** （−2.51）	−3.87** （−2.53）	−3.83** （−2.50）
age	−0.14 （−0.45）	−0.07 （−0.22）	−0.13 （−0.42）	−0.08 （−0.26）
dummy-guoyou	16.78 （1.29）	17.20 （1.32）	16.73 （1.29）	17.13 （1.32）

续表

变量	（1）touruz1	（2）touruz2	（3）touruz3	（4）touruz4
dummy-minying	19.09 (1.48)	19. 54 (1.52)	19.06 (1.48)	19.46 (1.51)
dummy-shehuituanti	17.13 (0.95)	17.52 (0.98)	17.02 (0.95)	17.44 (0.97)
dummy-zhigongchiguhui	13.44 (0.75)	13.56 (0.75)	13.32 (0.74)	13.53 (0.75)
dummy-jiti	17.45 (1.18)	18.15 (1.22)	17.45 (1.17)	18.03 (1.21)
Constant	32.48 (1.53)	34.74 (1.62)	33.09 (1.57)	34.14 (1.61)
Observations	415	415	415	415
Number of code	60	60	60	60
R-squared	0.037	0.036	0.037	0.036
F	1.664	1.641	1.657	1.639
Prob>F	0.106	0.112	0.110	0.113

说明：*** 表示 0.01 水平上显著，** 表示 0.05 水平上显著，* 表示 0.1 水平上显著。

　　表 7-11 描述了我国农业上市公司治理指数与销售净利率的回归结果。列（1）至列（4）选择了销售净利率作为被解释变量，分别将哑变量等权重公司治理指数、定距变量等权重公司治理指数、哑变量赋权重公司治理指数以及定距变量赋权重公司治理指数作为解释变量，将公司规模、公司成立时间作为控制变量，引入控股股东性质作为虚拟变量。四个模型的回归结果显示，四种方法计算的公司治理指数均与销售净利率呈正相关，且在 0.01 的水平上显著。公司成立时间，公司规模以及不同控股股东性质对公司的销售净利率均没有造成影响。

表 7-11　我国农业上市公司治理指数与销售净利率的回归结果

变量	（1）xiaoshou1	（2）xiaoshou2	（3）xiaoshou3	（4）xiaoshou4
CGI1	2.47*** (3.31)	—	—	—
CGI2	—	2.57*** (3.00)	—	—

变量	（1）xiaoshou1	（2）xiaoshou2	（3）xiaoshou3	（4）xiaoshou4
CGI3	—	—	2.29*** (3.12)	—
CGI4	—	—	—	2.33*** (2.79)
size	−5.19 (−0.91)	−4.88 (−0.85)	−5.54 (−0.97)	−5.64 (−0.99)
age	−1.57 (−1.50)	−1.39 (−1.33)	−1.47 (−1.41)	−1.28 (−1.23)
dummy-guoyou	−67.42 (−1.43)	−65.55 (−1.39)	−70.92 (−1.50)	−67.01 (−1.41)
dummy-minying	−63.59 (−1.39)	−61.90 (−1.35)	−66.47 (−1.44)	−62.75 (−1.36)
dummy-shehuituanti	−61.48 (−1.01)	−62.33 (−1.02)	−66.16 (−1.08)	−64.78 (−1.06)
dummy-zhigongchiguhui	−61.84 (−0.99)	−62.97 (−1.01)	−66.73 (−1.07)	−66.45 (−1.06)
dummy-jiti	−67.60 (−1.28)	−64.41 (−1.22)	−70.67 (−1.33)	−64.98 (−1.23)
Constant	76.40 (1.08)	66.90 (0.93)	87.72 (1.25)	81.98 (1.16)
Observations	412	412	412	412
Number of code	60	60	60	60
R-squared	0.041	0.036	0.038	0.032
F	1.839	1.591	1.680	1.436
Prob>F	0.069	0.126	0.102	0.180

说明：*** 表示 0.01 水平上显著，** 表示 0.05 水平上显著，* 表示 0.1 水平上显著。

　　为了检验结果的稳健性，本书选择了销售净利率的滞后一期作为被解释变量。表 7-12 描述了我国农业上市公司治理指数与滞后一期销售净利率的回归结果。列（1）至列（4）分别将哑变量等权重公司治理指数、定距变量等权重公司治理指数、哑变量赋权重公司治理指数以及定距变量赋权重公司治理指数作为解释变量，将公司规模、公司成立时间作为控制变量，引入控股股东性质作为虚拟变量。四个模型的回归结果显示,四种方法计算的公司治理指数与滞后一期销售净利率无关。公司成立时间与销售净利率滞后一期呈负相关。不同控股股东性质和公司规模对公司的滞后一期销售净利率没有造成影响。

表 7-12　我国农业上市公司治理指数与滞后一期销售净利率的回归结果

变量	（1）	（2）	（3）	（4）
	xiaoshouz1	xiaoshouz2	xiaoshouz3	xiaoshouz4
CGI1	0.18 （0.32）	—	—	—
CGI2	—	0.01 （0.01）	—	—
CGI3	—	—	0.03 （0.06）	—
CGI4	—	—	—	−0.11 （−0.18）
size	2.54 （0.62）	2.55 （0.62）	2.55 （0.62）	2.57 （0.63）
age	−2.06*** （−2.60）	−1.96** （−2.48）	−1.97** （−2.49）	−1.90** （−2.41）
dummy-guoyou	6.68 （0.36）	6.30 （0.34）	6.36 （0.34）	6.15 （0.33）
dummy-minying	10.20 （0.53）	9.78 （0.51）	9.86 （0.51）	9.57 （0.50）
dummy-shehuituanti	0.79 （0.02）	0.24 （0.01）	0.32 （0.01）	0.14 （0.00）
dummy-zhigongchiguhui	−9.27 （−0.25）	−10.09 （−0.28）	−9.97 （−0.27）	−10.32 （−0.28）
dummy-jiti	—	—	—	—
Constant	−12.24 （−0.24）	−7.99 （−0.15）	−8.57 （−0.17）	−5.19 （−0.10）
Observations	412	412	412	412
Number of code	60	60	60	60
R-squared	0.025	0.025	0.025	0.025
F	1.289	1.274	1.275	1.279
Prob>F	0.255	0.262	0.262	0.260

说明:*** 表示 0.01 水平上显著,** 表示 0.05 水平上显著,* 表示 0.1 水平上显著。

第三节　农业上市公司治理与代理成本关系研究

一、理论分析与研究假设

现代企业制度的一个重要特征是所有权与控制权的分离,"控制这些财富并有责任确保经营效率和生产利润的人不再是那些身为所有者并有权获得利润的人"。当双方都是效用最大化的经济人时,可以合理预期代理人并不会永远按照委托人的利益行事。来自世界多个国家的研究都表明这种利益冲突所导致的交易成本是巨大的。

学者们对公司治理与代理成本的研究较为多样。高明华和谭玥宁(2014)利用2012年中国沪深A股上市公司的相关数据,实证检验董事会治理对代理成本的作用与效果以及产权性质对两者关系的影响。研究发现,董事会治理水平与代理成本呈显著负相关,高水平的董事会治理能有效抑制管理层的利益侵占行为,其中,合理的董事激励与约束机制能够对代理成本起到直接的抑制作用。姜付秀、黄磊和张敏(2009)以2003—2005年沪、深两市上市公司数据为基础,考察了产品市场竞争、公司治理与代理成本之间的关系。研究结果表明,产品市场竞争和合理的公司治理机制能够降低企业的代理成本、提升代理效率。而在不同产品市场竞争环境下,不同公司治理机制表现出不同作用。李寿喜(2008)研究了代理成本与公司治理结构的逻辑关系,指出对于一个现代企业来说,从股东到高管、从高管到一般经理,再从一般经理到基层员工,存在着多层次的代理关系。广义的代理成本包括激励成本、约束成本和剩余损失,其中激励和约束成本与剩余损失之间存在反向关系,随着公司治理机制复杂化程度的提高,企业的激励和约束成本不断上升,而剩余损失在下降,这表明存在一个最佳的公司治理机制。彭涛和黄福广(2018)等以2004—2013年中小板和创业板上市企业为样本,研究发现风险资本支持的企业代理成本更低,风险资本通过持有股份和董事会席位降低成本;家族企业调节风险资本对代理成本的影响;风险资本深度参与非家族企业公司治理,对代理成本的降低作用更加明显。姚文韵和郭艳红(2012)使用创业板上市公司数据,对公司内部治理机制对企业竞争力的影响进行了研究。结果表明,董事会规模与创业板上市公司竞争力呈现倒U形关系,从创业板上市公司目前所处阶段来看,董事会规模的适度扩张能够提高公司竞争力;独立董事比例的提高能够显著提升企业竞争力,独立董事在董事会中起到了一定的积极作用;董事会中董事长与总经理两职是否合一对公司竞争力没有显著影响;第一大股东持股比例与创业板上市公司竞争力呈现显著的倒 U 形关系,目前我国创业板上市公司第一大股东持股比例普遍偏低,股权集中度不高。杨棉之和卢闯(2011)研究发现,盈余质量高的上市公司经理人代理成本较低,盈余质量改善的上市公司经理人代理成本发生了显著下降。王振山、石大林和刘鑫莹(2014)以2002—2011 年 716 家上市公司为样本不仅研究了公司治理机制与代理成本间的相互作用,还研究了公司治理机制间的交互效应对代理成本的影响,发现股权集中度、董事会独立性和管理层持股比例都与代理成本呈负相关,公司治理机制间存在替代效应。周建和袁德利(2013)基于 2001—2009 年沪深两市 444 家上市公司的平衡面板数据进行研究,结果表明,第一类股权代理成本在董事会规模、董事会独立性与公司绩效之间起部分中介作用,而第二类股权代理成本在股权集中度与公司绩效之间起部分中介作用。郝臣、宫永健和孙凌霞(2009)以 2000—2007 年沪深两市 6264 家上市公司为研究样本,对公司治理要素与代理成本之间的关系进行实证检验。结果显示,第一大股东持股比例、管理层薪酬和管理层持股比例与代理成本显著负相关;持股董事比例与代理成本显著正相关,且持股董事比例可能存在区间效应;而前五大股东持股比例、董事会规模、独立董事比例、董事持股比例和监事会规模与代理成本无显著相关性,不能有效影响代理成本。高雷、李芬香和张杰(2007)利用上市公司数据,分析了公司治理与代理成本之间的关系。结果发现,股权集中度、国家股比例、董事会规模、监事会规模、治理环境、公司透明度、企业规模与代理成本呈显著负相关;股权制衡度、领取报酬的董事比例、领取报酬的监事比例、董事会会议次数、股东大会会议次数与代理成本呈显著正相关;高管持股、独立董事比例、监事会会议次数、两职分离与代理成本无显著关系;财务杠杆率与代理成本的关系是混合的。蔡吉甫(2007)研究发现,我国上市公司的代理问题和治理机制的效率会因公司控制权的性质和成长机会的不同而存在很大差异,表现为国有控股上市公司或低成长机会公司的代理问题较突出;在公司治理机制效率方面,管理层持股在国有控股上市公司中不具有治理效用,而独立董事在非国有控股上市公司中未发挥出治理作用,大股东监控和短期债务融资在低成长机会的公司中具有明显的治理作用;债务期限结构(短期债务融资)的治理效用是显著的,而债务来源(银行借款)的治理作用则是弱化的或恶化的,其存在不仅未缓和公司代理问题,反而一定程度上加重了国有控股上市公司的代理冲突,从而为不同性质的债务融资安排的治理效率差异提供了证据。李明辉(2009)利用我国上市公司 2001—2006 年的数据检验了股权结构和公司治理因素对股权代理成本的影响。结果发现,股权集中有助于降低股权代理成本;当采用管理费用率衡量代理成本时,管理层持股比例与股权代理成本呈U形关系,但若采用资产周转率衡量股权代理成本,这一关系则不够显著;勤勉的监事会、监事会独立性的提高、董事长和总经理两职部分分离可在一定程度上降低代理成本;国有控股公司的在职消费较高但其资产使用效率也更高。钱婷和武常岐(2016)基于国有企业集团上市成员企业数据发现,国有企业集团可以通过减少管理层级、提高成员企业与集团业务紧密度、增加拥有商务背景的集团兼任人员三项集团治理策略,加强对成员企业管理层的治理,降低成员企业管理层的代理成本。曾庆生和陈信元(2006)以1999—2002年上市公司为研究对象,发现董事会独立性在国家控股公司与非国家控股公司之间存在一定的差异,但对公司权益代理成本几乎没有影响;相反,终极控股权性质对权益代理成本产生了显著影响,即无论是否考虑董事会独立性的影响,国家控股公司的代理成本显著高于非国家控股公司;且在国家控股公司中,控股股东持股比例越高,公司权益代理成本越高。张旺峰和宋迎春(2014)对我国沪、深两市506家家族上市公司代理成本及其治理机制进行了实证研究,结果发现企业的内部控制质量与其代理成本之间呈显著的负相关关系;通过在董事会中引入职业经理人能够有效地抑制家族企业的代理成本,而家族管理者与职业经理人之间的薪酬差距则会加剧企业的代理冲突,增加其代理成本。罗进辉(2012)从双重代理成本视角实证检验媒体作为一种外部监督机制能否帮助上市公司缓解代理问题。其基于中国A股上市公司2006—2009年数据的实证分析结果表明,上市公司的双重代理成本——股东与管理者间的第一类代理成本和大股东与中小股东间的第二类代理成本越高,受到的媒体关注和报道就越多,而高水平的媒体报道能够有效降低公司的双重代理成本,且媒体报道的上述治理作用在第一类代理问题中表现得更强。陈建林和娄朝辉(2009)采用2006年1329家上市公司的数据分析治理机制对代理成本的影响,将家族企业与非家族企业治理机制的影响效果进行比较分析。研究结果发现,对全体上市公司而言,大股东持股比例、机构投资者持股比例、流动负债比例与代理成本呈负相关,股权制衡度、两职合一、资产负债率与代理成本呈正相关,董事会规模、独立董事比例与代理成本的关系不显著;家族企业治理机制对代理成本的影响效果比非家族企业要弱。在非家族企业中,大股东持股比例、股权制衡度、两职合一与代理成本有显著的相关性,但上述治理机制对家族企业的代理成本没有显著影响。周泽将(2015)以2000—2010年中国证券市场A股国有上市公司为样本,从违规处罚和代理成本双重视角实证分析了新闻发言人对公司治理的影响。研究结果表明,新闻发言人显著促进了公司治理水平的提升,表现为设立新闻发言人的国有上市公司具有更高的违规处罚概率和更低的代理成本。王满四和徐朝辉(2017)运用沪、深两市 2006—2016 年 A 股企业数据,通过探讨银行债权治理、公司内部治理与管理层代理成本的关系,考察在抑制代理成本的公司治理机制中,银行债权治理作为一种重要的外部治理机制与公司内部治理之间的互动关系,验证内外部治理机制的良性互动对于降低代理成本的有效性。结果发现,管理层激励机制不能降低代理成本,而银行债权机制、董事会机制以及大股东机制均能有效降低代理成本。

代理成本系因代理问题所产生的损失及为了解决代理问题所产生的成本。代理成本主要包括监督成本、约束成本和剩余损失,其来源主要是股东与经理层之间的利益冲突、债权人与股东之间的利益冲突,而有效的公司治理对于解决代理问题有着重要作用,因此本书提出以下假设。

假设 2:公司治理水平与代理成本显著负相关。

二、研究设计

为了检验农业上市公司治理有效性,本书采用面板回归从代理成本角度构建了回归模型。代理成本指标分别选取了财务费用率、存货周转天数、管理费用率和应收账款周转天数。具体回归模型如下所示。

$$\text{caiwu}_{it} = \alpha_i + \beta_1 \times \text{CGI}(n)_{it} + \beta_2 \times \text{size}_{it} + \beta_3 \times \text{age}_{it} + \beta_3 \times \text{dummy-guoyou}_{it} + \beta_5 \times \text{dummy-}$$
$$\text{minying}_{it} + \beta_6 \times \text{dummy-shehuituanti}_{it} + \beta_7 \times \text{dummy-zhigongchiguhui}_{it} +$$
$$\beta_8 \times \text{dummy-jiti}_{it} + \varepsilon_{it} \tag{7-7}$$

$$\text{cunhuo}_{it} = \alpha_i + \beta_1 \times \text{CGI}(n)_{it} + \beta_2 \times \text{size}_{it} + \beta_3 \times \text{age}_{it} + \beta_3 \times \text{dummy-guoyou}_{it} + \beta_5 \times \text{dummy-}$$
$$\text{minying}_{it} + \beta_6 \times \text{dummy-shehuituanti}_{it} + \beta_7 \times \text{dummy-zhigongchiguhui}_{it} +$$
$$\beta_8 \times \text{dummy-jiti}_{it} + \varepsilon_{it} \tag{7-8}$$

$$\text{guanli}_{it} = \alpha_i + \beta_1 \times \text{CGI}(n)_{it} + \beta_2 \times \text{size}_{it} + \beta_3 \times \text{age}_{it} + \beta_3 \times \text{dummy-guoyou}_{it} + \beta_5 \times \text{dummy-}$$
$$\text{minying}_{it} + \beta_6 \times \text{dummy-shehuituanti}_{it} + \beta_7 \times \text{dummy-zhigongchiguhui}_{it} +$$
$$\beta_8 \times \text{dummy-jiti}_{it} + \varepsilon_{it} \tag{7-9}$$

$$\text{yingshou}_{it} = \alpha_i + \beta_1 \times \text{CGI}(n)_{it} + \beta_2 \times \text{size}_{it} + \beta_3 \times \text{age}_{it} + \beta_3 \times \text{dummy-guoyou}_{it} + \beta_5 \times \text{dummy-}$$
$$\text{minying}_{it} + \beta_6 \times \text{dummy-shehuituanti}_{it} + \beta_7 \times \text{dummy-zhigongchiguhui}_{it} +$$
$$\beta_8 \times \text{dummy-jiti}_{it} + \varepsilon_{it} \tag{7-10}$$

其中,caiwu_{it}、cunhuo_{it}、guanli_{it}、yingshou_{it} 为被解释变量,caiwu_{it} 表示上市公司 i 在 t 年的财务费用率,cunhuo_{it} 表示上市公司 i 在 t 年的存货周转天数,guanli_{it} 表示上市公司 i 在 t 年的管理费用率、yingshou_{it} 表示上市公司 i 在 t 年的应收账

款周转天数。CGI1$_{it}$、CGI2$_{it}$、CGI3$_{it}$和CGI4$_{it}$为解释变量,分别表示上市公司i在t年的哑变量等权重公司治理指数、定距变量等权重公司治理指数、哑变量赋权重公司治理指数以及定距变量赋权重公司治理指数。size$_{it}$、age$_{it}$、dummy-guoyou$_{it}$、dummy-minying$_{it}$、dummy-shehuituanti$_{it}$、dummy-zhigongchiguhui$_{it}$和 dummy-jiti$_{it}$为控制变量。其中size$_{it}$表示公司规模;age$_{it}$表示公司年龄;dummy-guoyou$_{it}$为虚拟变量,上市公司为国有控股时该变量取值为1,否则取值为0;dummy-minying$_{it}$为虚拟变量,上市公司为民营控股时该变量取值为1,否则取值为0;dummy-shehuituanti$_{it}$为虚拟变量,上市公司为社会团体控股时该变量取值为1,否则取值为0;dummy-zhigongchiguhui$_{it}$为虚拟变量,上市公司为职工持股会控股时该变量取值为1,否则取值为0;dummy-jiti$_{it}$为虚拟变量,上市公司为集体控股时该变量取值为1,否则取值为0。ε_{it}为随机误差项。

三、实证结果与分析

表7-13描述了我国农业上市公司治理指数与财务费用率的回归结果。列(1)至列(4)选择了财务费用率作为被解释变量,分别将哑变量等权重公司治理指数、定距变量等权重公司治理指数、哑变量赋权重公司治理指数以及定距变量赋权重公司治理指数作为解释变量,将公司规模、公司成立时间作为控制变量,引入控股股东性质作为虚拟变量。四个模型的回归结果显示,四种方法计算的公司治理指数均与财务费用率呈负相关,公司规模与财务费用率呈正相关,且都在0.01的水平上显著。不同控股股东性质的公司,同一方式计算的公司治理指数对财务费用率的影响有差异。

表7-13　我国农业上市公司治理指数与财务费用率的回归结果

变量	(1) caiwu1	(2) caiwu2	(3) caiwu3	(4) caiwu4
CGI1	−0.43*** (−3.49)	—	—	—
CGI2	—	−0.49*** (−3.48)	—	—
CGI3	—	—	−0.44*** (−3.62)	—
CGI4	—	—	—	−0.48*** (−3.51)

变量	（1）	（2）	（3）	（4）
	caiwu1	caiwu2	caiwu3	caiwu4
size	3.72***	3.6⁶***	3.78***	3.80***
	（3.98）	（3.90）	（4.05）	（4.06）
age	0.11	0.11	0.12	0.10
	（0.67）	（0.62）	（0.71）	（0.61）
dummy-guoyou	−224.66***	−224.72***	−223.70***	−224.17***
	（−29.03）	（−29.05）	（−28.83）	（−28.92）
dummy-minying	−222.47***	−222.51***	−221.64***	−222.10***
	（−29.56）	（−29.57）	（−29.39）	（−29.47）
dummy-shehuituanti	−222.76***	−222.34***	−221.62***	−221.60***
	（−22.26）	（−22.20）	（−22.12）	（−22.09）
dummy-zhigongchiguhui	−224.48***	−224.07***	−223.36***	−223.16***
	（−21.94）	（−21.88）	（−21.82）	（−21.76）
dummy-jiti	−223.72***	−223.94***	−222.75***	−223.51***
	（−25.84）	（−25.88）	（−25.66）	（−25.80）
Constant	193.55***	196.11***	192.15***	193.85***
	（16.71）	（16.69）	（16.72）	（16.72）
Observations	412	412	412	412
Number of code	60	60	60	60
R-squared	0.729	0.729	0.730	0.729
F	115.6	115.6	116.0	115.6
Prob>F	0.000	0.000	0.000	0.000

说明：*** 表示 0.01 水平上显著，** 表示 0.05 水平上显著，* 表示 0.1 水平上显著。

　　为了检验结果的稳健性，本书选择了财务费用率的滞后一期作为被解释变量。表 7-14 描述了我国农业上市公司治理指数与滞后一期财务费用率的回归结果。列（1）至列（4）分别将哑变量等权重公司治理指数、定距变量等权重公司治理指数、哑变量赋权重公司治理指数以及定距变量赋权重公司治理指数作为解释变量，将公司规模、公司成立时间作为控制变量，引入控股股东性质作为虚拟变量。四个模型的回归结果显示，四种方法计算的公司治理指数与滞后一期财务费用率无显著关系，不同控股股东形式之间也无显著差异。公司规模与滞后一期财务费用率呈正相关，在 0.05 的水平上显著。

表 7-14　我国农业上市公司治理指数与滞后一期财务费用率的回归结果

变量	（1）	（2）	（3）	（4）
	caiwuz1	caiwuz2	caiwuz3	caiwuz4
CGI1	−0.12 （−0.82）	—	—	—
CGI2	—	−0.25 （−1.55）	—	—
CGI3	—	—	−0.11 （−0.79）	—
CGI4	—	—	—	−0.22 （−1.38）
size	2.31** （2.25）	2.29** （2.23）	2.33** （2.27）	2.35** （2.29）
age	0.16 （0.80）	0.22 （1.09）	0.16 （0.78）	0.20 （1.02）
dummy-guoyou	0.62 （0.13）	0.49 （0.10）	0.64 （0.14）	0.58 （0.12）
dummy-minying	0.70 （0.14）	0.55 （0.11）	0.68 （0.14）	0.58 （0.12）
dummy-shehuituanti	1.41 （0.15）	1.42 （0.15）	1.48 （0.16）	1.60 （0.17）
dummy-zhigongchiguhui	1.88 （0.20）	1.72 （0.19）	1.96 （0.21）	2.03 （0.22）
dummy-jiti	—	—	—	—
Constant	−23.43* （−1.79）	−19.71 （−1.49）	−23.75* （−1.83）	−21.18 （−1.62）
Observations	412	412	412	412
Number of code	60	60	60	60
R-squared	0.029	0.034	0.029	0.032
F	1.463	1.716	1.455	1.643
Prob>F	0.180	0.104	0.182	0.122

说明：*** 表示 0.01 水平上显著，** 表示 0.05 水平上显著，* 表示 0.1 水平上显著。

表 7-15 描述了我国农业上市公司治理指数与存货周转天数的回归结果。列（1）至列（4）选择了存货周转天数作为被解释变量，分别将哑变量等权重公司治理指数、定距变量等权重公司治理指数、哑变量赋权重公司治理指数以及定距变量赋权重公司治理指数作为解释变量，将公司规模、公司成立时间作为控制变量，引

入控股股东性质作为虚拟变量。四个模型的回归结果显示,哑变量等权重公司治理指数与存货周转天数呈负相关,哑变量赋权重公司治理指数与存货周转天数呈负相关,且均在 0.1 的水平上显著。公司规模与存货周转天数呈正相关,且在 0.01 的水平上显著。不同控股股东性质的公司对存货周转天数的影响无显著差异。

表 7-15　我国农业上市公司治理指数与存货周转天数的回归结果

变量	(1)	(2)	(3)	(4)
	cunhuo1	cunhuo2	cunhuo3	cunhuo4
CGI1	−238.61* (−1.79)	—	—	—
CGI2	—	−233.36 (−1.53)	—	—
CGI3	—	—	−222.55* (−1.70)	—
CGI4	—	—	—	−214.28 (−1.44)
size	3085.60*** (3.03)	3061.32*** (3.00)	3119.52*** (3.07)	3130.24*** (3.07)
age	−194.75 (−1.04)	−219.35 (−1.18)	−203.37 (−1.09)	−228.40 (−1.23)
dummy-guoyou	897.49 (0.21)	1049.85 (0.24)	936.77 (0.22)	1128.04 (0.26)
dummy-minying	1502.78 (0.34)	1675.70 (0.38)	1482.10 (0.33)	1697.11 (0.38)
dummy-shehuituanti	1518.54 (0.18)	1934.42 (0.23)	1670.92 (0.20)	2102.61 (0.25)
dummy-zhigongchiguhui	−1169.07 (−0.14)	−709.12 (−0.08)	−997.76 (−0.12)	−448.74 (−0.05)
dummy-jiti	—	—	—	—
Constant	−27502.44** (−2.14)	−27321.20** (−2.08)	−28270.49** (−2.21)	−28589.68** (−2.21)
Observations	411	411	411	411
Number of code	60	60	60	60
R-squared	0.036	0.034	0.035	0.033
F	1.834	1.706	1.785	1.665
Prob>F	0.080	0.107	0.089	0.117

说明:*** 表示 0.01 水平上显著,** 表示 0.05 水平上显著,* 表示 0.1 水平上显著。

为了检验结果的稳健性,本书选择了存货周转天数的滞后一期作为被解释变量。表7-16描述了我国农业上市公司治理指数与滞后一期存货周转天数的回归结果。列(1)至列(4)分别将哑变量等权重公司治理指数、定距变量等权重公司治理指数、哑变量赋权重公司治理指数以及定距变量赋权重公司治理指数作为解释变量,将公司规模、公司成立时间作为控制变量,引入控股股东性质作为虚拟变量。四个模型的回归结果显示,四种方法计算的公司治理指数与滞后一期存货周转天数无显著关系,不同控股股东性质也没有产生显著的影响。公司规模与滞后一期存货周转天数呈正相关,在0.01的水平上显著。公司成立时间与滞后一期存货周转天数呈负相关,在0.05的水平上显著。

表 7-16　我国农业上市公司治理指数与滞后一期存货周转天数的回归结果

变量	(1) cunhuoz1	(2) cunhuoz2	(3) cunhuoz3	(4) cunhuoz4
CGI1	−9.00 (−0.07)	—	—	—
CGI2	—	−58.94 (−0.39)	—	—
CGI3	—	—	−18.84 (−0.14)	—
CGI4	—	—	—	−67.42 (−0.45)
size	4103.22*** (4.32)	4097.85*** (4.31)	4106.13*** (4.32)	4113.67*** (4.33)
age	−450.15** (−2.44)	−426.42** (−2.33)	−444.33** (−2.41)	−421.77** (−2.30)
dummy-guoyou	1908.16 (0.44)	1838.18 (0.42)	1887.75 (0.43)	1839.35 (0.42)
dummy-minying	2799.23 (0.62)	2721.45 (0.61)	2770.87 (0.62)	2701.14 (0.60)
dummy-shehuituanti	3049.13 (0.36)	2994.97 (0.35)	3027.14 (0.35)	3023.85 (0.35)
dummy-zhigongchiguhui	−112.59 (−0.01)	−234.18 (−0.03)	−150.04 (−0.02)	−192.55 (−0.02)
dummy-jiti	—	—	—	—

续表

变量	（1）	（2）	（3）	（4）
	cunhuoz1	cunhuoz2	cunhuoz3	cunhuoz4
Constant	−44545.14*** (−3.68)	−43240.02*** (−3.52)	−44333.47*** (−3.69)	−43210.96*** (−3.56)
Observations	412	412	412	412
Number of code	60	60	60	60
R-squared	0.052	0.052	0.052	0.052
F	2.689	2.711	2.692	2.719
Prob>F	0.010	0.010	0.010	0.010

说明:*** 表示 0.01 水平上显著,** 表示 0.05 水平上显著,* 表示 0.1 水平上显著。

表 7-17 描述了我国农业上市公司治理指数与管理费用率的回归结果。列（1）至列（4）选择了管理费用率作为被解释变量,分别将哑变量等权重公司治理指数、定距变量等权重公司治理指数、哑变量赋权重公司治理指数以及定距变量赋权重公司治理指数作为解释变量,将公司规模、公司成立时间作为控制变量,引入控股股东性质作为虚拟变量。四个模型的回归结果显示,四种方法计算的公司治理指数均与管理费用率无关。公司规模与管理费用率负相关,公司成立时间与管理费用率呈正相关,且均在 0.01 的水平上显著。不同控股股东性质的公司对管理费用率的影响有显著差异。

表 7-17 我国农业上市公司治理指数与管理费用率的回归结果

变量	（1）	（2）	（3）	（4）
	guanli1	guanli2	guanli3	guanli4
CGI1	−0.23 (−1.13)	—	—	—
CGI2	—	−0.22 (−0.96)	—	—
CGI3	—	—	−0.15 (−0.74)	—
CGI4	—	—	—	−0.08 (−0.36)
size	−11.93*** (−7.70)	−11.95*** (−7.70)	−11.89*** (−7.67)	−11.88*** (−7.66)

续表

变量	（1）	（2）	（3）	（4）
	guanli1	guanli2	guanli3	guanli4
age	1.90***	1.87***	1.85***	1.80***
	（6.66）	（6.61）	（6.49）	（6.37）
dummy-guoyou	−155.58***	−155.85***	−155.86***	−156.61***
	（−12.15）	（−12.17）	（−12.11）	（−12.18）
dummy-minying	−157.77***	−158.02***	−158.06***	−158.77***
	（−12.67）	（−12.68）	（−12.64）	（−12.71）
dummy-shehuituanti	−160.92***	−160.93***	−161.04***	−161.65***
	（−9.72）	（−9.70）	（−9.69）	（−9.72）
dummy-zhigongchiguhui	−162.87***	−162.84***	−162.88***	−163.37***
	（−9.62）	（−9.61）	（−9.59）	（−9.61）
dummy-jiti	−141.94***	−142.36***	−142.40***	−143.36***
	（−9.91）	（−9.94）	（−9.89）	（−9.98）
Constant	292.05***	292.60***	290.04***	289.27***
	（15.23）	（15.04）	（15.22）	（15.05）
Observations	412	412	412	412
Number of code	60	60	60	60
R-squared	0.448	0.447	0.447	0.446
F	34.910	34.830	34.740	34.650
Prob>F	0.000	0.000	0.000	0.000

说明：*** 表示 0.01 水平上显著，** 表示 0.05 水平上显著，* 表示 0.1 水平上显著。

为了检验结果的稳健性，本书选择了管理费用率的滞后一期作为被解释变量。表 7-18 描述了我国农业上市公司治理指数与滞后一期管理费用率的回归结果。列（1）至列（4）分别将哑变量等权重公司治理指数、定距变量等权重公司治理指数、哑变量赋权重公司治理指数以及定距变量赋权重公司治理指数作为解释变量，将公司规模、公司成立时间作为控制变量，引入控股股东性质作为虚拟变量。四个模型的回归结果显示，四种方法计算的公司治理指数与滞后一期管理费用率无关，不同控股股东性质也没有造成差异。公司规模与滞后一期管理费用率呈负相关，公司成立时间与滞后一期管理费用率呈正相关，且均在 0.01 的水平上显著。

表 7-18　我国农业上市公司治理指数与滞后一期管理费用率的回归结果

变量	（1） guanliz1	（2） guanliz2	（3） guanliz3	（4） guanliz4
CGI1	0.11 （0.56）	—	—	—
CGI2	—	0.05 （0.21）	—	—
CGI3	—	—	0.15 （0.77）	—
CGI4	—	—	—	0.12 （0.56）
size	−8.35*** （−5.85）	−8.34*** （−5.84）	−8.37*** （−5.87）	−8.36*** （−5.86）
age	1.52*** （5.49）	1.56*** （5.67）	1.49*** （5.41）	1.52*** （5.54）
dummy-guoyou	−8.53 （−1.30）	−8.70 （−1.33）	−8.45 （−1.29）	−8.61 （−1.31）
dummy-minying	−8.76 （−1.30）	−8.95 （−1.33）	−8.63 （−1.28）	−8.81 （−1.31）
dummy-shehuituanti	−9.80 （−0.76）	−10.08 （−0.78）	−9.75 （−0.76）	−10.05 （−0.78）
dummy-zhigongchiguhui	−19.59 （−1.54）	−19.98 （−1.57）	−19.48 （−1.53）	−19.89 （−1.56）
dummy-jiti	—	—	—	—
Constant	95.58*** （5.27）	97.09*** （5.26）	94.86*** （5.26）	95.46*** （5.24）
Observations	412	412	412	412
Number of code	60	60	60	60
R-squared	0.130	0.129	0.131	0.130
F	7.355	7.310	7.400	7.354
Prob>F	0.000	0.000	0.000	0.000

说明:*** 表示 0.01 水平上显著,** 表示 0.05 水平上显著,* 表示 0.1 水平上显著。

表 7-19 描述了我国农业上市公司治理指数与应收账款周转天数的回归结果。列（1）至列（4）选择了应收账款周转天数作为被解释变量,分别将哑变量等权重公司治理指数、定距变量等权重公司治理指数、哑变量赋权重公司治理指数以及定距变量赋权重公司治理指数作为解释变量,将公司规模、公司成立时间作

为控制变量,引入控股股东性质作为虚拟变量。四个模型的回归结果显示,四种公司治理指数与应收账款周转天数呈负相关,且均在 0.05 的水平上显著。公司规模与应收账款周转天数呈正相关,且在 0.01 的水平上显著。不同控股股东性质的公司对应收账款周转天数的影响无显著差异。

表 7-19　我国农业上市公司治理指数与应收账款周转天数的回归结果

变量	（1）	（2）	（3）	（4）
	yingshou1	yingshou2	yingshou3	yingshou4
CGI1	-1.93^{**} （-2.56）	—	—	—
CGI2	—	-2.16^{**} （-2.50）	—	—
CGI3	—	—	-1.84^{**} （-2.47）	—
CGI4	—	—	—	-1.99^{**} （-2.35）
size	23.29^{***} （3.78）	23.06^{***} （3.74）	23.61^{***} （3.83）	23.79^{***} （3.86）
age	0.54 （0.50）	0.48 （0.45）	0.49 （0.45）	0.40 （0.37）
dummy-guoyou	2.03 （0.08）	2.80 （0.11）	2.28 （0.09）	3.52 （0.14）
dummy-minying	4.27 （0.17）	5.16 （0.20）	4.02 （0.16）	5.39 （0.21）
dummy-shehuituanti	12.40 （0.26）	15.38 （0.32）	13.57 （0.28）	17.02 （0.35）
dummy-zhigongchiguhui	24.19 （0.51）	27.16 （0.57）	25.42 （0.53）	29.56 （0.62）
dummy-jiti	—	—	—	—
Constant	-196.47^{**} （-2.54）	-187.88^{**} （-2.39）	-202.26^{***} （-2.63）	-200.54^{**} （-2.59）
Observations	403	403	403	403
Number of code	59	59	59	59
R-squared	0.071	0.071	0.070	0.069
F	3.704	3.657	3.639	3.550
Prob>F	0.001	0.001	0.001	0.001

说明:*** 表示 0.01 水平上显著,** 表示 0.05 水平上显著,* 表示 0.1 水平上显著。

为了检验结果的稳健性,本书选择了应收账款周转天数的滞后一期作为被解释变量。表 7-20 描述了我国农业上市公司治理指数与滞后一期应收账款周转天数的回归结果。列(1)至列(4)分别将哑变量等权重公司治理指数、定距变量等权重公司治理指数、哑变量赋权重公司治理指数以及定距变量赋权重公司治理指数作为解释变量,将公司规模、公司成立时间作为控制变量,引入控股股东性质作为虚拟变量。四个模型的回归结果显示,四种方法计算的公司治理指数与滞后一期应收账款周转天数呈负相关。公司规模与滞后一期应收账款周转天数呈正相关,在 0.01 的水平上显著。不同控股股东性质对公司滞后一期应收账款周转天数没有影响。

表 7-20　我国农业上市公司治理指数与滞后一期应收账款周转天数的回归结果

变量	(1)	(2)	(3)	(4)
	yingshouz1	yingshouz2	yingshouz3	yingshouz4
CGI1	-1.45^* (-1.68)	—	—	—
CGI2	—	-1.98^{**} (-2.01)	—	—
CGI3	—	—	-1.58^* (-1.86)	—
CGI4	—	—	—	-2.13^{**} (-2.21)
size	32.53^{***} (5.22)	32.30^{***} (5.19)	32.76^{***} (5.26)	32.80^{***} (5.28)
age	0.55 (0.46)	0.69 (0.58)	0.64 (0.53)	0.79 (0.66)
dummy-guoyou	13.99 (0.50)	14.01 (0.50)	13.75 (0.49)	14.20 (0.51)
dummy-minying	16.45 (0.57)	16.51 (0.57)	15.72 (0.55)	16.04 (0.56)
dummy-shehuituanti	33.11 (0.60)	34.83 (0.63)	33.41 (0.61)	35.90 (0.65)
dummy-zhigongchiguhui	34.25 (0.63)	35.48 (0.65)	34.31 (0.63)	37.11 (0.68)
dummy-jiti	—	—	—	—
Constant	-335.77^{***} (-4.25)	-319.78^{***} (-3.99)	-334.90^{***} (-4.27)	-321.77^{***} (-4.07)

续表

变量	（1）	（2）	（3）	（4）
	yingshouz1	yingshouz2	yingshouz3	yingshouz4
Observations	405	405	405	405
Number of code	59	59	59	59
R-squared	0.108	0.111	0.110	0.113
F	5.871	6.062	5.974	6.200
Prob>F	0.000	0.000	0.000	0.000

说明：*** 表示 0.01 水平上显著，** 表示 0.05 水平上显著，* 表示 0.1 水平上显著。

第四节　农业上市公司治理与成长性关系研究

一、理论分析与研究假设

中小上市公司已成为中国企业的主力军和优秀代表，是中国经济的主要组成部分，学者们对企业成长性的研究样本多为我国上市公司中小板企业或创业板企业。卢佳友和唐星（2015）以创业板上市公司为研究对象，从股权治理和债权治理角度，分析了不同股权治理和债权治理模式对企业成长性的影响。研究结果表明，当单独考虑股权治理和债权治理与成长性的关系时，股权治理与成长性不相关，债权治理的负债程度与成长性呈负相关，资产与负债期限同成长性呈正相关。而将股权治理和债权治理结合起来考虑时，股权治理与成长性呈弱正相关关系，债权治理的作用也得到强化，它们之间具有协同效应。周萍和蒲楠（2015）以2010—2012年中国创业板上市公司为样本，研究发现对高管的股权激励（股票期权、限制性股票和股票增值权）对创业导向企业的成长性有正向调节作用，以第一大股东持股比例和股权制衡度为代表的监督机制对创业导向企业的成长性有抑制作用。杨羽（2017）以公司治理为调节变量，选取我国创业板 2013—2015 年数据发现，公司治理水平越高，其成长性越好，两者之间呈显著正相关；公司治理水平能显著促进多元化经营与其成长性之间的正相关。李建红和周婷媛（2019）以 2012—2016 年沪、深两市创业板数据为样本研究发现，公司治理水平越高，企业的成长性就越好；公司治理水平的提升能显著促进内部审计质量的提升；内部审计质量在公司治理与企业成长性之间具有完全中介效应。杨丽芳（2014）选取创业板上市公司为样本进行研究,发现创业板上市公司成长性对企业价值能够起到正向的促进作用,但这种促进作用并不是直接的而是通过与良好的公司治理共同配合完成的。单独考虑成长性与企业价值关系时这种促进作用并不显著。李占雷和吴斯(2010)以中国 2004—2008 年中小企业板上市公司为样本进行研究,按第一大股东持股比例将其分为绝对控股型、相对控股型和分散持股型三类,构建公司成长性综合评价指标,检验三类公司董事会治理结构与成长性之间的关系。结果显示,独立董事比例、股权集中度、流通股比例三个治理结构指标对三类公司的成长性具有显著负向影响,其他治理结构指标对三类公司成长性的影响各异。董事会治理并不是促进中小企业成长性的决定性因素,董事会治理的效用不显著。陈晓红、王小丁和曾江洪(2007)从债权治理视角构建中国中小上市公司债权治理评价指数,结合中小上市公司成长性评价体系,对两种评价指数进行综合相关性和回归研究。结果显示,债权治理状况总体偏低,不同所有制下有较大差异,债权治理水平与公司成长性呈现倒 U 形关系。高偿债、低债务融资不利于公司成长,债务期限和资产期限结构的不平衡使其对成长性影响不显著。公司规模、质量和实际所得税率是影响债权治理水平和企业成长性的重要特征因素。曾江洪(2007)以中小上市公司为研究对象,分别从股权治理、债权治理、董事会治理和管理层激励四个维度研究其与中小上市公司成长之间的关系,发现股权集中度与公司成长性无相关关系,董事会规模、独立董事和执行董事比例、董事会受教育程度与公司成长性呈显著的正相关关系,管理层激励方面发现年度薪金是公司重要的激励机制。

也有少数学者选取部分行业作为研究对象。高小丹(2011)选取我国制造业上市公司 2008—2010 年的面板数据为研究样本,以董事会规模、独立董事比例、两职合一、董事学历水平、董事背景和董事会会议次数为变量,以净资产收益率增长率为公司成长性指标,对董事会治理与公司成长性之间的关系进行了实证研究。研究结果表明,董事学历水平、董事背景和董事会会议次数与公司成长性呈显著正相关,两职合一与公司成长性呈显著负相关,董事会规模和独立董事比例与公司成长性不存在显著的相关关系。王希泉和申俊龙(2015)基于 2004—2013 年的民营上市公司数据库,对董事会治理与企业成长性进行了门槛面板回归分析。结果表明,民营上市公司董事会治理与企业成长性会因为公司规模差异而呈现出显著的门槛效应,表现为:当企业规模较小时,两者关系呈负相关;而当企业规模较大时,二者负相关的程度有所减弱。同理,在董事会规模存在差异时,董事会治理与企业成长性也会存在一定的门槛效应。

公司治理的核心在于保证公司的财产安全、科学决策和高效经营,但是公司成长性的关键很大部分取决于行业的发展趋势及市场规模,公司治理的合理性、有效性是提高公司稳健发展的必要条件,但不是公司成长性的必要条件,因此本书提出以下假设。

假设3:公司治理水平与其成长性不具有显著关系。

二、研究设计

为了检验我国农业上市公司治理有效性,本书采用面板回归从成长性角度构建了回归模型。成长性指标分别选取了营业收入增长率、利润总额增长率、资产增长率以及托宾 Q 值。具体回归模型如下所示。

$$yingshouzengzhang_{it} = \alpha_i+\beta_1\times CGI(n)_{it}+\beta_2\times size_{it}+\beta_3\times age_{it}+\beta_3\times dummy\text{-}guoyou_{it}+$$
$$\beta_5\times dummy\text{-}minying_{it}+\beta_6\times dummy\text{-}shehuituanti_{it}+$$
$$\beta_7\times dummy\text{-}zhigongchiguhui_{it}+\beta_8\times dummy\text{-}jiti_{it}+\varepsilon_{it} \quad (7\text{-}11)$$

$$lirunzengzhang_{it} = \alpha_i+\beta_1\times CGI(n)_{it}+\beta_2\times size_{it}+\beta_3\times age_{it}+\beta_3\times dummy\text{-}$$
$$guoyou_{it}+\beta_5\times dummy\text{-}minying_{it}+\beta_6\times dummy\text{-}shehuituanti_{it}+$$
$$\beta_7\times dummy\text{-}zhigongchiguhui_{it}+\beta_8\times dummy\text{-}jiti_{it}+\varepsilon_{it} \quad (7\text{-}12)$$

$$zichanzengzhang_{it} = \alpha_i+\beta_1\times CGI(n)_{it}+\beta_2\times size_{it}+\beta_3\times age_{it}+\beta_3\times dummy\text{-}guoyou_{it}+$$
$$\beta_5\times dummy\text{-}minying_{it}+\beta_6\times dummy\text{-}shehuituanti_{it}+$$
$$\beta_7\times dummy\text{-}zhigongchiguhui_{it}+\beta_8\times dummy\text{-}jiti_{it}+\varepsilon_{it} \quad (7\text{-}13)$$

$$tobinQ_{it} = \alpha_i+\beta_1\times CGI(n)_{it}+\beta_2\times size_{it}+\beta_3\times age_{it}+\beta_3\times dummy\text{-}guoyou_{it}+$$
$$\beta_5\times dummy\text{-}minying_{it}+\beta_6\times dummy\text{-}shehuituanti_{it}+\beta_7\times dummy\text{-}$$
$$zhigongchiguhui_{it}+\beta_8\times dummy\text{-}jiti_{it}+\varepsilon_{it} \quad (7\text{-}14)$$

其中, $yingshouzengzhang_{it}$、$lirunzengzhang_{it}$、$zichanzengzhang_{it}$、$tobinQ_{it}$ 为被解释变量, $yingshouzengzhang_{it}$ 表示上市公司 i 在 t 年的营业收入增长率, $lirunzengzhang_{it}$ 表示上市公司 i 在 t 年的利润总额增长率, $zichanzengzhang_{it}$ 表示上市公司 i 在 t 年的资产增长率、$tobinQ_{1t}$ 表示上市公司 i 在 t 年的托宾 Q 值。$CGI1_{it}$、$CGI2_{it}$、$CGI3_{it}$ 和 $CGI4_{it}$ 为解释变量,分别表示为上市公司 i 在 t 年的哑变量等权重公司治理指数、定距变量等权重公司治理指数、哑变量赋权重公司治理指数以及定距变量赋权重公司治理指数。$size_{it}$、age_{it}、$dummy\text{-}guoyou_{it}$、$dummy\text{-}minying_{it}$、$dummy\text{-}shehuituanti_{it}$、$dummy\text{-}zhigongchiguhui_{it}$ 和 $dummy\text{-}jiti_{it}$ 为控制变量。其中 $size_{it}$ 表示公司规模;age_{it} 表示公司年龄;$dummy\text{-}guoyou_{it}$ 为虚拟变量,上市公司为国有控股时该变量取值为 1,否则取值为 0;$dummy\text{-}minying_{it}$

为虚拟变量,上市公司为民营控股时该变量取值为 1,否则取值为 0;dummy-shehuituanti$_{it}$ 为虚拟变量,上市公司为社会团体控股时该变量取值为 0;dummy-zhigongchiguhui$_{it}$ 为虚拟变量,上市公司为职工持股会控股时该变量取值为 1,否则取值为 0;dummy-jiti$_{it}$ 为虚拟变量,上市公司为集体控股时该变量取值为 1,否则取值为 0。ε_{it} 为随机误差项。

三、实证结果与分析

表 7-21 描述了我国农业上市公司治理指数与营业收入增长率的回归结果。列(1)至列(4)选择了营业收入增长率作为被解释变量,分别将哑变量等权重公司治理指数、定距变量等权重公司治理指数、哑变量赋权重公司治理指数以及定距变量赋权重公司治理指数作为解释变量,将公司规模、公司成立时间作为控制变量,引入控股股东性质作为虚拟变量。四个模型的回归结果显示,四种方法计算的公司治理指数均与营业收入增长率呈负相关,且在 0.05 的水平上显著。公司成立时间、公司规模以及不同控股股东性质对公司的营业收入增长率均没有造成影响。

表 7-21　我国农业上市公司治理指数与营业收入增长率的回归结果

变量	(1) yingshouzengzhang1	(2) yingshouzengzhang2	(3) yingshouzengzhang3	(4) yingshouzengzhang4
CGI1	−350.09** (−2.35)	—	—	—
CGI2	—	−436.32** (−2.57)	—	—
CGI3	—	—	−345.30** (−2.36)	—
CGI4	—	—	—	−404.25** (−2.44)
size	−1348.14 (−1.19)	−1414.68 (−1.25)	−1295.80 (−1.15)	−1282.05 (−1.14)
age	49.67 (0.24)	61.63 (0.30)	48.15 (0.23)	46.30 (0.23)
dummy-guoyou	8516.54 (0.86)	8677.17 (0.88)	9107.61 (0.91)	8893.31 (0.89)
dummy-minying	7820.03 (0.81)	7989.21 (0.83)	8312.87 (0.86)	8098.36 (0.84)

变量	（1） yingshouzengzhang1	（2） yingshouzengzhang2	（3） yingshouzengzhang3	（4） yingshouzengzhang4
dummy-shehuituanti	5867.81 （0.47）	6414.72 （0.52）	6614.46 （0.53）	6802.93 （0.54）
dummy-zhigongchiguhui	6727.54 （0.53）	7228.01 （0.57）	7473.13 （0.58）	7782.25 （0.61）
dummy-jiti	8418.38 （0.76）	8505.01 （0.78）	8991.56 （0.81）	8578.84 （0.78）
Constant	19186.99 （1.38）	22058.99 （1.57）	17922.49 （1.30）	19659.00 （1.42）
Observations	411	411	411	411
Number of code	60	60	60	60
R-squared	0.028	0.031	0.028	0.029
F	1.248	1.385	1.254	1.299
Prob>F	0.270	0.202	0.267	0.242

说明：*** 表示 0.01 水平上显著，** 表示 0.05 水平上显著，* 表示 0.1 水平上显著。

为了检验结果的稳健性，本书选择了营业收入增长率的滞后一期作为被解释变量。表 7-22 描述了我国农业上市公司治理指数与滞后一期营业收入增长率的回归结果。列（1）至列（4）分别将哑变量等权重公司治理指数、定距变量等权重公司治理指数、哑变量赋权重公司治理指数以及定距变量赋权重公司治理指数作为解释变量，将公司规模、公司成立时间作为控制变量，引入控股股东性质作为虚拟变量。四个模型的回归结果显示，四种方法计算的公司治理指数、公司规模、公司成立时间以及不同控股股东性质对公司的滞后一期营业收入增长率均没有造成影响。

表 7-22　我国农业上市公司治理指数与滞后一期营业收入增长率的回归结果

变量	（1） yingshouzengzhangz1	（2） yingshouzengzhangz2	（3） yingshouzengzhangz3	（4） yingshouzengzhangz4
CGI1	−1.43 （−1.31）	—	—	—
CGI2	—	−0.75 （−0.60）	—	—
CGI3	—	—	−0.88 （−0.81）	—

续表

变量	（1） yingshouzengzhangz1	（2） yingshouzengzhangz2	（3） yingshouzengzhangz3	（4） yingshouzengzhangz4
CGI4	—	—	—	0.02 (0.01)
size	−10.22 (−1.22)	−10.15 (−1.21)	−9.97 (−1.19)	−9.90 (−1.18)
age	−0.50 (−0.33)	−0.98 (−0.64)	−0.83 (−0.54)	−1.38 (−0.90)
dummy-guoyou	7.18 (0.20)	9.13 (0.26)	8.42 (0.24)	10.35 (0.29)
dummy-minying	8.07 (0.22)	10.29 (0.28)	9.23 (0.25)	11.70 (0.32)
dummy-shehuituanti	−15.38 (−0.22)	−11.84 (−0.17)	−13.14 (−0.19)	−10.62 (−0.15)
dummy-zhigongchiguhui	15.06 (0.22)	19.62 (0.28)	18.03 (0.26)	21.75 (0.31)
dummy-jiti	—	—	—	—
Constant	190.74* (1.81)	173.17 (1.61)	174.17* (1.66)	151.11 (1.42)
Observations	411	411	411	411
Number of code	60	60	60	60
R-squared	0.021	0.018	0.018	0.017
F	1.076	0.878	0.921	0.825
Prob>F	0.378	0.524	0.490	0.567

说明:*** 表示 0.01 水平上显著,** 表示 0.05 水平上显著,* 表示 0.1 水平上显著。

　　表 7-23 描述了我国农业上市公司治理指数与利润总额增长率的回归结果。列（1）至列（4）选择了利润总额增长率作为被解释变量,分别将哑变量等权重公司治理指数、定距变量等权重公司治理指数、哑变量赋权重公司治理指数以及定距变量赋权重公司治理指数作为解释变量,将公司规模、公司成立时间作为控制变量,引入控股股东性质作为虚拟变量。四个模型的回归结果显示,四种方法计算的公司治理指数均与利润总额增长率无关。公司规模及公司成立时间均与利润总额增长率无关。不同控股股东性质的公司对利润总额增长率的影响有显著差异,其中国有控股、民营控股和集体控股对利润总额增长率有不同程度的促进作用。

表 7-23　我国农业上市公司治理指数与利润总额增长率的回归结果

变量	（1）	（2）	（3）	（4）
	lirunzengzhang1	lirunzengzhang2	lirunzengzhang3	lirunzengzhang4
CGI1	−5.61 （−0.33）	—	—	—
CGI2	—	−6.56 （−0.34）	—	—
CGI3	—	—	−1.05 （−0.06）	—
CGI4	—	—	—	−8.27 （−0.43）
size	181.89 （1.58）	181.25 （1.58）	180.82 （1.57）	184.09 （1.60）
age	−9.47 （−0.40）	−9.52 （−0.41）	−12.05 （−0.52）	−8.68 （−0.37）
dummy-guoyou	1903.69* （1.95）	1901.79* （1.94）	1889.81* （1.93）	1914.51* （1.96）
dummy-minying	2245.18** （2.31）	2243.72** （2.31）	2230.52** （2.29）	2255.16** （2.32）
dummy-shehuituanti	2197.00 （1.63）	2201.57 （1.63）	2186.05 （1.62）	2219.60 （1.64）
dummy-zhigongchiguhui	1846.14 （1.36）	1850.12 （1.36）	1844.44 （1.36）	1866.76 （1.38）
dummy-jiti	2260.33** （2.02）	2256.51** （2.02）	2236.62** （2.00）	2270.29** （2.03）
Constant	−4008.71** （−2.51）	−3973.23** （−2.45）	−4084.76** （−2.57）	−3977.63** （−2.49）
Observations	415	415	415	415
Number of code	60	60	60	60
R−squared	0.029	0.029	0.029	0.029
F	1.293	1.293	1.279	1.303
Prob>F	0.246	0.246	0.253	0.241

说明：*** 表示 0.01 水平上显著，** 表示 0.05 水平上显著，* 表示 0.1 水平上显著。

为了检验结果的稳健性，本书选择了利润总额增长率的滞后一期作为被解释变量。表 7-24 描述了我国农业上市公司治理指数与滞后一期利润总额增长率的回归结果。列（1）至列（4）分别将哑变量等权重公司治理指数、定距变量等权重公司治理指数、哑变量赋权重公司治理指数以及定距变量赋权重公司治理指数作为解释变量，将公司规模、公司成立时间作为控制变量，引入控股股东性质作为虚拟变量。四个模型的回归结果显示，四种方法计算的公司治理指数与滞后一期利润总额增长率无关。公司规模与滞后一期利润总额增长率负相关，公司成立时间与滞后一期利润总额增长率呈正相关，且均在 0.05 的水平上显著。不同控股股东性质的公司对滞后一期利润总额增长率的影响有显著差异，其中国有控股、民营控股、社会团体控股和集体控股对滞后一期利润总额增长率有不同程度的促进作用。

表 7-24　我国农业上市公司治理指数与滞后一期利润总额增长率的回归结果

变量	（1）	（2）	（3）	（4）
	lirunzengzhangz1	lirunzengzhangz2	lirunzengzhangz3	lirunzengzhangz4
CGI1	−27.72 （−1.57）	—	—	—
CGI2	—	−27.85 （−1.38）	—	—
CGI3	—	—	−17.48 （−1.01）	—
CGI4	—	—	—	−12.25 （−0.62）
size	−448.78*** （−3.79）	−452.65*** （−3.82）	−447.44*** （−3.76）	−451.17*** （−3.79）
age	65.80*** （2.72）	63.38*** （2.63）	59.97** （2.48）	55.98** （2.33）
dummy-guoyou	2124.09** （2.11）	2103.08** （2.08）	2111.14** （2.09）	2075.60** （2.05）
dummy-minying	2577.84** （2.58）	2558.17** （2.56）	2561.30** （2.55）	2525.37** （2.52）
dummy-shehuituanti	2442.03* （1.75）	2450.47* （1.76）	2445.34* （1.75）	2420.64* （1.73）
dummy-zhigongchiguhui	2208.35 （1.58）	2222.37 （1.59）	2228.74 （1.59）	2224.49 （1.59）
dummy-jiti	2604.61** （2.26）	2567.05** （2.23）	2569.66** （2.23）	2512.99** （2.18）

续表

变量	(1)	(2)	(3)	(4)
	lirunzengzhangz1	lirunzengzhangz2	lirunzengzhangz3	lirunzengzhangz4
Constant	2966.93* (1.80)	3056.32* (1.83)	2735.49* (1.67)	2707.22 (1.64)
Observations	415	415	415	415
Number of code	60	60	60	60
R-squared	0.075	0.073	0.071	0.069
F	3.493	3.417	3.298	3.213
Prob>F	0.001	0.001	0.001	0.002

说明:*** 表示 0.01 水平上显著,** 表示 0.05 水平上显著,* 表示 0.1 水平上显著。

表 7-25 描述了我国农业上市公司治理指数与资产增长率的回归结果。列 (1)至列(4)选择了资产增长率作为被解释变量,分别将哑变量等权重公司治理 指数、定距变量等权重公司治理指数、哑变量赋权重公司治理指数以及定距变量 赋权重公司治理指数作为解释变量,将公司规模、公司成立时间作为控制变量, 引入控股股东性质作为虚拟变量。四个模型的回归结果显示,四种方法计算的公 司治理指数均与资产增长率无关。公司规模与资产增长率呈正相关,在 0.01 的 水平上显著。公司成立时间与资产增长率呈负相关,在 0.01 的水平上显著。不 同控股股东性质对公司资产增长率存在不同程度的正向影响。

表 7-25　我国农业上市公司治理指数与资产增长率的回归结果

变量	(1)	(2)	(3)	(4)
	zichanzengzhang1	zichanzengzhang2	zichanzengzhang3	zichanzengzhang4
CGI1	−1.46 (−1.14)	—	—	—
CGI2	—	−0.57 (−0.39)	—	—
CGI3	—	—	−0.84 (−0.67)	—
CGI4	—	—	—	−0.47 (−0.32)
size	34.66*** (4.01)	34.32*** (3.97)	34.69*** (4.00)	34.45*** (3.97)

续表

变量	（1）zichanzengzhang1	（2）zichanzengzhang2	（3）zichanzengzhang3	（4）zichanzengzhang4
age	−5.49*** (−3.11)	−6.05*** (−3.44)	−5.84*** (−3.32)	−6.10*** (−3.48)
dummy-guoyou	277.19*** (3.77)	273.79*** (3.72)	276.16*** (3.74)	273.99*** (3.72)
dummy-minying	307.03*** (4.21)	303.53*** (4.15)	305.80*** (4.18)	303.62*** (4.15)
dummy-shehuituanti	274.19*** (2.70)	271.83*** (2.67)	274.00*** (2.69)	272.22*** (2.67)
dummy-zhigongchiguhui	242.82** (2.38)	242.44** (2.37)	243.71** (2.39)	243.13** (2.38)
dummy-jiti	259.28*** (3.09)	253.61*** (3.02)	256.91*** (3.05)	253.56*** (3.02)
Constant	−562.18*** (−4.68)	−574.44*** (−4.71)	−575.30*** (−4.81)	−578.47*** (−4.80)
Observations	415	415	415	415
Number of code	60	60	60	60
R-squared	0.104	0.101	0.102	0.101
F	5.058	4.899	4.941	4.893
Prob>F	0.000	0.000	0.000	0.000

说明：*** 表示 0.01 水平上显著，** 表示 0.05 水平上显著，* 表示 0.1 水平上显著。

为了检验结果的稳健性，本书选择了资产增长率的滞后一期作为被解释变量。表 7-26 描述了我国农业上市公司治理指数与滞后一期资产增长率的回归结果。列（1）至列（4）分别将哑变量等权重公司治理指数、定距变量等权重公司治理指数、哑变量赋权重公司治理指数以及定距变量赋权重公司治理指数作为解释变量，将公司规模、公司成立时间作为控制变量，引入控股股东性质作为虚拟变量。四个模型的回归结果显示，四种方法计算的公司治理指数均与滞后一期资产增长率无关。公司规模与滞后一期资产增长率呈负相关，在 0.01 的水平上显著。公司成立时间与滞后一期资产增长率呈正相关。不同控股股东性质对滞后一期资产增长率有不同程度的正向影响。

表 7-26　我国农业上市公司治理指数与滞后一期资产增长率的回归结果

变量	（1）zichanz1	（2）zichanz2	（3）zichanz3	（4）zichanz4
CGI1	0.57 (0.46)	—	—	—
CGI2	—	0.47 (0.33)	—	—
CGI3	—	—	1.17 (0.96)	—
CGI4	—	—	—	1.49 (1.07)
size	−60.22*** (−7.19)	−60.13*** (−7.18)	−60.69*** (−7.23)	−60.75*** (−7.25)
age	3.62** (2.11)	3.72** (2.18)	3.28* (1.92)	3.23* (1.90)
dummy-guoyou	298.31*** (4.18)	299.00*** (4.19)	294.90*** (4.13)	294.90*** (4.13)
dummy-minying	316.12*** (4.47)	316.81*** (4.48)	312.77*** (4.42)	312.80*** (4.42)
dummy-shehuituanti	299.98*** (3.04)	300.13*** (3.04)	296.12*** (3.01)	294.67*** (2.99)
dummy-zhigongchiguhui	332.86*** (3.37)	332.70*** (3.36)	330.54*** (3.34)	328.81*** (3.33)
dummy-jiti	310.90*** (3.82)	312.10*** (3.83)	306.20*** (3.76)	306.71*** (3.77)
Constant	377.82*** (3.24)	377.92*** (3.20)	373.09*** (3.22)	365.31*** (3.13)
Observations	415	415	415	415
Number of code	60	60	60	60
R-squared	0.179	0.179	0.181	0.181
F	9.453	9.438	9.562	9.597
Prob>F	0.000	0.000	0.000	0.000

说明：*** 表示 0.01 水平上显著，** 表示 0.05 水平上显著，* 表示 0.1 水平上显著。

表 7-27 描述了我国农业上市公司治理指数与托宾 Q 值的回归结果。列（1）至列（4）选择了托宾 Q 值作为被解释变量，分别将哑变量等权重公司治理指数、

定距变量等权重公司治理指数、哑变量赋权重公司治理指数以及定距变量赋权重公司治理指数作为解释变量,将公司规模、公司成立时间作为控制变量,引入控股股东性质作为虚拟变量。四个模型的回归结果显示,哑变量等权重公司治理指数、定距变量等权重公司治理指数以及定距变量赋权重公司治理指数与托宾 Q 值呈正相关。哑变量赋权重公司治理指数与托宾 Q 值无关。公司成立时间与托宾 Q 值呈正相关,公司规模与托宾 Q 值呈负相关,二者均在 0.01 的水平上显著。不同控股股东性质对公司的托宾 Q 值没有造成影响。

表 7-27 我国农业上市公司治理指数与托宾 Q 值的回归结果

变量	(1)	(2)	(3)	(4)
	tobin$Q$1	tobin$Q$2	tobin$Q$3	tobin$Q$4
CGI1	0.05* (1.80)	—	—	—
CGI2	—	0.07** (2.31)	—	—
CGI3	—	—	0.03 (1.40)	—
CGI4	—	—	—	0.06** (2.02)
size	−2.45*** (−14.24)	−2.45*** (−14.28)	−2.45*** (−14.21)	−2.46*** (−14.31)
age	0.26*** (7.21)	0.25*** (7.11)	0.26*** (7.39)	0.25*** (7.24)
dummy-guoyou	−1.11 (−1.33)	−1.10 (−1.33)	−1.13 (−1.36)	−1.13 (−1.36)
dummy-minying	−0.74 (−0.88)	−0.74 (−0.88)	−0.76 (−0.90)	−0.76 (−0.90)
dummy-shehuituanti	−1.25 (−0.77)	−1.31 (−0.81)	−1.31 (−0.80)	−1.36 (−0.84)
dummy-zhigongchiguhui	−0.04 (−0.03)	−0.07 (−0.04)	−0.11 (−0.07)	−0.15 (−0.09)
dummy-jiti	—	—	—	—
Constant	28.03*** (12.92)	27.46*** (12.50)	28.34*** (13.15)	27.89*** (12.86)
Observations	406	406	406	406

续表

变量	（1）	（2）	（3）	（4）
	tobinQ1	tobinQ2	tobinQ3	tobinQ4
Number of code	59	59	59	59
R-squared	0.379	0.383	0.377	0.381
F	29.640	30.120	29.350	29.840
Prob>F	0.000	0.000	0.000	0.000

说明：*** 表示 0.01 水平上显著，** 表示 0.05 水平上显著，* 表示 0.1 水平上显著。

为了检验结果的稳健性，本书选择了托宾 Q 值的滞后一期作为被解释变量。表 7-28 描述了我国农业上市公司治理指数与滞后一期托宾 Q 值的回归结果。列（1）至列（4）分别将哑变量等权重公司治理指数、定距变量等权重公司治理指数、哑变量赋权重公司治理指数以及定距变量赋权重公司治理指数作为解释变量，将公司规模、公司成立时间作为控制变量，引入控股股东性质作为虚拟变量。四个模型的回归结果显示，四种方法计算的公司治理指数与滞后一期托宾 Q 值无关。公司规模与滞后一期托宾 Q 值呈负相关，公司成立时间与滞后一期托宾 Q 值呈正相关，二者均在 0.01 的水平上显著。不同控股股东性质对公司滞后一期托宾 Q 值产生了不同程度的负向影响。

表 7-28　我国农业上市公司治理指数与滞后一期托宾 Q 值的回归结果

变量	（1）	（2）	（3）	（4）
	tobinQz1	tobinQz2	tobinQz3	tobinQz4
CGI1	0.02 （0.90）	—	—	—
CGI2	—	0.03 （1.02）	—	—
CGI3	—	—	0.01 （0.27）	—
CGI4	—	—	—	0.01 （0.40）
size	−1.91*** （−10.40）	−1.91*** （−10.39）	−1.91*** （−10.35）	−1.91*** （−10.36）
age	0.17*** （4.49）	0.17*** （4.49）	0.18*** （4.77）	0.18*** （4.75）

续表

变量	（1）	（2）	（3）	（4）
	tobin$Q$z1	tobin$Q$z2	tobin$Q$z3	tobin$Q$z4
dummy-guoyou	−6.03*** (−3.89)	−6.03*** (−3.89)	−5.98*** (−3.85)	−5.99*** (−3.86)
dummy-minying	−5.56*** (−3.62)	−5.56*** (−3.62)	−5.51*** (−3.57)	−5.52*** (−3.58)
dummy-shehuituanti	−5.21** (−2.43)	−5.24** (−2.45)	−5.17** (−2.41)	−5.20** (−2.42)
dummy-zhigongchiguhui	−5.02** (−2.34)	−5.04** (−2.35)	−5.01** (−2.33)	−5.03** (−2.34)
dummy-jiti	−3.99** (−2.26)	−3.99** (−2.26)	−3.91** (−2.20)	−3.92** (−2.21)
Constant	28.18*** (11.03)	27.96*** (10.81)	28.49*** (11.22)	28.39*** (11.10)
Observations	407	407	407	407
Number of code	60	60	60	60
R−squared	0.272	0.272	0.270	0.270
F	15.800	15.840	15.680	15.690
Prob>F	0.000	0.000	0.000	0.000

说明：*** 表示 0.01 水平上显著，** 表示 0.05 水平上显著，* 表示 0.1 水平上显著。

第五节　农业上市公司治理与破产风险关系研究

一、理论分析与研究假设

近年来全球经济快速发展，金融资本的竞争日益加剧，许多企业在大步前进的过程中由于经营不善或者对财务风险的忽视，造成了许多不利因素的产生，这也给企业的发展带来了巨大的威胁。因此，对财务风险的管控成为实务界非常注重的事情，很多学者、企业家从企业内部出发，挖掘规避财务风险的能力，其中公司治理是人们广泛关注的因素。不少学者从特定行业出发，研究公司治理对财务风险的影响。黄晓波和王慧（2017）指出，在农业上市公司中，股权集中度、国有控股、两职合一能抑制财务风险；股权制衡度、董事会规模、独立董事比例、监事会规模会扩大财务风险;董事会会议次数、监事会会议次数、高管人员持股比例、高管人员薪酬对财务风险没有显著影响。王娜(2016)以石油天然气行业上市公司为样本,分析公司治理对企业财务风险的影响,发现在石油天然气行业中只有独立董事比例和高管薪酬能显著地影响财务风险,总体上公司治理结构的改善能够降低财务风险的发生。吕晨、刘红宇(2013)以制造业民营上市公司为例,重点分析了企业的股权结构、董事会、监事会、高管薪酬等方面治理对财务风险的影响,实证研究结果显示股权集中度、股权制衡度、董事会规模、独立董事比例、高管薪酬与财务风险呈负相关,董事会薪酬、监事会薪酬、监事会持股比例与财务风险呈正相关。

还有一批学者将研究的范围扩大,以某个特定板块或整个市场为样本。马列长戈(2017)以中国股市创业板上市公司为研究对象,选取兼具科学性与创新性的 F 预警模型,将公司治理结构划分为董事会特征、股权结构特征以及高管激励三个方面,选取十个因素研究其对财务风险的影响程度,得出我国创业板上市公司在财务管理水平与公司治理模式等方面有着极大的提升空间,具体表现为高管持股、董事会受教育程度、股权集中度、高管薪酬、流通股比例以及股权制衡度等多方面因素会影响公司的财务风险。于富生、张敏、姜付秀和任梦杰(2008)以我国证券市场 2002—2005 年的上市公司为研究对象,研究了公司治理对企业财务风险的影响。实证结果表明,我国上市公司的治理结构对企业财务风险具有一定影响,其中股权集中度和企业财务风险之间呈显著的正相关关系;独立董事比例、高管持股与企业财务风险之间存在显著的负相关关系;总经理与董事长的二职分离可以降低企业的财务风险;非国有控股企业的财务风险更大;董事会规模、高管薪酬与企业财务风险之间不存在显著的相关关系。张殿峰(2014)以 2008—2012年沪、深上市公司为样本,从公司治理角度对财务风险进行了研究。结果发现我国机构投资者持股、国有公司持股、独立董事持股、董事会会议持股和管理层持股可以抑制和防范公司的财务风险,但并没有发现第一大股东持股比例能够对财务风险有显著影响,整体上公司治理的改善能够有效防范和降低财务风险。过新伟和胡晓(2012)在财务失败预警模型中增加了公司治理、宏观经济环境等非财务因素,研究结果显示,公司治理信息和宏观经济信息对财务失败具有显著的预警作用,在模型中纳入这些非财务信息有助于提高模型的预测效果。

以上学者的研究结论基本指向完善的公司治理机制和治理结构有助于提高企业的经营绩效,应控制企业经营风险,从而降低财务危机发生的可能性(张红英和钱文彪,2012)。因此本书提出以下假设。

假设 4:公司治理水平与财务风险负相关。

二、研究设计

为了检验我国农业上市公司治理有效性,本书采用面板回归从破产风险角度构建了回归模型。破产风险指标选取了 Z 值。具体回归模型如下所示。

$$Z_{it} = \alpha_i + \beta_1 \times \text{CGI}(n)_{it} + \beta_2 \times \text{size}_{it} + \beta_3 \times \text{age}_{it} + \beta_3 \times \text{dummy-guoyou}_{it} + \beta_5 \times \text{dummy-minying}_{it} +$$
$$\beta_6 \times \text{dummy-shehuituanti}_{it} + \beta_7 \times \text{dummy-zhigongchiguhui}_{it} + \beta_8 \times \text{dummy-jiti}_{it} + \varepsilon_{it}$$

$$(7-15)$$

其中,Z_{it} 为被解释变量,表示上市公司 i 在 t 年的 Z 值。$\text{CGI}1_{it}$、$\text{CGI}2_{it}$、$\text{CGI}3_{it}$ 和 $\text{CGI}4_{it}$ 为解释变量,分别表示上市公司 i 在 t 年的哑变量等权重公司治理指数、定距变量等权重公司治理指数、哑变量赋权重公司治理指数以及定距变量赋权重公司治理指数。size_{it}、age_{it}、dummy-guoyou_{it}、$\text{dummy-minying}_{it}$、$\text{dummy-shehuituanti}_{it}$、$\text{dummy-zhigongchiguhui}_{it}$ 和 dummy-jiti_{it} 为控制变量。其中 size_{it} 表示公司规模;age_{it} 表示公司年龄;dummy-guoyou_{it} 为虚拟变量,上市公司为国有控股时该变量取值为 1,否则取值为 0;$\text{dummy-minying}_{it}$ 为虚拟变量,上市公司为民营控股时该变量取值为 1,否则取值为 0;$\text{dummy-shehuituanti}_{it}$ 为虚拟变量,上市公司为社会团体控股时该变量取值为 1,否则取值为 0;$\text{dummy-zhigongchiguhui}_{it}$ 为虚拟变量,上市公司为职工持股会控股时该变量取值为 1,否则取值为 0;dummy-jiti_{it} 为虚拟变量,上市公司为集体控股时该变量取值为 1,否则取值为 0。ε_{it} 为随机误差项。

三、实证结果与分析

表 7-29 描述了我国农业上市公司治理指数与 Z 值的回归结果。列(1)至列(4)选择了 Z 值作为被解释变量,分别将哑变量等权重公司治理指数、定距变量等权重公司治理指数、哑变量赋权重公司治理指数以及定距变量赋权重公司治理指数作为解释变量,将公司规模、公司成立时间作为控制变量,引入控股股东性质作为虚拟变量。四个模型的回归结果显示,四种方法计算的公司治理指数均与 Z 值呈正相关,在 0.01 的水平上显著。公司规模与 Z 值呈负相关,在 0.01 的水平上显著。公司成立时间与 Z 值呈正相关。不同控股股东性质的公司对 Z 值无影响。

表 7-29　我国农业上市公司治理指数与 Z 值的回归结果

变量	（1）	（2）	（3）	（4）
	Z1	Z2	Z3	Z4
CGI1	0.55*** （2.73）	—	—	—
CGI2	—	0.78*** （3.43）	—	—
CGI3	—	—	0.54*** （2.71）	—
CGI4	—	—	—	0.73*** （3.27）
size	−6.45*** （−4.23）	−6.30*** （−4.15）	−6.53*** （−4.28）	−6.53*** （−4.31）
age	0.56** （1.99）	0.49* （1.76）	0.56** （2.02）	0.51* （1.86）
dummy-guoyou	6.97 （0.52）	5.78 （0.43）	6.13 （0.45）	5.34 （0.40）
dummy-minying	6.67 （0.51）	5.49 （0.42）	5.97 （0.45）	5.24 （0.40）
dummy-shehuituanti	8.19 （0.49）	6.40 （0.38）	7.09 （0.42）	5.65 （0.34）
dummy-zhigongchiguhui	10.54 （0.61）	8.93 （0.52）	9.44 （0.55）	7.88 （0.46）
dummy-jiti	7.48 （0.50）	6.24 （0.42）	6.68 （0.45）	6.05 （0.41）
Constant	52.96*** （2.82）	46.56** （2.46）	55.02*** （2.95）	50.79*** （2.72）
Observations	411	411	411	411
Number of code	60	60	60	60
R-squared	0.077	0.088	0.077	0.086
F	3.592	4.163	3.577	4.020
Prob>F	0.001	0.000	0.001	0.000

说明：*** 表示 0.01 水平上显著，** 表示 0.05 水平上显著，* 表示 0.1 水平上显著。

　　为了检验结果的稳健性，本书选择了 Z 值的滞后一期作为被解释变量。表 7-30 描述了我国农业上市公司治理指数与滞后一期 Z 值的回归结果。列（1）至列(4)分别将哑变量等权重公司治理指数、定距变量等权重公司治理指数、哑变量赋权重公司治理指数以及定距变量赋权重公司治理指数作为解释变量,将公司规模、公司成立时间作为控制变量,引入控股股东性质作为虚拟变量。四个模型的回归结果显示,哑变量等权重公司治理指数,定距变量等权重公司治理指数以及哑变量赋权重公司治理指数与滞后一期 Z 值呈正相关。公司规模与滞后一期 Z 值呈负相关,在 0.01 的水平上显著。公司成立时间与滞后一期 Z 值呈正相关。国有控股公司比起非国有控股公司对滞后一期 Z 值有负向影响。

表 7-30　公司治理指数与滞后一期 Z 值的回归结果

变量	（1）	（2）	（3）	（4）
	Zz1	Zz2	Zz3	Zz4
CGI1	0.34* （1.85）	—	—	—
CGI2	—	0.42** （2.02）	—	—
CGI3	—	—	0.30* （1.67）	—
CGI4	—	—	—	0.33 （1.64）
size	−4.91*** （−3.52）	−4.85*** （−3.47）	−4.96*** （−3.55）	−4.97*** （−3.56）
age	0.51** （1.98）	0.50* （1.95）	0.53** （2.07）	0.54** （2.12）
dummy-guoyou	−9.91* （−1.66）	−9.98* （−1.68）	−10.00* （−1.68）	−10.20* （−1.71）
dummy-minying	−9.36 （−1.53）	−9.44 （−1.55）	−9.37 （−1.53）	−9.58 （−1.57）
dummy-shehuituanti	−6.62 （−0.57）	−7.07 （−0.61）	−6.88 （−0.59）	−7.42 （−0.63）
dummy-zhigongchiguhui	−7.92 （−0.68）	−8.31 （−0.72）	−8.22 （−0.71）	−8.88 （−0.77）
dummy-jiti	—	—	—	—
Constant	57.25*** （3.24）	54.37*** （3.03）	58.74*** （3.34）	58.00*** （3.27）
Observations	411	411	411	411

变量	（1）	（2）	（3）	（4）
	Zz1	Zz2	Zz3	Zz4
Number of code	60	60	60	60
R-squared	0.054	0.056	0.052	0.052
F	2.819	2.916	2.721	2.707
Prob>F	0.007	0.006	0.009	0.010

说明：*** 表示 0.01 水平上显著，** 表示 0.05 水平上显著，* 表示 0.1 水平上显著。

综上分析，本章在对反映我国农业上市公司绩效的盈利能力、代理成本、成长性、财务困境风险等方面的指标进行统计分析的基础上，基于农业上市公司治理指数，对实证模型进行了设计，采用面板回归方法，实证检验了农业上市公司治理的有效性。实证结果表明，在农业上市公司治理与盈利能力关系方面，四种方法计算的公司治理指数均与资产收益率、平均净资产收益率、加权净资产收益率、摊薄净资产收益率和投入资本回报率呈正相关，并与滞后一期摊薄净资产收益率呈正相关。在农业上市公司治理与代理成本关系方面，四种方法计算的公司治理指数均与财务费用率和应收账款周转天数呈负相关，哑变量等权重公司治理指数、哑变量赋权重公司治理指数与存货周转天数呈负相关，并且四种方法计算的公司治理指数与滞后一期应收账款周转天数呈负相关。在农业上市公司治理与成长性关系方面，四种方法计算的公司治理指数均与营业收入增长率、利润总额增长率、资产增长率呈负相关，哑变量等权重公司治理指数、定距变量等权重公司治理指数以及定距变量赋权重公司治理指数与托宾 Q 值呈正相关。在农业上市公司治理与破产风险关系方面，四种方法计算的公司治理指数均与 Z 值呈正相关，并且哑变量等权重公司治理指数、定距变量等权重公司治理指数以及哑变量赋权重公司治理指数与滞后一期 Z 值呈正相关。

上述研究证明，我国农业上市公司治理状况与其盈利能力具有正相关关系，说明良好的公司治理能够促进农业上市公司盈利能力的提升，使公司实现更高的资产收益率；我国农业上市公司治理状况与其公司代理成本呈负相关关系，说明良好的公司治理将降低农业上市公司的代理成本，降低公司的财务费用率，减少应收账款、公司存货等的周转天数，促进公司运营效率的提升；我国农业上市公司治理状况与托宾 Q 值呈正相关关系，说明良好的公司治理有利于提升农业上市公司的市场价值；我国农业上市公司治理状况与公司 Z 值破产风险系数呈正相关关系,说明良好的公司治理能够提升 Z 值,降低公司破产风险。

另外,上述研究结果也表明,农业上市公司治理状况与公司成长性没有显著的关系。公司的成长性受公司所处行业、发展阶段及趋势、市场规模等影响较大,公司治理的合理性、有效性是公司稳健发展的必要条件,但不是公司成长性的必要条件,农业上市公司所处行业的特点决定了其成长性,营业收入增长率、利润总额增长率、资产增长率等指标与其公司治理表现关系有限。

第八章
基于评价的我国农业上市公司治理政策研究

第一节　我国农业上市公司治理策略

一、树立公司治理理念

市场经济下企业将利润最大化作为经营目标,更加关注企业的财务指标而轻视公司治理。反映一个公司治理状况的公司治理指数与其盈利能力、代理成本、成长性以及破产风险显著相关,因此企业若想实现良好、可持续发展,必须重视公司治理,提升公司治理意识。有效的公司治理是企业健康、可持续发展的基石,也是上市公司监管部门和社会公众对上市公司监督的重点。近些年暴露出来的部分农业上市公司的风险事件,反映出农业上市公司存在治理机制不完善、风险管控不到位、激励机制不科学、财务业务数据不真实、信息披露不全面等问题。上市公司治理存在风险隐患将极大影响公司发展乃至关乎公司的生死存亡。基于对农业上市公司治理指数与其经营发展等各项指标的相关性分析,本书认为,要实现公司规范、健康、可持续发展,必须全面提升公司治理理念,强化公司治理监管和公众监督,这也成为世界各国上市公司及其监管部门的共同选择。

二、明确市场定位及类别

本书从公司控股股东性质、所在地区、所在市场板块等多方面对我国农业上市公司治理指数进行了分析比较,结果发现不同控股股东性质、不同地区、不同市场板块公司的治理状况有显著差异。

我国民营控股农业上市公司治理总指数较其他控股股东性质农业上市公司而言较高;各地区农业上市公司治理指数各不相同,且存在较大差异,如 2008 年农业上市公司治理总指数最高的是辽宁,但到 2017 年公司治理总指数最高的是广西,辽宁成为公司治理总指数较低的地区之一;中小企业板和创业板公司治理总指数显著高于主板。

因此,各农业上市公司应对自身公司治理状况进行明确定位,结合股权结构、股东性质、发展地域和市场环境等多种因素,分析自身公司治理的薄弱环节,有针对性地改进公司治理质量。

三、动态改进公司治理机制

本书纵向对比了 2008—2017 年我国农业上市公司治理随时间变化的情况,发现不同年份农业上市公司治理状况有显著差异:2008—2017 年我国农业上市公司的治理总指数平均值整体呈上升趋势,但在 2016—2017 年总指数平均值有所下降,同时,各公司本身公司治理指数每年也存在显著差异。这表明农业上市公司整体以及同一上市公司的不同生命周期阶段公司治理存在较大差异,公司要明确行业所处周期以及自身发展周期,在不同阶段采取不同的公司治理对策。

在我国农业公司上市初期,按照现代企业制度要求,构建完善的公司治理架构,建立符合《公司法》以及相关法律法规要求的公司治理制度和程序,是当时农业上市公司最主要的任务。从我国农业上市公司近十年来的样本数据分析来看,农业上市公司的治理架构处于持续完善中,董事、监事、高级管理人员的数量、比例、召开会议次数以及履职情况基本符合《公司法》以及上市公司相关监管规则的要求。但从目前的指数分析来看,随着时间推移,在公司治理机制运行方面,我国农业上市公司仍然存在较大短板,如股东股权管理,董事、监事、高级管理人员勤勉尽职,独立董事选聘与激励,董事长与总经理兼任,高管薪酬考核激励机制,信息披露以及利益相关者保护等公司治理机制问题,仍需要继续加大改革力度予以补充完善。

四、实施公司治理状况评价

经研究发现,农业上市公司违法违规现象时有发生,与向公众暴露出来的风险事件基本一致。合规是对一个企业特别是一个公众公司最基本的要求,因此上市公司应加强合规性建设,严守合规底线,这是改善公司治理的前提基础。随着国内外对公司治理的日益关注,国外率先出现了穆迪和戴米诺等著名的公司治理评价企业,我国也相继推出公司治理评价体系,上市公司可以聘请专业机构对公司治理状况进行评价,也可以对照《上市公司治理准则》(2018年修订)等规则要求,逐项进行自我评价,及时诊断内部存在的治理问题,为改进公司治理、提升公司治理有效性提供指引。

第二节　我国农业上市公司治理结构和机制政策研究

本书研究结论显示,我国农业上市公司治理指数对公司盈利能力、代理成本、成长性和破产风险会产生显著影响,而公司治理指数是从股东治理、董事会治理、监事会治理、经理层治理、信息披露、利益相关者治理、内部控制、违法违规和外部审计九大维度具体50个指标出发构建的反映公司治理能力的综合性指数,其中任何一个维度或指标都会对公司治理总指数产生一定程度的影响,从而对公司的盈利能力、管理效率、生存与发展产生显著影响。因此,我国农业上市公司应结合自身发展情况,与本书提出的公司治理九个维度50项指标逐一对照评价,综合提升自身公司治理能力和水平,其中,应特别针对存在问题较多的治理领域予以重点改善。

一、股东治理

本书研究显示,我国农业上市公司的股权相对集中,且以最终控制人为民营控股最高,国有控股第二,股东在股权管理、关联交易管理以及机构投资者关系等方面比较薄弱。因此,加强股东治理,特别是保护和促进股东行使权利,确保全体股东包括中小股东等的平等待遇,是农业上市公司在股东股权管理方面的重点。

我国农业上市公司除应关注《公司法》规定的股东的基本权利外,应特别关注股东获取充分的信息的权利,如在公司章程修改、授权增发股份、重大交易〔包括实际上导致公司出售全部(或几乎全部)资产的资产转让〕等涉及公司重大变更的决策时,所有股东均有权参与并为此获得充分的信息,用于参与决策判断。

本书研究显示,我国农业上市公司股东大会出席率较低,且在2015年前存在未导入网络投票的情况。股东应当获得参加股东大会和投票的机会,并应对股东大会议事规则知情。作为我国农业上市公司的股东,所有股东都应享有同等待遇,如果有使特定股东获得与其股票所有权不成比例的某种支配权或控制权的结构或安排,必须进行相关信息的披露。

近些年来,我国农业上市公司股东及相关方关联交易发生频率较高、增长较快。因此,在关联交易的批准和执行过程中,必须确保对利益冲突进行适当管理,保护公司和各方股东的利益,特别是中小股东的利益应受到保护,使其不受控制性股东直接或间接地滥用权力进行不当利益的输送的损害。

另外,无论大小股东,都不应承担管理公司事务的责任,不能干预公司的独立经营,公司的战略和运营应由公司董事会以及由董事会选聘的管理层负责实施。股东权利的实施,可以通过改选董事会或者对管理层和董事会成员提起法律和行政诉讼的方式予以实现

二、董事会治理

本书研究显示,我国农业上市公司的董事会治理近年来呈逐渐向好趋势,但与其他行业比较,仍然存在较大差距,董事的独立性、专业性及董事薪酬激励机制等方面有待改善。提升我国农业上市公司董事的履职能力和独立性,切实发挥董事会以及各专业委员会对公司的战略引领和对管理层的监督作用,确保董事会积极履职、对公司和全体股东负责,是我国农业上市公司在董事会建设中应重点加强的。

我国农业上市公司应在关注董事会人数、结构、会议召开次数等公司治理完备性要素外,着重加强对董事履职有效性的建设,全体董事应在充分知情的基础上,善意、尽职、谨慎地开展工作,最大限度地维护公司和全体股东的利益。特别是当董事会决策可能对不同的股东团体,如控股股东与中小股东,造成不同影响时,董事会应确保公平对待所有股东。

董事会应当履行的关键职能包括制定公司经营战略、风险管理政策、公司重大收购方案等;审议批准公司对外投资、资产购置、聘请或解聘高管及高管薪酬等;对公司内控体系的完整性和有效性进行定期研究和评价。特别是在农业上市公司中,董事会应当有专业能力(或者设立专业委员会),对农业领域事务进行客观的独立判断。应当指派非执行董事负责存在潜在利益冲突的事务,提高董事会中独立董事的比例,特别是提高专业委员会的独立董事的质量,加强在审计领域和风险管理领域的专业咨询和辅助董事会决策的力量。同时,公司应为董事会成员履职提供充足保障,确保董事获取准确的、相关的、及时的信息。

另外,值得注意的是,从我国农业上市公司近年来发生的风险事件来看,多数公司的董事会在自身建设的同时并未要求在公司内部建立起一套严格的职业道德标准。董事会尚没有为公司构建良好的职业道德环境,没有对董事会本身的行为以及董事会任命的高管的行为进行有效约束。遵守法律规定是对董事、高管

等的最基本要求,公司的职业道德准则的整体框架应该远不止遵守法律的规定,执行严格的职业道德准则符合公司的长远利益,是提升公司的可信度、可靠度的方式之一,这不但有利于公司的日常运营,也有利于公司长期计划的实现。目前,我国农业上市公司的董事会在职业道德环境建设上基础薄弱、差距较大,公司各类违法违规行为时有发生,对利益相关者包括公众投资者、消费者、农业从业者、环境保护与社会责任等各方面利益的关注较欠缺。董事会应提升对职业道德准则的认识并切实付诸行动。

三、管理层治理

本书研究显示,我国农业上市公司的管理层在持股比例、薪酬激励等方面处于相对保守落后的状态,另外,公司总经理变动较为频繁,且董事长兼任总经理情况持续存在。

关于我国农业上市公司的管理层治理,实质上要重点解决两方面的问题:一是实行恰当的任免机制和执行保障机制,二是建立良好的激励机制和约束机制。

对于我国农业上市公司来说,应当从制定透明的高管提名选聘规则开始,公司董事会应对此负最终责任。期间,董事会专业委员会——提名委员会,应充分发挥专业辅助作用,履行辨识拟聘高管的素质能力等义务。

在实行恰当的任免机制后,董事会应当为高管履职提供充分的制度和机制保障。近些年来,在发生风险事件的农业上市公司中,存在董事长兼任总经理的问题,导致公司的决策权、执行权、监督权于一身,权力过于集中而产生内部人控制、公司治理形同虚设的问题,还有的公司存在董事长与经理层分工不明确、职责边界不清楚、董事长直接干预公司经营管理,进而产生董事长“一言堂”的问题。上述问题均反映出我国部分农业上市公司在经理层治理方面未建立起合理的制衡机制,未能为经理层独立地、专业化地履职提供必要的机制保障。

另外,目前,我国农业上市公司在高管薪酬激励机制建设方面也落后于市场平均水平,高管薪酬、股权中长期激励等未能得到公司的充分重视。对于农业上市公司来说,因其具有周期性、长期性的特点,所以应明确规定并披露高管薪酬与绩效的比例关系,尤其应注重对公司长远利益的关注,将绩效考核更多地与公司长远利益挂钩,合理利用高管持股的方式,给予其长期激励。同时,公司还应在高管薪酬激励机制中设立扣留或追回条款,授权公司在出现经营欺诈、财务造假等情形时有权扣留或追回相关高管的报酬。

四、利益相关者治理

本书研究显示,近年来我国农业上市公司利益相关者治理指数呈逐年上升趋势,但与其他行业比较,在利益相关者主要领域,如员工利益保护、债权人利益保障以及履行社会责任等方面仍然较为落后。

我国农业上市公司应当尽快树立现代公司治理理念,关注并尊重利益相关者的权利,鼓励公司与利益相关者在促进企业持续稳健发展等方面进行积极合作,并发挥利益相关者在公司治理中的作用。

首先,员工是公司重要的利益相关者,也是重要的治理参与主体,但参与治理的程度取决于一国的法律和实践,且因公司不同而不同。按照国际惯例,至少要保证员工的知情权、咨询权和谈判权。我国农业上市公司应当制定员工参与机制,促使员工能够向董事会自由地表达他们对于违法或不符合职业道德行为的关注,同时,他们所反映的内容应得到董事会充分的重视。目前,我国农业上市公司中员工参与公司治理的渠道有限,主要通过设立一定比例的职工监事参与相关公司治理工作,但在实际运行中,职工监事人数未达到基本要求的情况时有发生,监事会会议召开次数不足问题时有发生,同时,即便人数达到相关要求,离员工监事真正参与公司治理、真正发挥监督作用还有较大的差距。

其次,在我国农业上市公司治理框架中,还应当完善债权人权利执行机制。公司治理的逻辑起点是经理人控制,股权治理主要表现为股东以"用手投票"和"用脚投票"的方式监督经理人的行为,而债权是一种固定收益的要求权,正常情况下与企业经营业绩不直接挂钩,因此,债权人参与公司治理的权利往往被忽略。2009年诺贝尔经济学奖获得者 Williamson 把债权和股权看作可以相互替代的治理方式,而不只是简单的融资工具,其中,债权是通过"制约"的方法来发挥作用,而股权则更多地通过"自由裁量权"来发挥作用。债权人是公司非常重要的利益相关者,虽然相关治理文件都提到要保护债权人利益,但目前债权人如何有效参与治理机制并没有详细的执行方案。农业上市公司具有周期性长、波动性强的特点,容易受政策、市场、技术、自然灾害等不确定风险的影响,当公司出现重大风险事件时,作为重要利益相关者的债权人如何获得充分的知情权、其权利如何得以保障,面临很大挑战。

另外,近些年来,履行社会责任情况成为国际上评价一家企业公司治理状况的重要维度。在欧美以及我国香港资本市场,已经将环境与社会责任报告作为上市公司进行信息披露的强制要求。目前,我国许多上市公司以及非上市准公众公司越来越重视履行社会责任,并进行了相关信息的披露。本书研究显示,我国农业上市公司履行社会责任意识还比较淡薄,相关信息披露较少。对于农业上市公司来说,因其对外部自然生态环境等具有天然的、高度的依赖性,其作为第一产业,对国计民生具有最基础的保障作用,因此社会责任履行情况对于农业上市公司来说具有格外重要的意义,对市场判断其成长性、可持续性具有重要的参考价值。因此,我国农业上市公司更需要积极践行绿色发展理念,将生态环保要求融入公司发展战略和公司治理过程,主动参与生态建设,在资源节约、生态保护、污染防治等方面起到引领示范作用。

五、信息披露与透明度治理

本书研究表明,近年来,我国农业上市公司在信息披露治理方面表现不稳定,信息披露不及时、重复披露、误导性陈述披露以及不实披露时有发生,信息披露治理指数波动较大,且没有呈现持续向好趋势。对于社会公众投资者和监管部门来说,提升上市公司信息披露质量是维护公众投资者利益、提升监管效能的重要手段和主要渠道。作为农业上市公司,由于其专业技术性和经营特殊性导致的信息不对称性尤为明显,更需要强化信息披露的及时性、全面性、透明性,以维护所有利益相关者的合法权益。

我国农业上市公司应当按照我国上市公司信息披露的相关要求全面、及时、准确地披露所有重要事务,包括财务信息和经营信息,公司商业目标和非财务信息(公司社会责任、商业道德等信息),主要股权信息,董事会成员和关键高管的薪酬信息,董事会成员的信息(任职资格、选举流程、担任其他公司董事的情况以及董事会对其独立性的认定),关联交易信息,可预见的风险信息,有关员工和其他利益相关者的信息(员工代表制度、与债权人、供应商关系的信息等),治理结构和制度信息(公司治理制度及其实施流程)。

近些年来,我国部分农业上市公司凭其自身经营的特殊性,致使财务数据造假问题频发,成为财务造假案的重灾区,因此对于我国农业上市公司来说,除应保证信息披露的完整性之外,还应特别强调其信息披露的真实性,即要根据高质量的会计、财务和非财务报告标准编制披露信息。年度审计报告应由独立、称职的外部审计人员按照高质量的审计标准进行编制,外部审计师应对股东负责,在审计中对公司负有职业审慎责任,应确保审计中在所有重要方面均公允地陈述公司的财务状况和经营情况,为公司董事会和全体股东提供外部的客观保证。本书研究显示,我国农业上市公司聘任国际四大或国内八大会计师事务所作为外部审计机构的比例较小,外部审计报告的质量需要予以关注。

　　此外,在信息披露治理方面,还需要关注信息传播渠道的问题,这与关注信息内容本身同等重要。随着信息技术手段的不断进步,信息传播的渠道越来越广泛,应促使利益相关者平等、及时和低成本地获取公司有关信息,有利于利益相关者更好地掌握公司实际情况,充分体现信息披露的价值和作用。

第九章
基于评价的我国农业上市公司治理监管政策研究

第一节 我国农业上市公司治理监管策略

一、公司治理分类监管原则

本书分控股股东性质、所处地区、市场板块对我国农业上市公司治理指数进行了分析比较,结果发现不同控股股东性质、不同地区、不同市场板块的农业上市公司的治理状况有显著差异,因此监管部门在采取监管措施时应遵循分类监管的原则。

(一)根据不同控股股东性质

本书的研究显示,我国农业上市公司的股权相对集中,以民营控股占比最高,国有控股占比位列第二。总体来看,近些年来民营控股的农业上市公司的治理指数普遍高于国有控股的农业上市公司,反映出民营控股的农业上市公司治理平均水平优于国有控股公司。控股股东性质不同,导致公司治理运作模式以及公司治理风险点也存在较大差异,在对公司进行治理监管时,应根据其控股股东性质予以区分,精准发现公司治理相关问题,并采取有针对性的监管措施。

1. 国有控股股东

对于控股股东为国有股东的农业上市公司来说,应重点关注以下几方面的公司治理问题。

一是股权高度集中问题。虽然从股权结构来看,我国农业上市公司的股权是多元化的,但是穿透股权来看,其股权比较集中,主要集中在国资等部门、国有或者国有控股企业,且在实际运行中往往出现出资人没有参与公司治理,受托国资等部门作为"出资人代表"行使股东权力,或者直接由内部人实际控制,致使企业出现出资人与实际控制权相分离的问题。

二是具有显著的行政化治理特征。我国部分国有控股农业上市公司中存在行政干预过度的问题。虽然目前我国相关领域正在探索国资以"管资本为主"的模式参与公司治理,但参与管理的途径和方式尚未成熟,公司面临着接受"多头管理"的现实。在此状态下,公司往往对绩效考核、人事提名、财务安排、重大决策等缺乏自主权,体制机制比较僵化,企业缺乏市场活力。

三是管理层任免激励受到制约。我国部分国有控股农业上市公司的董事、监事及管理人员由上级行政部门调配,有的调配频率过高,导致公司无法形成并实施长远的战略规划,有时还会出现外行领导内行的现象。另外,有的公司存在管理层薪酬、考核和激励由上级部门统一规定的问题,忽视了职业经理人在企业市场化经营中的重要意义和作用,导致企业竞争力明显不足。

2. 民营控股股东

对于控股股东为民营股东的农业上市公司来说,应重点关注以下几方面的公司治理问题。一是股权关系不清晰问题。我国部分民营控股农业上市公司通过交叉持股、代持股等形式,使股权关系出现层层嵌套、错综复杂,公司股权及关联关系不清晰,隐藏实际控制人的问题。二是关联交易问题。我国部分农业上市公司的民营控股股东,利用其对公司的实际控制权,主导进行关联交易,向其利益相关方进行不当利益输送,有的甚至为了股东自身利益掏空上市公司,严重损害了中小股东的合法权益。

控股股东的类型不同,导致公司治理状况截然不同,公司治理的风险点也不相同。监管部门应根据股东性质,找准公司治理监管的着力点,分类采取监管措施,提高监管效率和水平。

(二)根据所处不同地区

本书研究显示,不同地区的农业上市公司治理水平也不尽相同,吉林、上海等的农业上市公司的多数治理指标值相对较高,综合治理能力相对较好,这与这些农业上市公司起步比较早、发展规模较大、行业龙头企业比较多有关,因此公司治理结构和机制相对比较完善和规范。对于其他地区,特别是中西部地区来说,农业上市公司的治理指标值相对较低,公司治理平均水平较低。

因此,结合本书研究结果,根据我国农业上市公司所处地区,监管部门可以对公司治理情况进行分类,如对公司治理能力整体表现比较弱的地区,可以给予更多的监管关注和指导,并可以通过行业协会等社会团体组织,开展跨地区的行业交流,促进我国农业上市公司治理能力的全面提升。

(三)根据不同市场板块

本书研究显示,按照主板、中小企业板、创业板三个不同市场板块来分析,目前我国主板上市的农业公司数量与在中小企业板和创业板上市的农业公司数量之和持平,公司治理状况在三个市场板块中的表现各不相同。总体来看,中小企业板和创业板市场的农业上市公司的治理指数普遍高于主板市场的农业上市公司的治理指数。

本书研究结果反映出,我国中小型农业上市公司和创新型农业上市公司的治理水平起点相对较高,能够按照现代企业制度要求建立公司治理架构并执行相关运作机制;而对于主板市场的农业上市公司来说,虽然公司治理起步早,但是起点较低,且受多种因素影响和制约,规范的公司治理结构没有建立起来,公司治理机制不完善,公司治理有效性与同业差距较大。因此,监管部门在做好对各市场板块农业上市公司治理监管的同时,应特别关注主板市场农业上市公司的治理状况,加大对该市场中公司的监管和指导力度,提升其公司治理的合规性和有效性。

二、公司治理动态监管原则

本书纵向对比了 2008—2017 年我国农业上市公司治理随时间变化的情况,发现不同年份农业上市公司治理状况有显著差异,这表明同一上市公司在不同生命周期阶段公司治理状况存在差异性,因此,监管部门在采取监管措施时也应考虑到上市公司所处的生命周期,对不同时期采取不同的监管措施,探索动态监管的做法,提高监管的针对性和精确度。如在公司上市初期,应重点加强对其公司治理结构完备性的监管,要求公司必须按照《公司法》以及上市公司有关监管要求,构建完善的公司治理结构,并推动其持续提升公司治理意识和能力,为公司治理机制运行奠定基础;在公司上市并拥有了较为完善的治理结构后,应重点对公司治理机制运作情况实施监管,关注各公司治理主体和公司治理机制运作的有效性。

另外,由于公司治理本质上是公司"自治",监管的目标是促进公司有效"自治"，因此，在公司治理意识已经较高、现代企业制度已经全部建立并充分实行后，监管部门可以逐步探索适度监管方式，将促进适度竞争和适度管理相结合。在此阶段，监管部门应确保监管规则的制定是透明的、可执行的，避免监管过度，防止行政监督的扩张和异化。

三、构建行业公司治理评价体系

监管部门要加强对公司的治理监管、提升行业主体的公司治理能力，就需要对行业的公司治理状况有全面的、充分的了解和认识。目前，部分行业监管部门，如银行业和保险业监管部门已经建立起对银行、保险机构的公司治理评价体系，从公司治理合规性和有效性两大维度开展公司治理评价工作，根据评价情况将评价结果分成 A～E 级，并根据评级结果采取相应的监管措施。

资本市场监管部门、有关行业主管部门或者行业协会等也可构建公司治理评价体系，根据行业特点进行相应指标的调整，定期对上市公司治理状况进行全面客观的评价，及时诊断公司治理中存在的问题，为改进公司治理提供依据与指引。

同时，通过对公司治理进行全面系统的评价，可以发现行业中治理状况良好的公司，可将其作为治理标杆企业，充分发挥这部分公司在全行业的示范引领作用，引导其他公司向标杆公司学习，促进全行业公司治理水平提升。

第二节　我国农业上市公司治理结构和机制监管研究

公司治理是规范发展我国资本市场的重要途径。近些年来，在我国资本市场上，从频繁发生的大股东挪用侵占上市公司资金、大股东欺诈中小投资者、虚假陈述，到非法关联交易、内幕交易及市场操纵等违规事件屡见不鲜，从根源上讲，这是公司治理结构和机制存在的缺陷问题导致的。本书研究显示，我国农业上市公司因股权性质、所处地域、所处发展周期、治理要素等各不相同，虽然多数农业上市公司治理处在不断规范改进的过程中，但公司治理平均水平仍然比较落后，公司治理从结构完备性到机制有效性还有很多地方需要进一步探索完善。当前，证券监管部门和许多行业监管部门（如银行业和保险业监管部门）已经把完善公司治理结构、提升公司治理有效性作为监管的"重中之重"，农业上市公司监管部门也应采取更有针对性的措施，推动相关各方归位尽责，共同促进农业上市公司的健康发展。

本书研究显示,我国农业上市公司治理指数对其盈利能力、代理成本、成长性和破产风险会产生显著影响,公司治理指数是从九大维度 50 个指标出发构建的反映公司治理能力的综合性指数,其中任何一个维度或指标都会对总指数产生一定程度的影响,因此监管部门应关注公司治理的各个方面,在此基础上全面掌握公司治理状况。具体来讲,结合本书研究的相关结果,为实现对我国农业上市公司治理的综合监管,可以从以下两个维度入手:一是做好公司治理"形"的监管,即从公司治理结构维度加强监管;二是做好公司治理"神"的监管,即从公司治理机制运作有效性维度加强监管。

一、公司治理结构监管

公司治理结构主要包括股东和股东(大)会、董事和董事会、高管人员、监事和监事会等治理主体,他们有不同的组织构成、职责能力、运作规则等,在外部社会、法律、商业等环境影响下,塑造了不同的公司治理形态。

(一)股东监管

从理论上讲,一家公司的控股股东和实际控制人若能依法合规履行股东权利和义务,并对公司进行合理管控和监督,将有利于促进公司合规经营、稳健发展,并在一定程度上起到较好的辅助监管的作用。但是,近些年来,由于我国农业上市公司控股股东违法违规行为时有发生,监管部门面临的多是社会公众的警惕和质疑。本书研究显示,对于我国农业上市公司股东的监管,重点是对控股股东(实际控制人)的监管。

结合农业上市公司的特点,加强对控股股东的监管,应重点解决以下三个问题。

一是明确控股股东和实际控制人的标准和范围。根据《公司法》,控股股东包括两类:一是绝对控股股东,指出资额占有限公司资本总额 50% 以上或者持有的股份占股份公司股本总额 50% 以上的股东;二是相对控股股东,指出资额或者持有股份的比例虽然不足 50%,但依其出资额或者持有的股份所享有的表决权足以对股东会、股东大会的决议产生重大影响的股东。总体来看,《公司法》的界定较为"原则",在对我国农业上市公司的监管实际中,应按照"实质大于形式"原则和审慎性原则,确定其控股股东和实际控制人。

二是清晰界定控股股东和实际控制人的权利、义务,这是股东监管的核心内容。《公司法》以及公司自行制定的章程都对公司股东的权利、义务有明确的界定,但对于控股股东来说,应特别列明其应承担的股东责任和义务。从当前的立法与监管实践看,控股股东和实际控制人所负的义务主要包括信息披露义务、忠实勤勉义务和资本补充义务。

信息披露义务是指监管机构要求控股股东和实际控制人应将其作为控股股东或实际控制人的地位及相关信息向监管机构和社会披露,通过强制信息披露的相关要求,更好地规范控股股东和实际控制人的行为,更好地保护中小股东及其他利益相关者的利益。忠实勤勉义务是指监管机构要求公司控股股东和实际控制人不仅不能滥用控制权侵占公司利益,还要勤勉尽职地行使控制权,促使公司更好地发展。资本补充义务是指在公司资本金不足时,监管机构有权责令控股股东和实际控制人采取有效措施,引导支持公司补充资本金。另外,为保护中小股东的合法权益,我国《上市公司治理准则》明确规定,单一股东及其一致行动人拥有权益的股份比例在30%及以上的上市公司的董事、监事的选举应当采用累计投票制,这是作为上市公司的大股东所必须履行的责任。

三是建立完善的控制权市场机制。控制权市场是指通过收集股权或投票代理权取得对公司的控制,以达到接管和更换不良管理层的目的。这种收集可以是从市场上逐步买入小股东的股票,也可以从大股东手中批量购入,通过该市场形成对不良管理者进行替换的持续性外部威胁。公司控制权市场治理作用的发挥依赖于资本市场的效率。我国早期资本市场的状况制约了控制权市场作用的发挥,随着我国资本市场效率的提高,该机制将会发挥越来越重要的作用。目前,我国的相关治理文件主要是从控制权变更角度进行规定,而不是将其作为重要的治理机制内容进行界定,对于过度的反敌意收购规定也较少涉及。下一步,针对目前我国农业上市公司的股权特点和运作效果,应进一步加快完善资本市场控制权市场的相关机制,允许我国公司控制权市场以更加有效和透明的方式运行,促进我国农业上市公司治理机制更有效率,公司经营更符合市场化原则,更具有行业竞争力。

(二)董事会监管

董事会作为公司权利的最高行使者,处于公司治理的核心位置,公司治理的有效性很大程度上取决于董事会的实际运作及董事的具体行为。但在现实中,我国部分农业上市公司董事会的作用发挥不突出,董事任免、履职过程、会议程序、表决方式等方面存在诸多不规范的做法。本书研究显示,我国农业上市公司董事会在人员构成、专业素质、独立性等方面还存在一些问题,需要监管部门予以重点关注。结合我国农业上市公司特点,加强董事会监管,应重点解决以下问题。

一是提升董事专业水准。董事主要由股东提名,股权董事多为股东单位高管人员或关键岗位人员,虽有一定的管理经验和阅历,但对于农业这一特殊行业来说需要其具有较强的专业技术能力和经验。另外,在董事会专业委员会成员中,需要农业、会计、审计、法律等方面的专业人士。但从我国上市农业公司现状来看,相关人员比较缺乏,公司的专业议案审查往往流于形式。董事会的组织完善性需要监管部门给予更高、更明确的标准。

二是强化董事会职责。董事会行使公司最高管理机构职能,对公司经营行为和经营结果负最终责任。我国《上市公司治理准则》明确规定,董事会对股东大会负责,执行股东大会的决议,应依法履责,确保公平对待所有股东,并关注其他利益相关者的合法权益。从近些年的实践来看,董事会中心主义得到不断加强,董事会引导公司战略、监督经营管理的职责日益凸显,同时,在许多行业主体的公司治理中还赋予了董事会更多的责任和义务,包括强化董事会在公司中的风险管控、关联交易以及重大投资审核等职能。

为使董事会有效履职,监管部门在公司内设机构方面做了对应的制度设计,要求设立专业委员会提供决策咨询、董事成员多元化、设定独立董事比例、明确有关报告路线等,为董事会履职提供支撑。但从我国农业上市公司的实践情况来看,董事会在公司管理决策中的实质作用并未得到充分落实,董事会的专业性、独立性不足,需要监管部门加强对董事会运作情况的关注,加大对董事的履职评价和问责力度。同时,董事会作用的发挥也有赖于公司组织在我国经济社会环境中的长期实践。

三是保障独立董事的独立性。监督职能是独立董事最重要的职能之一。独立董事应恪尽职守,确保公司的行为符合法律、法规以及公司章程的规定。就独立董事监督的对象来说,不同的股权结构、治理结构会对其产生不同的影响。对于因股权相对分散而容易产生管理层内部人控制的部分农业上市公司来说,独立董事监督的主要对象是公司的管理层。对于股权相对集中的农业上市公司,如农业上市公司来说,大多数公司存在控股股东或者大股东,独立董事监督的主要对象就是这些公司的大股东,监督目的是防止大股东滥用权利或利用关联交易侵害小股东及公司整体的利益。

在我国农业上市公司实践中,由于独立董事提名选任机制以及报酬等因素影响,导致其独立性"先天不足","花瓶董事"较多,有的甚至成为股东之间控制权争夺的交易砝码。近些年来,监管部门高度重视独立董事的独立性问题,《上市公司治理准则》专门用一节就独立董事任职、履职等问题进行了规范。下一步,对于我国农业上市公司来说,应进一步在独立董事选聘程序、独立董事比例、独立董事兼职、独立董事是否发表独立意见、独立董事是否就重大违法违规问题直接向股东大会以及监管部门报告等方面,强化对独立董事独立性的保障,加强对独立董事的履职监督,并加大对独立董事履职情况以及发表意见的信息公开力度,发挥社会公众、媒体等的外部监督作用,切实保护我国农业上市公司和中小股东的合法权益。

（三）管理层监管

管理层是企业资源和流程的实际控制者,是企业目标实现的最终操作者,其在公司实际运营中处于核心位置,也是企业核心竞争力的体现。对于我国农业上市公司来说,由于其经营业务的特殊性,更需要强化管理层的专业技术能力,强化管理层在履职过程中的诚信勤勉义务。结合农业上市公司特点,加强管理层监管,应重点解决以下问题。

一是明确管理层的岗位职责。管理层是一个公司运转所需的多个职能板块的综合体,我国农业上市公司一般分为生产、销售、运营、财务、研发、人力资源、内部控制、战略、行政管理等多个板块,公司应根据自身业务特点和战略需求对管理层进行配置,明确岗位职责,确保管理层运营高效。同时,随着市场的日益成熟和治理模式的不断创新,管理层的设置和职能定位处于不断整合和进化过程中,在这方面,监管部门应充分尊重公司治理的良好经验,由市场决定管理层的设置,监管部门应尽量减少行政干预。

二是明确管理层内部运行机制。公司内部应建立不相容职能的强制分离机制。管理层的工作不能由管理层自己进行监督和评价,某些特定职能的强制分离是管理层建立制衡机制的主要措施之一。从我国农业上市公司实践以及发生的风险事件来看,负责农业生产的部门不应和负责销售的部门兼容,负责财务的部门不应和负责审计的部门兼容。同时,公司运营中应建立清晰的内部报告路线。管理层上承董事会及其相关专业委员会,下接相应的内设部门,相关工作应有评价和报告机制,相关评价结果及报告应提交董事会进行审议,成为董事会评价管理层绩效、监督管理层工作的重要方式和途径。另外,董事会应赋予审计部门直接向其报告并对董事会负责的权利。相关报告如财务报告、内控评价报告等应最终向社会公众进行披露,接受社会公众监督。

三是加强管理层履职监督。监督管理层是董事会、监事会的主要职责。从监管部门角度来看,应特别关注对管理层关键人员的监督,重点是对总经理(CEO)及其他主要经营者的监督,关注其诚信水平以及信息披露情况;强化涉及管理层的关联交易监管,防范高管舞弊和内部人控制风险;督促公司加大对关键高管人员的审计监督,明确被审计人员范围,强制定期实施任中审计和全面的离任审计。针对我国农业上市公司部分高管违法违规行为时有发生的问题,应加大对违法违规高管人员的惩处力度,要求公司必须建立追责制度以及薪酬绩效扣回制度,同时,向社会加大信息披露力度,必要时可以予以行业禁入处罚。

(四)监事会监管

监事会是受股东大会委托,负责对董事会和管理层进行监督的治理主体。根据《公司法》以及上市公司相关制度,上市公司监事会的职责是依法检查公司财务,监督董事、高级管理人员履职的合法合规性,行使公司章程规定的职权,维护上市公司及股东的合法权益。本书研究显示,我国农业上市公司监事会的设置以及履职情况均有待改善,监事会人数不足、会议召开不及时、监事履职意愿不强等问题长期存在,监事会的监督作用未能得到充分发挥。同时,公司治理机制方面,因独立董事制度的存在,容易使监事会的监督职能与独立董事乃至董事会职能产生重复的问题,也导致监事会形同虚设,未能真正发挥作用。结合我国农业上市公司特点,加强监事会监管,应重点解决以下问题。

一是必须依法合规设置监事会。监管部门应对我国农业上市公司提出明确的监管要求,即监事选聘应依法合规,应制定明确的监事会议事规则,职工监事人数以及监事会召开频次应达到《公司法》的基本要求。

二是加强监事会履职监督。监管部门应指导我国农业上市公司通过要求公司的董事、高管人员、内部审计财务人员等列席监事会,并回答监事所关注的问题的方式发挥监事会的监督职能。监事会在履职过程中,发现董事、高管人员违反法律法规或者公司章程时,应当依法履行监督职责,向董事会通报并向股东大会报告,责令当事人进行改正,同时,也应赋予监事会就发现的问题直接向监管部门报告的权力。

三是长远考虑监事会与其他治理主体职能重复的问题。在传统公司法制中,监事会专司监督职能,董事会重战略决策,独立董事的引入及现代公司董事会的转型,使董事会的监督色彩愈加浓重,致使公司监督制度在实际运行中多头监督现象普遍存在。目前,在我国农业上市公司内部基本设有内部审计机构、独立董事以及监事会,国有企业还有纪检监察部门;外部有行业监督、上市公司监督、工商税务监督,国有企业还有上级党委、国家审计部门、纪检监察部门的监督等,监督力量得到充分加强。但从公司运行效率和成本来看,需要进一步理清相关职责,完善监督体制的设计,使监督更到位,更有利于提高企业竞争力、提升企业绩效。

二、公司治理机制监管

公司治理机制主要包括薪酬激励机制、风险管理与内控机制、关联交易管理机制、审计与问责机制、信息披露机制等。结合本书关于我国农业上市公司治理评价的结果,加强公司治理机制监管是提升我国农业上市公司治理有效性的根本途径。

(一)薪酬激励机制监管

薪酬激励机制是公司治理机制的重要组成部分,公司应当建立薪酬与公司绩效、个人业绩相关联的机制,才能吸引专业人才,才能保持管理层的持续稳定和竞争能力。本书研究显示,我国农业上市公司普遍存在激励约束机制不完善的问题。例如,考核机制不科学,与业务质量、效益和风险关联度不强;激励导向不鲜明,未将激励与企业长期战略相挂钩,注重短期利益,中长期激励手段不足;管理相对粗放,多种管理体制混杂,违规和风险事件时有发生。结合我国农业上市公司特点,在薪酬与激励机制监管方面,应重点关注以下问题。

一是薪酬绩效应与履职评价挂钩。监管部门应要求公司建立公正透明的董事、监事和高管人员绩效与履职评价标准和程序。绩效评价应由董事会专业委员会负责组织,绩效评价结果和薪酬情况应最终由董事会、监事会向股东大会报告,并向社会公开披露。

二是合理确定薪酬水平。高管人员的薪酬主要由基本薪酬和绩效薪酬构成,对于我国农业上市公司来说,应当根据其经营周期性特点,合理确定基本薪酬和绩效薪酬比例。同时,监管机构不直接干预公司的薪酬水平,应坚持市场定薪原则,由公司董事会根据公司财务状况、经营结果、内部管理等多种因素确定高管人员薪酬水平。目前,我国农业上市公司高管人员薪酬平均水平在上市公司中相对较低,但与非上市同类公司相比较高。对于该类企业,要防止其脱离行业发展阶段和公司实际发放过高薪酬,更应防止其通过牺牲长远利益实现个别高管人员的短期获利。

三是实施延期支付和责任扣回制度。农业上市公司经营具有一定的长周期性和风险滞后性,一些行为短期内会为公司创造可观的盈利,但真正的产出以及相关风险可能要在后续几年才能暴露出来,因此对农业上市公司进行薪酬制度设计时应当充分考虑企业经营周期以及风险暴露期的长短,通过延期支付的方式确保薪酬支付与风险暴露期相匹配,这也有利于监督管理层注重当期利益和长远利益相结合,做好企业风险管理和内部控制。同时,应加大披露力度,相关薪酬方案应向股东大会进行充分说明,并进行公开披露,监管部门应对其进行监督和风险提示。

(二)风险与内控机制监管

风险管理由公司的董事会、经营层和其他人员负责实施,应用于战略制定并贯穿于企业经营全链条,旨在识别可能会影响企业的潜在问题,对相关风险进行管理,以使其在该企业的风险容量之内,并为企业目标的实现提供合理保证。风险管理机制是公司在经营管理过程中控制内部风险、应对外部风险的一整套规则和执行体系。结合我国农业上市公司特点,针对其易发生风险的领域,应重点关注以下风险内控机制建设。

一是加强关联交易管理。从国际形势来看,在关联交易的司法认定中一般采取所谓的"实质性关系"的宽泛标准。我国上市公司规则规定持有公司5%以上股份的股东即被视为公司的关联股东。在关联交易管理实践中,如何清晰地界定关联方、明确划定关联方的范围是关联交易管理的关键。

对我国农业上市公司来说,为加强审慎管理,防范违规内部交易、不当利益输送等风险,应重点从股权关系、经营管理权两个层面确立关联关系方,只要公司同这些关联方发生交易,就可以认定为关联交易。对于其他不能涵盖在这两类标准中的关联方,则应采取具体交易判断原则,即发生交易时能够对该公司施加重大影响,未能够按照市场公允价值标准与公司进行交易的相关方,就可以认定为关联方,进而认定关联交易。

近些年来,我国农业上市公司关联交易的频次数量逐年增加,使关联交易监管面临较大挑战。面对大量复杂的关联交易,在监管过程中应重点关注关联交易的程序和内容要求,程序应合规,内容应符合诚信公允的对价规则;应要求公司严格执行关联董事或股东的规避制度;定期开展关联交易审计,确保关联交易透明合规。同时,监管部门应充分利用信息披露制度,要求公司在完成关联交易后,必须及时详细地披露相关信息,接受社会监督。

　　二是完善内控制度。从市场表现来看,我国部分农业上市公司存在合规风险意识淡薄,对风险问题存在侥幸心理,直至风险暴露后,才发现合规风险管理只有"空架子"没有真正发挥作用的问题。因此,对于我国农业上市公司而言,首先,需要提升风险合规意识,包括制度合规意识和行为合规意识,必须明确企业内部管理制度应符合外部法律要求和非法律性质的正当约束,内部制度和外部法律都必须在经营行为中得到遵守。其次,应建立完善的内部控制体系,包括内部控制基础、内部控制程序和内部控制保证。内部控制基础包括公司治理、组织架构、人力资源、信息系统和企业文化等;内部控制程序包括识别评估风险、设计实施控制措施等;内部控制保证包括信息沟通、内部审计和风险问责等。在此内控体系下,公司治理结构各主体依据各自职责,采取适当措施,合理防范和有效控制经营管理中的各种风险,防止公司经营偏离发展战略和经营目标。

　　监管部门应要求农业上市公司加强内控评估,并就内控评估实施主体和过程、内控评估报告编制和审议以及信息披露等原则做出明确规定,推进公司的内控建设。同时,监管部门应定期对公司部分内控环节或业务单位进行抽查或全面评价。

(三)信息披露机制监管

　　透明度监管是衡量公司治理监管水平的重要方面。上市公司应建立并执行完善的信息披露管理制度,按照有关法律法规要求,真实、准确、完整、及时、公平地披露信息,不得有虚假记载、误导性陈述、重大遗漏披露,应增强信息披露内容的针对性,逐步形成不同类别公司的差异化披露,增强信息披露形式的灵活性,借助网络技术更有效地进行披露。本书研究显示,我国农业上市公司的信息披露水平仍然比较落后,存在披露不及时、信息质量不高、虚假披露等问题,结合农业上市公司特点,在信息披露监管方面,应重点关注以下问题。

　　一是加强强制性信息披露。强制性信息披露制度的建立是各国改善公司治理的重要举措。我国证券监管部门以及涉及公众利益的行业监管部门均制定了信息披露办法,明确了必须披露的信息清单,将涉及公司财务、经营情况、重大决策、重大变更、公司治理基本信息等主要信息涵盖在内。这一做法极大地减少了信息不对称,使股东、社会公众以及各利益相关方可以获得必要的信息,以更好地做出商业判断以维护相关方利益。

　　二是鼓励自愿性信息披露。监管部门鼓励上市公司除依照强制性规定披露信息外,还建议自愿披露可能对股东和其他利益相关者决策产生影响的信息。对于我国农业上市公司来说,其经营发展受外部生态环境、政策制度等因素影响较大,因此,应鼓励其进行自愿性信息披露,包括对农业生产经营面临的风险、气候变化、生态环境变化以及应对措施等方面信息的披露。同时,监管部门应要求该类公司不得进行选择性披露,披露信息必须客观、公正、全面、针对农业生产经营特点。若披露具有预测性质的信息,必须明确预测的依据,并且充分提示可能出现的不确定性和风险。

三是关注控股股东以及实际控制人的信息披露。我国农业上市公司中控股股东和实际控制人所占比例较大,因此对该类主体的信息披露,监管部门应格外予以关注。该类主体应该按照信息披露相关要求,及时告知公司控制权变更、权益变动、与其他方关联关系变化、关联交易等重大事项变化情况,并保证所提供信息真实、准确、及时、完整。

第十章
结论与启示

伴随我国上市公司治理实践的深入,公司治理质量日益受到各方的关注。公司治理成为监管部门监管的重点内容,投资者在投资决策过程中也将公司治理作为考虑的重要方面,上市公司自身完善公司治理内在动力日趋增加。在上述背景下,本书关注我国农业上市公司治理状况,在对公司治理理论及评价研究、上市公司治理评价研究以及农业上市公司治理研究相关文献梳理的基础上,借鉴国内外经典公司治理评价体系,在遵循科学性、客观性、系统性和可行性原则的基础上,构建了由九大维度50个具体评价指标构成的农业上市公司治理评价指标体系,利用公司治理评价指标的量化方法,生成了反映农业上市公司治理状况的基于哑变量等权重、哑变量赋权重、定距变量等权重和定距变量赋权重的公司治理各类总(分)指数。基于上述公司治理总指数和各维度治理分指数,本书重点对我国农业上市公司治理状况进行了总体描述,分控股股东性质、分地区、分市场板块进行了比较分析,同时也对农业上市公司股东治理维度、董事会治理维度、监事会治理维度、经理层治理维度、信息披露维度、利益相关者治理维度、内部控制维度、违法违规维度、外部审计维度进行了详细分析,并对各治理维度下的具体治理指标进行了深入分析。之后,本书采用大样本实证研究方法,检验了我国农业上市公司治理与绩效的关系,验证了公司治理有效性问题。在上述研究基础上,通过分析我国农业上市公司各类治理指数,对我国农业上市公司治理的整体水平和存在的问题进行研究,并针对公司治理存在的问题,开展了农业上市公司治理政策和公司治理监管政策研究。

一、主要研究结论

(1)基于我国农业上市公司面临的治理环境特点,侧重于农业上市公司内部治理机制,强调中小股东的利益保护、董事会的独立性、管理决策的有效性、监事会的参与性以及信息披露等,从包括股东治理、董事会治理、监事会治理、经理层治理、信息披露、利益相关者治理、内部控制、违法违规和外部审计九个维度构建了我国农业上市公司治理评价体系,同时运用哑变量求和法、定距变量求和法的量化方法进行公司治理状况的详细评价,形成了我国农业上市公司治理的评价体系和方法。

（2）利用我国农业上市公司有关公司治理的大样本数据,对我国农业上市公司治理进行评价。通过描述统计分析,发现不同控股股东性质、不同地区以及不同市场板块的农业上市公司治理的总体情况以及各治理要素的具体情况均存在差异性。我国农业上市公司治理的整体水平虽然呈逐年进步趋势,但因基础较为薄弱,公司治理整体水平仍然比较落后,且从各维度具体指标来看,股东大会、董事会、管理层、监事会等各治理要素在结构及机制方面均存在缺陷或不足。

（3）在对我国农业上市公司治理状况进行评价和分析的基础上,本书也对反映农业上市公司绩效的盈利能力、代理成本、成长性、财务困境风险等方面的指标进行了统计分析,并基于上述公司治理指数对实证模型进行了设计,采用面板回归方法实证检验了农业上市公司治理的有效性。结果表明,我国农业上市公司治理状况与公司的盈利能力、代理成本、成长性以及破产风险均具有显著相关关系,说明我国农业上市公司治理状况与公司绩效表现密切相关。

（4）基于对我国农业上市公司治理评价中发现的问题,从完善股东治理、董事会治理、经理层治理、利益相关方治理以及信息披露与透明度治理等主要领域的公司治理,树立公司治理理念,明确自身市场定位和类别,动态改进公司治理机制,探索开展公司治理自我评估等,提出完善农业上市公司治理的相关政策措施。主要提出以下建议:一是加强股东治理,特别是保护和促进股东行使权利,确保全体股东的平等待遇。二是提升农业上市公司董事的履职能力和有效性,发挥董事会对公司的战略引领和对管理层的监督作用,确保董事会对公司和全体股东负责。三是对管理层实行恰当的任免机制和执行保障机制,建立良好的激励和约束机制。四是关注利益相关者的利益,如员工利益保护、债权人利益保障以及履行社会责任。五是强化信息披露的及时性、全面性、透明性,保障所有利益相关者的知情权。六是开展自我评价,及时诊断公司内部存在的治理问题并及时改进。

（5）在对我国农业上市公司治理状况进行分析评价的基础上,从强化公司治理结构和机制监管,遵循分类监管、动态监管原则并构建行业公司治理评价体系等方面进行研究,提出了加强我国农业上市公司治理监管的着力点和措施,并提出以下建议。公司治理结构监管方面,一是明确控股股东和实际控制人的标准和范围,清晰界定控股股东和实际控制人的权利、义务,建立完善的控制权市场机制;二是提升董事专业水准,强化董事会职责,保障独立董事的独立性;三是明确管理层岗位职责及内部运行机制,加强管理层履职监督;四是依法合规设置监事会,加强对监事会的履职监督,长远考虑监事会与其他主体职能合作问题。公司治理机制监管方面,一是薪酬绩效应与履职评价挂钩,合理确定薪酬水平,实施延期支付和责任扣回制度;二是重点加强关联交易管理,完善内控制度;三是强化强制性信息披露监管,鼓励自愿性信息披露,重点关注控股股东以及实际控制人的信息披露。另外,建议有关监管部门或行业管理部门借鉴本书的研究方法,探索建立我国农业上市公司治理评价体系,对公司治理状况进行全面、客观的评价,为改进我国农业上市公司治理提供依据与指引。

二、研究展望

本书是笔者结合从事银行保险机构公司治理监管的实践经验,通过构建一套农业上市公司治理评价体系,对我国农业上市公司治理现状及有效性进行评价研究,研究侧重于应用性研究和实证分析,在有关理论分析方面需要进一步强化。另外,本书使用的我国农业上市公司的治理以及财务等相关数据,全部为公开数据,保证了研究的客观性和准确性,但数据维度还比较有限。在今后研究中,应针对我国农业上市公司治理的特点,进一步增加更具有区分度的数据指标以完善评价体系,提升评价精确度。本书丰富了一般公司治理评价理论与方法,对进一步提升我国农业上市公司治理能力提出了建议,同时,也将有助于我国上市公司治理、农业经济发展等理论与实践的拓展与深化。

参考文献

[1] 蔡吉甫.公司治理与代理成本关系研究[J].产业经济研究,2007(5):19-28.

[2] 曹雁翎.民营上市公司内部治理机制有效性的灰色关联分析[J].改革与战略,2008(1):30-32.

[3] 陈建林,娄朝晖.上市公司控制权类型、治理机制与代理成本——家族企业与非家族企业的比较分析[J].财经论丛,2009(6):95-101.

[4] 陈晓红,王小丁,曾江洪.中小企业债权治理评价与成长性研究——来自中国中小上市公司的经验证据[J].中国管理科学,2008(1):163-171.

[5] 陈广英,孙健.企业并购中人力资源整合风险的控制研究[J].经济师,2011(5):220-221.

[6] 高明华,谭玥宁.董事会治理,产权性质与代理成本——基于中国上市公司的实证研究[J].经济与管理研究,2014(2):5-13.

[7] 高小丹.董事会治理对上市公司成长性影响的实证研究[J].经济论坛,2011(7):191-193.

[8] 郝臣,崔光耀,李浩波,王励翔.中国上市金融机构公司治理的有效性——基于2008—2015年CCGINK的实证分析[J].金融论坛,2016(3):64-80.

[9] 郝臣,宫永建,孙凌霞.公司治理要素对代理成本影响的实证研究——来自我国上市公司的证据(2000—2007)[J].软科学,2009,23(10):123-127.

[10] 郝晓雁,任配莘,淮莹莹.中国农业上市公司股权结构的财务治理效应研究[J].经济问题,2013(8):109-115.

[11] 胡静波,李洪英.我国上市公司治理信息披露有效性分析[J].经济学动态,2011(8):43-46.

[12] 郝臣.保险公司治理对绩效影响实证研究——基于公司治理评价视角[M].北京:科学出版社,2016.

[13] 李斌宁.我国农业上市公司的公司治理评价体系实证研究[J].宏观经济研究,2009(8):75-79.

[14] 李斌宁.我国农业上市公司经理层治理体系的实证分析[J].岭南学刊,2009(5):110-114.

[15] 李慧聪,李维安,郝臣.公司治理监管环境下合相对治理有效性的影响——

基于中国保险业数据的实证研究 [J].中国工业经济,2015(8):98-113.

[16] 李明星,曹利莎,丁江涛,张同建.我国农业上市公司董事会治理绩效实证研究 [J].农村经济,2011(1):40-43.

[17] 李维安,郝臣.中国上市公司监事会治理评价实证研究 [J].上海财经大学学报,2006,8(3):78-84.

[18] 李维安,牛建波.中国上市公司经理层治理评价与实证研究 [J].中国工业经济,2004(9):57-64.

[19] 李维安,唐跃军.公司治理评价、治理指数与公司业绩——来自 2003 年中国上市公司的证据 [J].中国工业经济,2006(4):98-107.

[20] 李维安,唐跃军.上市公司利益相关者治理机制、治理指数与企业业绩 [J].管理世界,2005(9):127-136.

[21] 李维安,王世权.中国上市公司监事会治理绩效评价与实证研究 [J].南开管理评论,2005,8(1):4-9.

[22] 李维安,徐建.董事会独立性、总经理继任与战略变化幅度——独立董事有效性的实证研究 [J].南开管理评论,2014,17(1):4-13.

[23] 李维安,徐业坤,宋文洋.公司治理评价研究前沿探析 [J].外国经济与管理,2011(8):57-64.

[24] 李维安,张国萍.经理层治理评价指数与相关绩效的实证研究——基于中国上市公司治理评价的研究 [J].经济研究,2005(11):87-98.

[25] 李维安.机构投资者与上市公司治理有效性 [J].中国金融,2013(22):65-67.

[26] 李维安.为推动公司治理向有效性阶段迈进提供指引 [J].董事会,2017(1):56.

[27] 李小斌."二次混改"后的公司治理结构与绩效变化——基于国有控股上市公司的实证研究 [J].南方金融,2018(5):27-37.

[28] 李晓璐,任中华,唐建.公司治理定量评价研究综述 [J].财会通讯,2014(22):21-24.

[29] 李瑜.债务融资对公司治理的效应分析——关于增强我国上市公司监事会治理有效性的若干思考 [J].企业改革与管理,2014(8):118-119.

[30] 梁裕鹏.走出监督困境——关于增强我国上市公司监事会治理有效性的若干思考 [J].企业改革与管理,2014(8):118-119.

[31] 林斌,林东杰,谢凡,等.基于信息披露的内部控制指数研究 [J].会计研究,

2016（12）：12-20.

[32] 刘成立.审计委员会参与公司治理的有效性研究——基于审计报告及时性的视角［J］.中国海洋大学学报（社会科学版），2014（4）：74-80.

[33] 刘文虎.农业上市公司经营绩效与董事会治理［J］.市场周刊（理论研究），2011（10）：14-16.

[34] 刘子旭，耿晓媛.农业类上市公司治理结构与公司价值关系实证研究——基于48家农业类上市公司的面板数据分析［J］.农业技术经济，2010（5）：71-78.

[35] 鲁桐，吴国鼎.中小板、创业板上市公司治理评价［J］.学术研究，2015（5）：79-86.

[36] 鲁桐，仲继银，党印，等.中国中小板、创业板上市公司治理研究（2015）［J］.学术研究，2016（11）：95-104.

[37] 南开大学公司治理评价课题组，李维安.中国上市公司治理评价与指数分析——基于2006年1249家公司［J］.管理世界，2007（5）：104-114.

[38] 南开大学公司治理评价课题组.中国公司治理评价与指数报告——基于2007年1162家上市公司［J］.管理世界，2008（1）：145-151.

[39] 南开大学公司治理评价课题组.中国上市公司治理状况评价研究——来自2008年1127家上市公司的数据［J］.管理世界，2010（1）：142-151.

[40] 南开大学公司治理评价课题组.中国上市公司治理评价与指数研究——基于中国1149家上市公司的研究（2004年）［J］.南开管理评论，2006，9（1）：4-10.

[41] 孙健，白全民.人力资本对农村经济增长影响的实证研究［J］.广东社会科学，2010（6）：20-25.

[42] 沈渊.农业上市公司股权特征与治理现状分析［J］.开发研究，2010（4）：85-88.

[43] 王瑷.治理结构对我国农业上市公司经营绩效的影响研究［D］.合肥：安徽农业大学，2017.

[44] 王怀明，史晓明.农业上市公司治理效率及对企业业绩的影响［J］.农业技术经济，2010（5）：64-70.

[45] 王跃堂，涂建明.上市公司审计委员会治理有效性的实证研究——来自沪深两市的经验证据［J］.管理世界，2006（11）：135-143.

[46] 项义军，崔濛骁.公司经营绩效与公司治理结构相关性研究——基于我国农

业类上市公司数据 [J]. 北方经贸，2014（9）：194-197.

[47] 许忠，李明星，张同建. 基于 CCGINK 的董事会治理评价研究 [J]. 财会通讯，2011（32）：53-54.

[48] 许忠，李明星，张同建. 我国农业上市企业公司治理绩效的实证 [J]. 统计与决策，2011（8）：183-185.

[49] 杨军芳，郑少锋. 农业上市公司治理的生态控制 [J]. 大连理工大学学报（社会科学版），2009，30（3）：29-34.

[50] 杨军芳. 上市公司董事会治理体系分析及评价——来自农业上市公司数据 [J]. 财会通讯，2013（18）：40-43.

[51] 叶楚豪. 浅析农业上市公司治理存在的问题及对策 [J]. 农村实用技术，2018（7）：11-12.

[52] 余景选，郑少锋. 农业上市公司股权结构及其治理优化 [J]. 开发研究，2011（3）：111-114.

[53] 张晓燕. 农业上市公司治理机制研究 [J]. 会计之友，2011（17）：54-55.

[54] 赵玉珍，张心灵，郭巧莉. 后金融危机时代农业上市公司治理机制优化研究 [J]. 财会通讯，2011（30）：100-102.

[55] 中国社会科学院公司治理中心. 2006 年度中国上市公司 100 强公司治理评价报告 [J]. 国际经济评论，2006（3）：52-57.

[56] 朱彩婕，韩小伟. 基于治理视角的内部控制信息披露研究——来自农业上市公司 2006—2010 年的经验证据 [J]. 山东社会科学，2013（12）：110-114.

[57] Adel A, Shamharir A. The Effectiveness of Internal Corporate Governance and Audit Quality: The Role of Ownership Concentration-Malaysian Evidence [J]. Corporate Governance: The International Journal of Effective Board Performance, 2018, 18（2）：233-253.

[58] Ali S, Liu B, Su J J. Does Corporate Governance Quality Affect Default Risk? The Role of Growth Opportunities and Stock Liquidity[J]. International Review of Economics & Finance, 2018, 58：422-448.

[59] Bhagat S, Bolton B. Corporate Governance and Firm Performance: The Sequel [J]. Journal of Corporate Finance, 2019（58）：142-168.

[60] Branko M, Papac N. Measuring the Quality of Corporate Governance in the Banking Sector of Bosnia and Herzegovina[J]. Economic Research-Ekonomska Istrazivanja, 2014, 21（7）：784-798.

[61] Cosma S, Mastroleo G, Schwizer P. Assessing Corporate Governance Quality: Substance over Form[J]. Journal of Management & Governance, 2018, 22(2): 457-493.

[62] Francesca C, Christine M, Alessandro Z. Corporate Governance Codes: A Review and Research Agenda [J]. Corporate Governance: An International Review, 2016, 24(3): 222-241.

[63] Hansmann H. Ownership of the Firm[J]. Journal of Law, Economics & Organization, 1988, 4(2): 267-304.

[64] Jensen M C, Meckling W H. Theory of the Firm: Managerial Behavior, Agency Costs and Ownership Structure[J]. Journal of Financial Economics, 1976, 3 (4): 305-360.

[65] Lima B F, Sanvicente A Z. Quality of Corporate Governance and Cost of Equity in Brazil[J]. Journal of Applied Corporate Finance, 2013, 25(1): 72-80.

[66] Louizi A, Kammoun R. Evaluation of Corporate Governance Systems by Credit Rating Agencies[J]. Journal of Management and Governance, 2016, 20(2): 363-385.

[67] Lysandrou P, Parker D. Commercial Corporate Governance Ratings: An Alternative View of Their Use and Impact[J]. International Review of Applied Economics, 2012, 26(4): 445-463.

[68] Mine E, Shantaram H. Corporate Governance Ratings and Firm Performance [J]. Financial Management, 2009, 38(1): 139-160.

[69] Morck R, Shleifer A, Vishny R W. Management Ownership and Market Valuation : An Empirical Analysis[J]. Journal of Financial Economies, 1988, 20(88): 293-315.

[70] Muhammad K, Ghani K. A Fair Value Model for Bearer Biological Assets in Promoting Corporate Governance: A Proposal [J]. Journal of Agricultural Studies, 2013, 2(1): 16-26.

[71] Nerantzidis M. The Role of Weighting in Corporate Governance Ratings[J]. Journal of Management and Governance, 2018, 22(3): 589-628.

[72] Rakia R, Maali K, Anis J. Book-Tax Differences, Corporate Governance Effectiveness and Audit Quality: An Interactive Effects [J]. Journal of Corporate Accounting & Finance, 2018, 29(4): 20-36.

［73］ Shaukat A, Trojanowski G. Board Governance and Corporate Performance［J］. Journal of Business Finance & Accounting, 2018, 45（1/2）: 184-208.

［74］ Shleifer A, Vishny R W. A Survey of Corporate Governance［J］. The Journal of Finance, 1997, 52（2）: 737-783.

［75］ Smith J D. US Political Corruption and Firm Financial Policies［J］. Journal of Financial Economics, 2016, 121（2）: 350-367.

［76］ Villalonga B. Demsetz and Villalonga（2001）on Ownership Structure and Corporate Performance: Looking Back and Looking Forward［J］. Journal of Corporate Finance, 2019（58）: 64-67.

［77］ Willenborg M. Empirical Analysis of the Economic Demand for Auditing in the Initial Public Offerings Market［J］. Journal of Accounting Research, 2017, 37（1）: 225-238.

附　录

表 1　2008—2017 年我国农业上市公司资产净利率（ROA）描述性统计

年份	平均值 /%	标准差	中位数 /%	最小值 /%	最大值 /%
2008	2.89	9.11	4.42	−23.31	24.82
2009	3.93	6.12	4.09	−14.13	17.39
2010	6.46	5.24	6.18	−6.30	21.21
2011	5.17	7.74	5.34	−17.94	20.61
2012	4.54	6.26	3.84	−14.67	24.82
2013	2.77	6.89	3.62	−17.04	16.84
2014	1.85	7.49	2.56	−23.31	14.46
2015	1.71	8.97	2.58	−23.31	23.28
2016	5.59	8.54	4.52	−23.31	24.82
2017	1.98	7.07	3.20	−14.69	15.60
合计	3.69	7.49	3.94	−23.31	24.82

表 2　2008—2017 年我国农业上市公司净资产收益率（加权）（ROE Weight）描述性统计

年份	平均值 /%	标准差	中位数 /%	最小值 /%	最大值 /%
2008	1.36	21.62	3.92	−98.30	35.89
2009	4.53	12.39	4.87	−29.45	28.98
2010	8.95	7.54	7.72	−6.78	28.11
2011	2.96	22.09	6.95	−98.30	24.50
2012	3.41	18.00	3.95	−98.30	35.89
2013	1.91	13.05	3.60	−35.47	31.24
2014	−2.23	22.83	2.65	−98.30	25.71
2015	−0.10	18.59	2.48	−78.41	34.95
2016	5.80	15.76	4.83	−55.68	35.89
2017	−2.02	23.49	4.25	−98.30	28.12
合计	2.47	18.28	4.06	−98.30	35.89

表3 2008—2017 年我国农业上市公司净资产收益率（平均）（ROE）描述性统计

年份	平均值 /%	标准差	中位数 /%	最小值 /%	最大值 /%
2008	1.76	24.92	3.91	−112.40	49.98
2009	3.82	11.53	4.93	−29.45	28.98
2010	7.99	6.79	7.58	−6.76	27.60
2011	2.79	21.96	7.10	−98.33	24.36
2012	3.51	20.52	4.01	−112.40	49.98
2013	1.88	13.03	3.58	−35.47	31.51
2014	−4.93	28.96	2.58	−112.40	25.74
2015	−0.39	18.57	2.32	−78.15	33.71
2016	6.72	17.86	4.87	−55.68	49.98
2017	−4.98	29.20	3.98	−112.40	25.72
合计	1.78	20.76	4.07	−112.40	49.98

表4 2008—2017 年我国农业上市公司净资产收益率（摊薄）（ROE）描述性统计

年份	平均值 /%	标准差	中位数 /%	最小值 /%	最大值 /%
2008	−2.88	35.16	3.66	−193.60	34.99
2009	2.76	11.99	4.57	−34.53	25.32
2010	6.85	6.16	6.37	−7.06	25.08
2011	−1.19	35.73	6.74	−193.60	22.05
2012	0.60	31.02	4.07	−193.60	30.67
2013	1.07	13.44	3.61	−43.04	26.98
2014	−6.51	37.27	2.50	−193.60	23.28
2015	−2.80	24.62	2.09	−124.70	27.87
2016	5.18	18.47	4.91	−77.16	34.99
2017	−9.10	40.84	3.95	−193.60	20.70
合计	−0.57	28.04	4.02	−193.60	34.99

表5 2008—2017 年我国农业上市公司销售净利率描述性统计

年份	平均值 /%	标准差	中位数 /%	最小值 /%	最大值 /%
2008	−0.43	24.57	3.78	−104.00	47.83
2009	3.18	19.36	4.33	−73.55	47.83
2010	9.89	9.18	8.46	−6.61	41.00

年份	平均值/%	标准差	中位数/%	最小值/%	最大值/%
2011	5.30	25.01	7.48	−104.00	47.83
2012	6.21	19.38	3.58	−89.38	43.24
2013	−0.18	23.96	3.55	−104.00	37.53
2014	−2.12	27.44	3.16	−104.00	47.83
2015	−2.47	26.35	3.29	−104.00	32.10
2016	7.26	20.05	6.81	−68.23	47.83
2017	0.13	21.86	3.93	−64.33	31.84
合计	2.68	22.43	4.33	−104.00	47.83

表6　2008—2017年我国农业上市公司投入资本回报率描述性统计

年份	平均值/%	标准差	中位数/%	最小值/%	最大值/%
2008	2.96	14.03	5.39	−40.71	36.54
2009	4.79	8.45	4.50	−16.26	23.69
2010	7.35	6.50	6.99	−7.02	32.81
2011	5.12	10.85	5.96	−34.38	25.94
2012	5.33	8.50	4.16	−22.06	38.13
2013	3.22	8.60	3.39	−19.95	23.61
2014	2.09	12.54	3.02	−40.71	38.13
2015	1.27	13.03	3.24	−40.71	29.72
2016	6.99	13.33	5.04	−40.71	38.13
2017	1.29	10.97	3.60	−40.71	19.70
合计	4.06	10.95	4.33	−40.71	38.13

表7　2008—2017年我国农业上市公司管理费用率描述性统计

年份	平均值/%	标准差	中位数/%	最小值/%	最大值/%
2008	14.61	23.61	7.77	2.68	129.60
2009	9.53	9.56	6.72	2.68	56.17
2010	8.24	4.74	7.08	1.69	22.10
2011	10.86	19.68	6.59	2.26	129.60
2012	12.17	19.62	7.82	1.50	129.60

续表

年份	平均值/%	标准差	中位数/%	最小值/%	最大值/%
2013	12.04	18.92	6.98	1.50	129.60
2014	13.43	19.17	8.76	1.50	129.60
2015	11.16	9.22	8.70	1.65	43.93
2016	10.54	10.34	7.49	1.50	54.57
2017	11.23	10.78	8.09	1.78	57.16
合计	11.39	15.72	7.70	1.50	129.60

表8 2008—2017年我国农业上市公司财务费用率描述性统计

年份	平均值/%	标准差	中位数/%	最小值/%	最大值/%
2008	5.93	8.08	2.74	−1.94	34.90
2009	4.17	5.55	2.16	−1.86	26.26
2010	2.47	2.45	2.16	−1.59	11.36
2011	2.99	5.88	1.68	−3.29	34.90
2012	3.68	7.00	2.13	−3.29	34.84
2013	3.87	5.39	2.82	−3.29	27.32
2014	5.31	7.48	3.49	−1.71	34.90
2015	4.40	6.72	3.37	−1.55	31.33
2016	3.55	7.20	1.87	−1.30	34.90
2017	3.74	5.55	2.07	−1.83	25.40
合计	4.00	6.30	2.33	−3.29	34.90

表9 2008—2017年我国农业上市公司应收账款周转天数描述性统计

年份	平均值/天	标准差	中位数/天	最小值/天	最大值/天
2008	52.27	62.80	29.42	4.06	261.30
2009	40.67	42.44	27.58	2.91	204.60
2010	30.41	29.25	21.97	0.85	129.40
2011	31.77	43.47	19.09	0.85	261.30
2012	34.01	41.75	25.02	1.53	261.30
2013	34.80	30.23	25.06	0.85	167.80
2014	44.40	49.00	28.06	1.58	261.30
2015	40.32	37.22	28.99	0.85	162.80

续表

年份	平均值/天	标准差	中位数/天	最小值/天	最大值/天
2016	37.58	40.09	20.82	0.85	141.90
2017	48.44	59.46	26.98	1.02	246.90
合计	39.22	44.42	24.80	0.85	261.30

表10 2008—2017年我国农业上市公司存货周转天数描述性统计

年份	平均值/天	标准差	中位数/天	最小值/天	最大值/天
2008	465.90	1409.00	202.30	22.34	8633.00
2009	410.40	1226.00	194.40	15.24	7809.00
2010	418.70	1307.00	192.60	15.24	8633.00
2011	457.10	1341.00	216.80	15.24	8633.00
2012	490.60	1304.00	243.80	15.24	8633.00
2013	337.10	627.90	218.00	15.24	4276.00
2014	384.30	785.40	233.80	24.11	5414.00
2015	372.60	727.90	221.30	37.31	4621.00
2016	461.30	1345.00	186.70	32.97	8633.00
2017	455.30	1190.00	182.60	35.61	7627.00
合计	424.00	1139.00	203.40	15.24	8633.00

表11 2008—2017年我国农业上市公司营业收入增长率描述性统计

年份	平均值/%	标准差	中位数/%	最小值/%	最大值/%
2008	34.11	79.16	8.23	−59.40	248.40
2009	18.29	59.26	5.76	−49.08	248.40
2010	29.66	38.86	25.37	−28.37	166.00
2011	26.21	34.94	21.08	−59.40	138.80
2012	14.75	33.94	10.40	−59.40	121.90
2013	7.70	32.06	2.83	−48.92	106.90
2014	1.47	26.71	1.09	−59.40	70.86
2015	3.16	25.40	3.42	−48.25	105.40
2016	26.24	54.61	14.00	−49.76	248.40
2017	7.18	31.39	5.01	−59.40	79.14
合计	16.49	44.84	8.46	−59.40	248.40

表 12　2008—2017 年我国农业上市公司利润总额增长率描述性统计

年份	平均值 /%	标准差	中位数 /%	最小值 /%	最大值 /%
2008	−46.31	399.50	−19.39	−1095.00	1223.00
2009	−47.42	290.40	2.20	−1399.00	200.20
2010	60.51	233.80	39.74	−798.90	670.10
2011	−86.27	445.60	26.38	−2170.00	390.20
2012	−4.86	310.50	2.76	−1457.00	1223.00
2013	−157.20	581.30	−20.32	−2170.00	835.50
2014	−63.78	268.90	−0.88	−1256.00	343.50
2015	−265.50	728.00	0.52	−2170.00	643.00
2016	120.70	413.10	39.71	−1099.00	1223.00
2017	−43.66	311.10	4.33	−971.30	1223.00
合计	−53.12	429.20	6.78	−2170.00	1223.00

表 13　2008—2017 年我国农业上市公司资产增长率描述性统计

年份	平均值 /%	标准差	中位数 /%	最小值 /%	最大值 /%
2008	21.22	58.46	2.67	−42.25	243.80
2009	14.60	43.64	10.15	−42.25	243.80
2010	45.87	67.71	20.02	−17.99	243.80
2011	19.60	36.88	7.49	−16.47	198.50
2012	27.55	52.38	15.59	−42.25	243.80
2013	12.91	35.37	6.81	−12.11	227.30
2014	12.65	38.40	7.56	−40.60	243.80
2015	14.76	25.98	8.33	−17.59	77.03
2016	20.29	25.20	11.41	−14.06	91.03
2017	10.30	24.85	3.45	−23.05	87.06
合计	20.05	43.97	8.60	−42.25	243.80

表 14　2008—2017 年我国农业上市公司托宾 Q 值描述性统计

年份	平均值	标准差	中位数	最小值	最大值
2008	2.16	0.76	2.07	1.18	4.04
2009	3.57	1.43	3.15	1.65	6.66

续表

年份	平均值	标准差	中位数	最小值	最大值
2010	4.45	2.12	3.90	1.92	11.07
2011	2.54	0.97	2.24	1.37	4.74
2012	2.31	0.75	2.12	1.24	4.28
2013	2.38	0.86	2.14	1.35	4.10
2014	2.69	1.41	2.39	1.46	7.12
2015	3.93	1.31	3.89	2.41	7.14
2016	3.11	1.15	2.71	1.57	6.40
2017	2.53	0.90	2.41	1.47	3.78
合计	2.96	1.44	2.63	1.18	11.07

表 15　2008—2017 年我国农业上市公司阿特曼 Z 值描述性统计

年份	平均值	标准差	中位数	最小值	最大值
2008	3.13	2.30	2.70	−0.29	8.72
2009	5.39	4.88	4.01	−0.29	27.08
2010	9.38	9.78	5.53	0.50	42.64
2011	6.89	7.88	4.88	−0.28	40.57
2012	5.01	4.45	3.87	−0.29	20.18
2013	5.25	8.46	2.94	0.01	56.10
2014	5.76	8.79	3.56	−0.29	56.10
2015	8.16	10.11	5.12	1.28	56.10
2016	7.00	8.94	4.51	0.10	56.10
2017	5.57	8.76	3.48	0.05	56.10
合计	6.16	7.96	3.97	−0.29	56.10